最新电动汽车经典维修实例

白彩盛　白佳峰　杨军身　主编

辽宁科学技术出版社

沈　阳

图书在版编目（CIP）数据

最新电动汽车经典维修实例 / 白彩盛，白佳峰，杨
军身主编． — 沈阳 ：辽宁科学技术出版社，2024.1
ISBN 978-7-5591-3302-1

Ⅰ．①最… Ⅱ．①白… ②白… ③杨… Ⅲ．①电
动汽车 - 车辆修理 Ⅳ．①U469.720.7

中国国家版本馆CIP数据核字(2023)第197205号

出版发行：辽宁科学技术出版社
　　　　　（地址：沈阳市和平区十一纬路25号　邮编：110003）
印　刷　者：辽宁新华印务有限公司
经　销　者：各地新华书店
幅面尺寸：184mm×260mm
印　　张：30.25
字　　数：600千字
出版时间：2024年1月第1版
印刷时间：2024年1月第1次印刷
责任编辑：高　鹏
封面设计：谷玉杰
责任校对：张　永
书　　号：ISBN 978-7-5591-3302-1
定　　价：150.00元

联系电话：024-23284373
邮购热线：024-23284626

前　言

　　2022年全球新能源乘用车市场保有量首次突破1000万辆大关，达到10091164辆，同比增长56.4%，渗透率提升至14%。其中，中国新能源汽车保有量为649.8万辆，市占率提升至65%。

　　2022年全球纯电动汽车销量为723万辆左右，占全球新能源汽车销量的72%。中国纯电动汽车销量为536.5万辆，同比增长81.6%，中国纯电动汽车销量占全球销量的74.2%。电动汽车在中国的持续热销，给广大汽车服务企业带来了巨大商机。目前，电动汽车的维修属于汽修行业内的盲点，很多维修技师不知如何着手，我们特意邀请国内电动汽车维修技师把自己记录的经典维修实例分享给将要从事电动汽车维修的技师，为他们提供故障排除思路，让没有接触过电动汽车的维修技师融会贯通、举一反三。为使广大汽车维修从业人员熟练掌握电动汽车的维修技术，对电动汽车故障的解决提供思路支持，编写了这本《最新电动汽车经典维修实例》，书中涉及很多电动汽车车型，案例丰富、经典、实用，对从事电动汽车维修的技师有一定帮助。

　　本书具有如下特点：

　　（1）内容新颖。本书汇集了奔驰EQB、奥迪Q4 e-tron、宝马i3、保时捷Taycan、比亚迪汉、特斯拉Model 3、蔚来ES8、一汽红旗E-HS9、小鹏G3、零跑C11、哪吒V、微蓝7、雷克萨斯UX300e、上汽大众ID3和欧拉好猫等新车型的维修实例。

　　（2）实例经典。书中的一些实例是很多4S店和大型新能源汽车维修企业实操过的，具有很好的代表性，很多维修实例在该车型中经常出现，碰到同类故障可以参考此书，对从事电动汽车维修的技师来说实用性和指

导性均很强。

（3）技术实用。本书图文并茂，通俗易懂，是一本价值很高的电动汽车维修图书。

本书由白彩盛、白佳峰、杨军身主编，又有强大的技术编委鼎力支持，参与编写的技术人员有江海荣、丁玉中、刘勤中、董玉江、刘青辉、蔡永福、谭爱明、秦志刚、张明、田长华、路一兵、高宇、王钟原、陶建业、张永刚、任泽利、杨培兵、饶军、饶建中、王鹏旭、庄鹏宇、赵道秀等。由于编者水平有限，书中的不当之处在所难免，真诚欢迎广大热心读者批评指正，以促进我们的工作。

编　者

CONTENTS

目　录

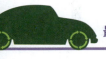

第一章
奔驰车系

第一节　北京奔驰EQC

车型： EQC400 4MATIC。

电机型号： 780998。

行驶里程： 8871km。

生产日期： 2021年3月15日。

年款： 2021年。

故障现象： 车辆无法启动，仪表显示红色的高压蓄电池故障和红色驱动系统故障的提示，如图1-1-1所示。

图1-1-1

　　故障诊断： 问询车主了解到，车辆在行驶时仪表突然出现上述故障提示，车主赶紧靠路边停车，并尝试重新启动车辆，结果车辆无法启动，只能拖车到店检查。功能检查发现，故障持续存在，无法启动车辆。尝试进行车辆充电，结果交流和直流均无法进行充电。此车为奔驰推出的首款新能源纯电动车型EQC，EQC的高压部件如图1-1-2所示。

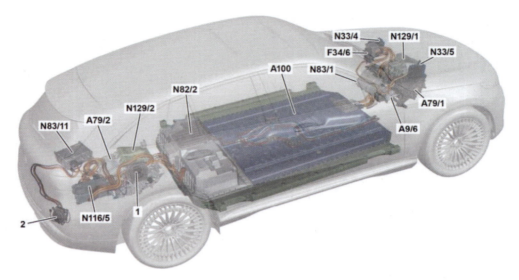

1.侧壁直流电充电插座　2.保险杠交流电充电插座（适用于中国版/代码830或日本版/代码489）　A100.高压蓄电池模块　A9/6.电动制冷剂压缩机　A79/1.电机1　A79/2.电机2　F34/6.高压电源分配器　N83/1.直流/直流转换器控制单元　N83/11.高压蓄电池交流充电器　N33/4.高电压正温度系数（PTC）加热器（车内）　N33/5.高电压正温度系数（PTC）加热器（高压蓄电池）　N116/5.直流充电连接装置　N129/1.电机1电力电子控制单元　N82/2.蓄电池管理系统网关控制单元　N129/2.电机2电力电子控制单元

图1-1-2

　　EQC由两个独立的车载电气系统提供，分别是带高压蓄电池的高压车载电气系统和带12V车载电气系统蓄电池的12V车载电气系统。在减速模式和制动期间，通过能量回收进行充电。然后，电机作为发电机工作。

　　带车载电气系统蓄电池的12V车载电气系统：12V车载电气系统利用直流/直流转换器通过高压车载电气系统供电。在该过程期间，直流/直流转换器将高压车载电气系统的HV直流电压转换为12V直流电压，并对车载电气系统蓄电池（G1）进行充电。车载电气系统蓄电池位于发动机舱中。所有使用的EQC控制单元通过车载电气系统蓄电池供电。车载电气系统提供支持，以确保其始终充电。行驶期间，如果车载电气系统蓄电池的充电电量低于阈值，其通过直流/直流转换器进行充电。进行此操作时，车载电气系统的舒适型功能在充电期间将关闭。高压蓄电池安装在乘客车厢下方，共包含6个模块，包含384个最新一代锂电池。其中2个模块各包含48个锂电池，另外4个模块各包含72个锂电池，可用的总能量为80kWh。

　　高压蓄电池模块A100中有3个控制单元。其中两个是蓄电池管理系统控制单元N82/3和N82/4，第3个即蓄电池管理系统网关控制单元N82/2，它确保前两个单元之间的通信；N82/3管理高压蓄电池A部分，N82/4管理高压蓄电池B部分，如图1-1-3所示。

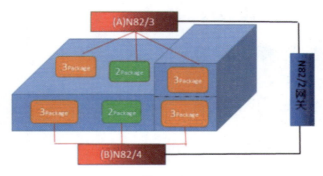

图1-1-3

蓄电池管理系统控制单元N82/3和N82/4监测以下参数：

互锁电路。

电压。

电流。

温度。

接触器的状态。

绝缘监测的状态。

充满电时，高压蓄电池输送365V的标称输出电压。如有必要，集成在高压蓄电池模块中的接触器可将高压蓄电池的高电压出口从高压车载电气系统上断开。高压蓄电池还通过直流/直流转换器为12V车载电气系统供电。高压蓄电池的允许工作温度为-25～60℃。高压蓄电池的温度记录在蓄电池管理系统控制单元的温度传感器中。高温会缩短高压蓄电池的使用寿命。因此，在正常工作条件下，高压蓄电池通过冷却液回路进行冷却。在高温下，冷却液通过空调系统的热交换器（冷却装置）进行冷却。这可确保高压蓄电池的最佳输出。

连接诊断仪进行快速测试，蓄电池管理系统控制单元N82/4设置了以下3个当前状态的故障码：

P0B1500 混合动力/高电压蓄电池模块中的蓄电池电压传感器B存在功能故障，A。

P0B1600 混合动力/高电压蓄电池模块中的蓄电池电压传感器B对地短路，A。

P0B4600 混合动力/高电压蓄电池模块中的蓄电池电压传感器C存在功能故障，A。

蓄电池管理系统网关控制单元N82/2设置了1个故障码：

P0B2797 Hybrid/EVBattery "B" Voltage S。

查看蓄电池管理系统控制单元N82/4的实际值——高压车载电气系统电压值，发现其中的编号319［高压蓄电池的电压-N82/4（蓄电池管理系统控制单元）］的实际值为"信号不可用"，标准值为300.00～420.00V，不正常，如图1-1-4所示。

编号		姓名	实际值	标准值
☐ 319		高压蓄电池的电压－N82/4（蓄电池管理系统控制单元）	信号不可用	[300.00V ..420.00V]
☐ 710	ⓘ	高压蓄电池中接触器的当前状态	已打开	

图1-1-4

根据故障现象、故障码和实际值分析，可能的故障原因有：

（1）蓄电池管理系统控制单元N82/4软件故障。

（2）蓄电池管理系统控制单元N82/4内部电气故障。

（3）部件A100的内部组件损坏。

尝试进行蓄电池管理系统控制单元N82/4的软件升级，结果有新软件，但是升级成功后故障依旧；删除蓄电池管理系统控制单元N82/4的故障存储器内的故障记忆，之后进行蓄电池管理系统控制单元N82/4的"控制单元复位"；退出诊断仪，拔下点火钥匙；完全关闭车辆，等待约5min（等待总线休眠）；之后再次尝试启动车辆，结果仍然无法启动，查看蓄电池管理系统控制单元N82/4再次设置了上述3个故障码。综合分析故障原因很可能是部件A100的内部组件损坏，因为蓄电池管理系统控制单元N82/4集成在部件A100的内部，不单独提供，所以需要更换A100总成。

故障排除： 更换A100总成后故障排除。

故障总结： 更换高压蓄电池还需要注意以下事项：

（1）在拆下旧高压蓄电池后安装新高压蓄电池前，请把新旧高压蓄电池的REESS code标签照片反馈给厂家，申请更新REESS code。

（2）在安装好高压蓄电池后，必须确认REESS code已更新完成，之后才可以对新的高压蓄电池进行试运行。

（3）高压蓄电池非保修范围更换，应将旧高压蓄电池接收方（保险公司或个人组织信息）名称邮件反馈给厂家，以满足国家对更换动力电池后的追溯信息填报要求。

二、2020年北京奔驰EQC400 4MATIC交流充电过程中经常出现中断

车型： EQC400 4MATIC。

电机型号： 780998。

行驶里程： 17541km。

生产日期： 2019年11月14日。

年款： 2020年（CODE800）。

故障现象： 交流充电过程中经常出现中断的情况。具体的过程是，每次手机Mercedes-meApp设置的"最大充电电量"都为100%，但是经常出现充电到50%～98%的某个时刻时，突然提示"充电暂停"，App无法重新激活充电过程，手动拔下交流充电枪并重新插入充电枪后才可以重新激活充电过程。

故障诊断： 客户使用的是梅赛德斯–奔驰智能充电墙盒（交流充电桩），通过墙盒的说明书可知，额定功率7kW，输入电压AC220V±20%，输入模式为单相三线制，工作频率45～55Hz，输出电流范围选择0～32A，供应商为万帮数字能源；智能充电墙盒外观及充电状态指示灯说明如图1-1-5和图1-1-6所示。

图1-1-5

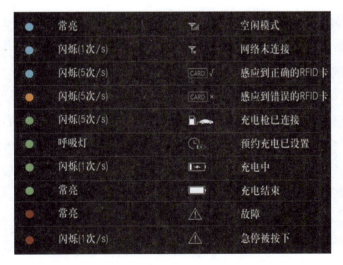

图1-1-6

根据客户的描述，分析可能的原因有：

（1）车机中充电参数（比如最大充电电量）设置不当，或者误操作（比如开始充电后进行解锁-上锁）。

（2）充电桩故障。

（3）车载高压蓄电池交流电充电器N83/11软件问题。

（4）车载高压蓄电池交流电充电器N83/11电气故障。

（5）充电接口异常（例如脏污、接触不良）。

（6）蓄电池管理系统控制单元N82/4和N82/3以及蓄电池管理系统网关控制单元N82/2软件故障。

（7）高压蓄电池模块A100总成内部故障。

（8）电网电压波动过大。

当再次出现充电中断情况后，到现场检查，观察车主的充电操作，未见异常；检查车机EQ菜单—充电选项—最大电量，设置为"最大100%"，正常；EQ菜单—充电选项—最大充电电流，设置为"最大"，正常；车机的设置没有问题，并且车主也没有设置使用过空调预进入控制功能，也没有开始充电后进行解锁-上锁的操作。

连接诊断仪进行快速测试，充电装置（SG-LG）（高压蓄电池交流电充电器N83/11）设置了两个存储状态的故障码：

P0CF49A 引导功能的电路存在功能故障，未满足组件或系统的运行条件。

P0D5A00 接触插座与充电电缆之间的接触识别传感器存在偶发性功能故障。

诊断仪中诊断软件针对这两个故障码的故障引导测试是进行高压部件的软件升级及设码；于是尝试进行高压部件的软件升级，结果均没有新软件；怀疑可能是智能充电墙盒内部故障，建议车主车辆需要充电时用我店的相同型号交流智能充电墙盒进行充电对比测试，结果测试了3次均未发现充电中断故障。经过车主同意，使用我店的试驾车用车主的墙盒充电，测试了1次，没有出现中断的情况。

在我们的建议下，车主联系了交流智能充电墙盒供应商售后工程师进行检测，结果检测充电桩的充电稳定性未见异常，未开始充电时电压保持在230V左右，开始正常充电后电压稳定在200V左右；希望墙盒供应商提供之前充电中断时的数据，结果供应商回复无法提供。于是要求墙盒供应商更换墙盒进行对比测试，但在更换新墙盒后测试的2个月内，又多次出现充电中断的故障现象。在测试期间也试过将目标高压蓄电池的SOC设置为90%，结果发现显示充电成功时的SOC为88%～91%，而充电异常中断时SOC则低于88%。交流充电异常中断的比例大约为30%。高压蓄电池交流电充电器N83/11及交流充电车辆插座G10/4的电路图如图1-1-7所示。

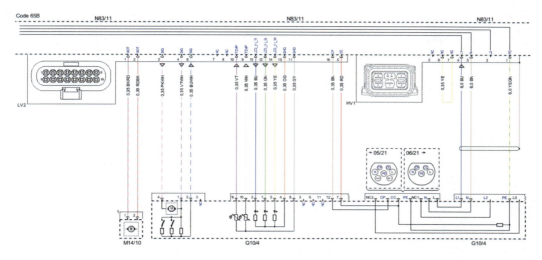

M14/10.油箱盖中央门锁促动器　G10/4.交流充电车辆插座　N83/11.高压蓄电池交流电充电器　Code 65B.
中国标准GB/T充电插座

图1-1-7（部分图注省略）

　　仔细检查交流充电接口G10/4，未发现有脏污、腐蚀的异常情况。仔细检查接口G10/4
到高压蓄电池交流电充电器N83/11间的线束，也没有挤压或破损等异常情况。交流充电
车辆插座接口G10/4的定义如图1-1-8所示，功能如表1-1-1所示。

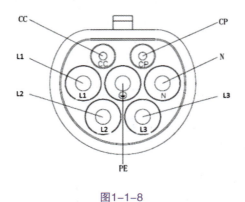

图1-1-8

表1-1-1

引脚编号/标识	额定电压和额定电流	功能定义
1——（L1）	250V 10A/16A/32A	交流电源（单项）
	440V 16A/32A/63A	交流电源（三相）
2——（L2）	440V 16A/32A/63A	交流电源（三相）
3——（L3）	440V 16A/32A/63A	交流电源（三相）
4——（N）	250V 10A/16A/32A	中线（单项）

引脚编号/标识	额定电压和额定电流	功能定义
4——（N）	440V 16A/32A/63A	中线（三相）
5——（PE）		保护接地
6——（CC）	0~30V 2A	充电连接确认
7——（CP）	0~30V 2A	充电控制导引

交流充电接口G10/4共有7个引脚，除单项电源、中线及保护接地以外，还有CC和CP 2个引脚。

（1）CC（connection confirm function）为充电连接确认引脚，是一个电阻信号，反映车辆插头到车辆插座是否已经连接完毕。

（2）CP（control pilot function）为充电控制导引引脚，传递PWM信号，用于电动汽车和电动汽车充电设备之间的信息交互，目的是使电动汽车与充电设备（交流充电桩或墙盒）间在确保安全的前提下能以最佳充电能力进行充电，需要使两者进行能力匹配。匹配时电动汽车控制装置基于CP引脚的PWM信号占空比来判断当前充电设施可提供的最大充电电流，同时充电设施也通过CP引脚的PWM信号占空比了解高压蓄电池交流电充电器N83/11的额定输入电流，并选取两者最小值作为充电过程中的最大充电电流，不得超过该电流值。充电过程中如车辆或充电设施监测到有异常发生，比如车辆接口或供电接口连接断开、PWM信号中断、剩余电流保护器动作等，即结束充电。

使用示波器对比故障车与正常车充电时的CP引脚PWM信号波形，结果没有发现差异。在厂家技术支持工程师的帮助下，在故障车上安装了数据记录器，又经过1个月左右的数据记录，捕捉到了充电中断的数据，在分析了充电中断的数据后，厂家的工程师确认了故障原因是输入的交流电电压过大，导致充电过程中断。

具体的数据是充电开始前输入的电压为228V，充电开始后，输入电压下降了27V，电压下降幅度没有超过15%（228V×15%≈34V），在充电持续了5h左右突然出现了大于15%的电压降幅，并且持续时间超过30s，触发了故障码P0D811E，充电终止。此故障码设置的原因包括充电桩、充电电缆或者电网环境异常（例如电压、频率的过大波动）。

故障排除： 建议客户与小区物业协商改善电网环境。

故障总结： 即使安装智能充电墙盒前勘测电网环境符合使用条件，在实际充电过程中，也可能会偶发由于用电高峰等原因造成的电源点电压波动，导致压差变大。为保证使用安全，车辆可能会自动终止充电过程。

三、北京奔驰EQC400仪表报警"高压蓄电池过热，所有人下车，尽可能停在露天空旷处"

车型：EQC400（293890）。

行驶里程：600km。

故障现象：客户反映车辆在行驶中突然报警"高压蓄电池过热，请立即下车"，车辆失去动力，无法挂挡，无法行驶，如图1-1-9所示。

图1-1-9

故障诊断：

（1）到现场救援，快速测试车辆，发现很多控制单元报与N127通信故障，N127自身无法被诊断。

（2）检查N127供电保险丝正常，由于没有工具测量供电电压，于是使用万能大法对车辆进行断电（12V），结果故障排除了，车辆可以正常行驶，N127也能够被诊断。

（3）车辆到厂后为了找到根本原因，对N127进行检查，发现其供电插头未安装到位，存在虚接，如图1-1-10所示。

图1-1-10

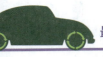

故障原因：N127控制单元供电故障，线束插头未正确装配。由于N127是低温冷却回路的主控单元，主要负责高压部件的冷却控制和监控，所以当N127通信存在故障时系统会提示蓄电池温度过高的故障。

故障排除：正确插接线束插头。

四、北京奔驰EQC400仪表提示气囊灯亮，蓄电池灯亮

故障现象：仪表气囊灯亮，蓄电池灯亮，车辆正常行驶。

故障诊断：

（1）用诊断仪读取N2/10存储故障码，有B284F12 F63燃爆保险丝存在功能故障，短路故障。

（2）检查N2/10到F63保险丝线路电阻不稳定，在1.2～2500Ω之间不断跳动。

（3）技师准备拆卸X18 1号插头，拆卸乘客侧地毯，发现里面很多水，如图1-1-11所示。

（4）经检查发现水是从空调排水管处漏出的。

故障原因：空调排水管未安装到位导致故障，如图1-1-12所示。

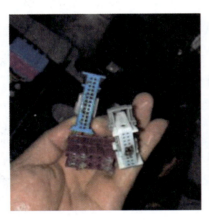

图1-1-11　　　　　　　　　　　　　　图1-1-12

故障排除：用自制硬铁丝钩拉出空调排水管，修复排水管。

第二节　北京奔驰EQB

一、2022年北京奔驰EQB350 4MATIC车辆启动空调10min后不制冷

车型：EQB350 4MATIC。

电机型号：780200。

行驶里程：1275km。

生产日期：2022年1月1日。

年款：2022年（CODE802）。

VIN/FIN：LE49M1DB6NL×××××。

故障现象：车辆启动空调10min后不制冷。

故障诊断：虽然EQA/EQB是基于奔驰燃油车GLA/GLB（车型代号H247）设计研发的纯电车型，但是因为没有内燃机，制冷剂回路和冷却液回路与燃油车有很大不同，要复杂很多。打开前机舱后会发现管路非常多，前机舱部件图A如图1-2-1所示，前机舱部件图B如图1-2-2所示，前机舱部件图C如图1-2-3所示。

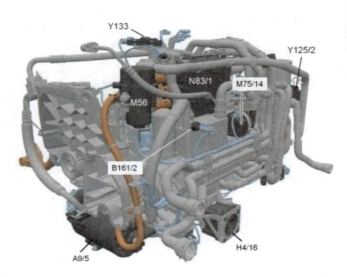

Y133.冷却液泵转换阀　M75/14.冷却液循环泵　M56.电动真空泵　N83/1.直流/直流转换器控制单元　A9/5.电动制冷剂压缩机　H4/16.前部发声器　Y125/2.低温回路2转换阀　B161/2.制冷剂压力和温度传感器

图1-2-1

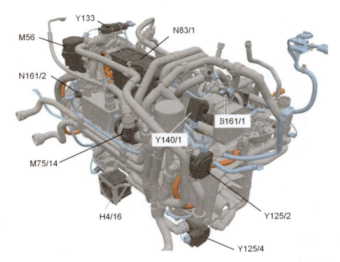

Y133.冷却液泵转换阀　M56.电动真空泵　N83/1.直流/直流转换器控制单元　M75/14.冷却液循环泵　H4/16.前部发声器　Y125/4.低温回路1转换阀　Y125/2.低温回路2转换阀　Y140/1.高压蓄电池冷却关闭阀　B161/1.热交换器压力和温度传感器　B161/2.制冷剂压力和温度传感器

图1-2-2

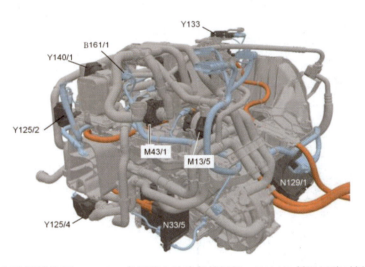

Y133.冷却液泵转换阀　Y140/1.高压蓄电池冷却关闭阀　Y125/2.低温回路2转换阀　Y125/4.低温回路1转换阀　N33/5.高压正温度系数（PTC）加热器　N129/1.电机1电力电子控制单元　M13/5.低温回路冷却液循环泵1　M43/1.低温回路冷却液循环泵2　B161/1.热交换器压力和温度传感器

图1-2-3

其中制冷剂回路的不同点包括：使用电动制冷剂压缩机；水冷式冷凝器；增加了高压蓄电池热交换器支路。回路示意图如图1-2-4所示。

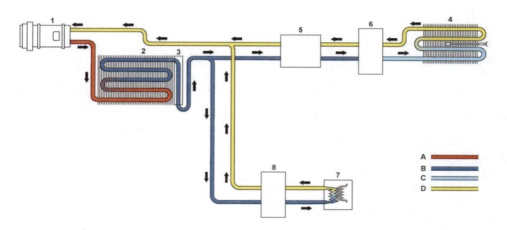

1.制冷压缩机　2.冷凝器　3.储存器蓄电池（干燥器）　4.前部蒸发器　5.内部热交换器　6.膨胀阀
7.高压蓄电池热交换器（混动车辆和电动车辆）　8.高压蓄电池热交换器膨胀阀（混动车辆和电动车辆）　A.高压气态　B.高压液态　C.低压液态　D.低压气态

图1-2-4

EQA/EQB的制冷回路具体部件如图1-2-5所示。

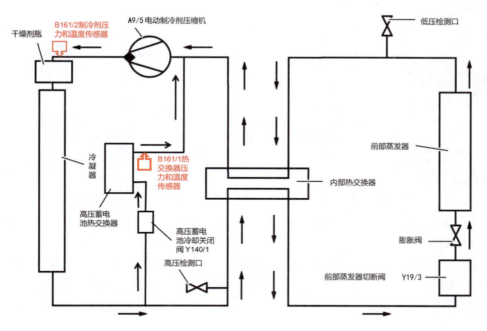

图1-2-5

EQA和EQB的热量管理包括高压车载电气系统部件的冷却和车内的空调控制。高压车载电气系统部件的冷却通过两个相互关联的封闭冷却液回路实现：

空气通道。

低温回路1（电驱动低温回路）。

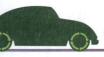

低温回路2（高压蓄电池低温回路）。

加热回路。

（1）空气通道。

冷却模块包括两个冷却液冷却器（散热器）、风扇和百叶窗。为提高系统效率，周围的密封件可防止由冷却模块加热的废气在冷却模块上游再循环并用作空气通道。带自身控制单元的前部百叶窗可通过局域互联网（LIN）总线控制。该措施优化了阻力系数，增加了可达里程，而且优化了车外温度较低时加热所需的能量。

（2）低温回路1。

此回路包括主散热器、冷却电机和电力电子装置等部件。如果电机热量充足，低温回路1和低温回路2可通过相应的阀（低温回路1转换阀Y125/4）连接。此处，损失的能量直接传递至加热回路中的低温回路2，这样可以在温度较低时有效加热车内。低温回路1冷却液循环泵M13/5根据需要控制冷却液流量。车外温度较低时冷却液以最低流速（具体取决于冷却液温度）流过电力电子装置。电驱动低温回路（低温回路1）的功能原理如图1-2-6所示。

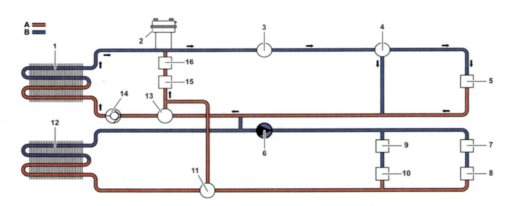

1.低温回路2冷却器　2.低温回路2膨胀容器　3.低温回路冷却液循环泵2（M43/1）　4.高压蓄电池冷却系统转换阀Y133/2　5.高压蓄电池A100　6.低温回路冷却液循环泵1（M13/5）　7.高压蓄电池交流电充电器N83/11　8.电机1电力电子控制单元N129/1　9.直流/直流转换器控制单元N83/1　10.电机2电力电子控制单元N129/2　11.低温回路1转换阀Y125/4　12.低温回路1冷却器　13.低温回路2转换阀Y125/2　14.止回阀　15.高压正温度系数（PTC）加热器N33/5　16.热交换器　A.加热后的冷却液　B.冷却后的冷却液

图1-2-6

（3）低温回路2。

根据具体温度，高压蓄电池通过低温回路2转换阀Y125/2以两种不同的方式冷却。为此，转换阀根据高压蓄电池的电池温度或蓄电池通流温度在热交换器（制冷剂与冷却液）和散热器1之间进行切换。环境温度较低时，冷却液通过风冷式散热器（热交换器）进行冷却。环境温度较高时，冷却液通过集成在空调回路中的制冷剂-冷却液热交换器进行冷却。在车外温度极低时，小蓄电池冷却回路（不带冷却）还用于更快加热蓄电池。集成的高压正温度系数（PTC）加热器N33/5用于加热车内和高压蓄电池。在车外温度极低时，转换阀Y133/2和Y125/2可确保对蓄电池进行加热，从而使高压蓄电池达到合适的工作温度。为对车内进行加热，也使用高压正温度系数（PTC）加热器N33/5，直接将能量通过管路传递至加热回路（水冷式冷凝器）。如此，能在循环中高效传递能量。在此过程中，此回路中的M43/1会根据需要控制冷却液流量。高压蓄电池低温回路（低温回路2）的功能原理如图1-2-7所示。

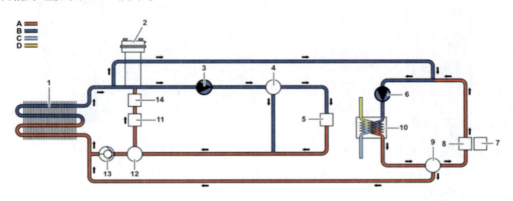

1.低温回路2冷却器　2.低温回路2膨胀容器　3.低温回路冷却液循环泵2（M43/1）　4.高压蓄电池冷却系统转换阀Y133/2　5.高压蓄电池A100　6.冷却液循环泵M75/14　7.正温度系数（PTC）暖气增压器（12V）R22/3　8.热交换器（加热器芯）　9.冷却液泵转换阀Y133　10.冷凝器　11.高压正温度系数（PTC）加热器N33/5　12.低温回路2转换阀Y125/2　13.止回阀　14.热交换器　A.加热后的冷却液　B.冷却后的冷却液　C.制冷剂（高压，液态）　D.制冷剂（低压，气态）

图1-2-7

（4）加热回路。

由于电动车没有内燃机产生的废热，相比之下电机产生的废热相对较少。作为制冷剂，通过在蒸发过程中吸收热量并在冷凝过程中将其释放，冷凝过程中产生的热量可用于加热车内。在此过程中，热量来源于车内空气供给蒸发器和另一个吸收高压蓄电池和电机废热的热交换器并将热量传递至车内。如果来自这两个来源的废热不足以为车内提供舒适热量，其他热量会通过高压正温度系数（PTC）加热器N33/5（热泵）加热，辅以12V正温度系数（PTC）暖气增压器R22/3产生并通过热交换器和空调系统传送至车内。安装位置如图1-2-8所示。

加热回路包括一个水冷式冷凝器、一个加热器芯和一个泵（M75/14）。低温回路2的热量通过冷凝器传递至加热回路。加热器芯对空气进行加热，然后将其直接供至车内。在此过程中，此回路中的泵M75/14会根据需要控制冷却液流量。为对车内进行舒适加热，还会使用位于空调中的12V正温度系数（PTC）暖气增压器（R22/3）。

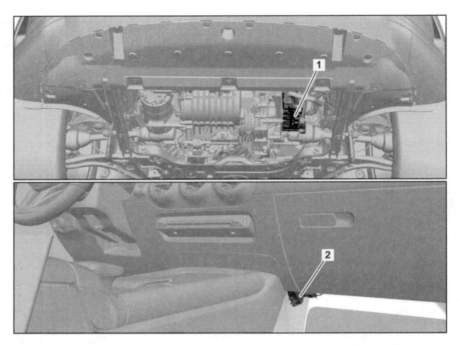

1.高压正温度系数（PTC）加热器（高压蓄电池）N33/5　2.空调壳体正温度系数（PTC）暖气增压器R22/3

图1-2-8

与奔驰燃油车GLA/GLB（车型代号H247）相同，EQA/EQB没有独立的智能气候控制单元，而是集成到信号采集及促动控制模组N10中了。

查询车籍卡，此车代码为580（自动空调THERMATIC）。进行功能检查发现，启动车辆后，刚开始打开空调，制冷效果还可以，但是没有几分钟就变成出热风了。连接诊断仪进行快速测试，N10*1-信号采集及促动控制模组-自动智能气候控制（信号采集及促动控制模组（SAM））设置了两个故障码：

B1E7187 加热回路的电动泵存在功能故障。信息缺失。A+S（频率计数器87次）。

B229400 电动制冷剂压缩机的电机被卡住。S（频率计数器255次）。

查看电动制冷剂压缩机A9/5和加热回路的电动泵M75/14的电路，发现两个执行部件都是由信号采集及促动控制模组N10分别通过LINB8-1和LINB8-2两条LIN线进行控制的，而每条LIN线还通过节点连接了其他传感器和执行器部件，但是其他部件并没有设置故障码，电动制冷剂压缩机电路图如图1-2-9所示，冷却液泵M75/14电路图1-2-10所示。

根据系统工作原理和故障码分析，可能的故障原因有：

电动制冷剂压缩机故障。

加热回路的电动泵M75/14故障。

制冷剂回路故障，比如堵塞。

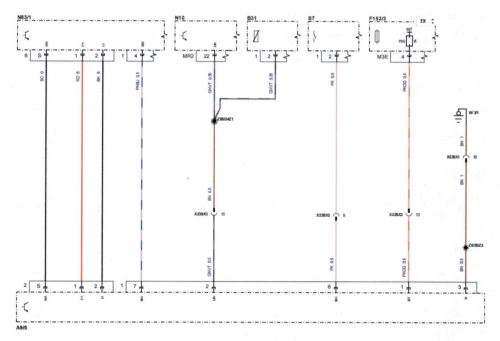

图1-2-9（图注省略）

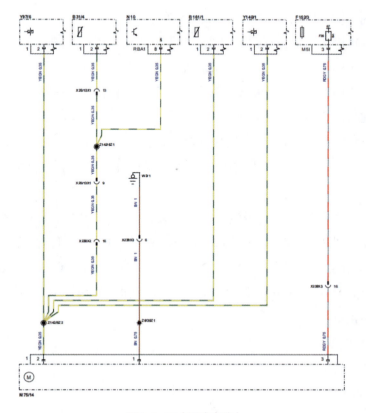

图1-2-10（图注省略）

水冷式冷凝器散热不良，比如冷却回路系统内部有气阻，排气不良。

尝试进行制冷剂回收，结果回收制冷剂的量在正常范围（710±10）g，拆下冷凝器旁的干燥罐检查，没有发现内部堵塞的情况，说明制冷管路中没有异常的腐蚀或磨损。执行XENTRY诊断软件中故障码B229400（电动制冷剂压缩机的电机被卡住）的引导测试，促动压缩机运转，查看实际值，电动制冷剂压缩机始终是"已停用"的状态，电流为0A，如图1-2-11所示。

相应的实际值状态

姓名	实际值
部件'A9/5 （电动制冷剂压缩机）'状态	部件'已停用'
电流	0.00A

图1-2-11

查看实际值中电动制冷剂压缩机停用的原因列表：

制冷剂压缩机因为过热而停止——未激活。

制冷剂压缩机因为扭矩提高而关闭——未激活。

超过允许电流值时制冷剂压缩机的功率限制——未激活。

电动制冷剂压缩机的电机被卡住——已激活。

制冷剂压缩机因为电流传感器或温度传感器故障而关闭——未激活。

制冷剂压缩机因为短路已关闭——未激活。

制冷剂压缩机因为逆变器上的电压过低或电压过高而停止——未激活。

制冷剂压缩机因为电源电压过低或电压过高而停止——未激活。

制冷剂压缩机因为电压过低或电压过高而停止——未激活。

由于超过允许的温度或驱动"增压"功能请求而导致制冷剂压缩机功率受限——未激活。

只有"电机被卡住"是"已激活"状态，又因为冷车刚启动后压缩机工作正常，所以分析压缩机的导线和插头不存在短路、断路、松动和损坏，可能的原因是散热不良或压缩机内部损坏。接着执行XENTRY诊断软件中当前状态的故障码B1E7187（加热回路的电动泵存在功能故障）的引导测试，促动加热回路的电动泵M75/14（也叫冷却液循环泵），结果实际值如下：

电气故障——无故障。

温度过高——否。

电压——0.00V。

电流——0.00A。

部件"M75/14（加热循环回路循环泵）"状态——0.00%。

M75/14始终没有转动的声音和振动迹象。断开M75/14的插头，使用万用表检查插头电源为12V，正常。搭铁针脚与车身之间的阻值正常。用XENRTY SCOPE检查LIN线的波形，未见异常。由此分析加热回路的电动泵M75/14损坏或导线和插头存在短路、断路、松动和损坏，导致M75/14不运转，冷凝器无法热交换，无法散热冷凝，最终制冷循环停止运行。M75/14（加热循环回路循环泵）位置如图1-2-12所示。

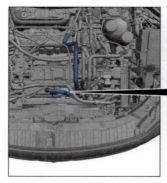

M75/14.冷却液循环泵/加热回路的电动泵

图1-2-12

为了验证上述推测，将同款试驾车的加热回路的电动泵M75/14插头断开，进行模拟测试，结果空调也是几分钟后就不制冷了，信号采集及促动控制模组（SAM）N10设置了两个相同的故障码：B1E7187和B229400。为了确认M75/14导线和插头是否存在短路、断路、松动和损坏，使用试灯进行测试，结果发现试灯不亮，说明是虚电。检查M75/14电源线路，结果发现发动机舱保险丝和继电器模块F152/3上的M75/14的保险丝F30的插座退针了，如图1-2-13所示。

故障排除： 检查发动机舱保险丝和继电器模块F152/3上的加热回路的电动泵M75/14的保险丝F30的插座，没有烧蚀，处理插针并重新安装后，插座不松脱了。重新安装保险丝后，促动M75/14运转，可以感觉到明显的振动，查看实际值，发现电压——13.10V，电流——3.50A，部件"M75/14（加热循环回路循环泵）"状态——100.00%，均恢复正常。进行空调制冷功能测试，发现性能也恢复正常了。

故障总结： 对于频率计数器次数很高的故障码，不论是当前状态的，还是存储状态的，都不能忽视，很可能是有关联的，可以通过在同款车上进行模拟测试进行确认。在XENTRY诊断软件中存在一个错误，M75/14被写为M91/6，带负载时测量用电器的电源和搭铁的电压是最准确的测量方法。

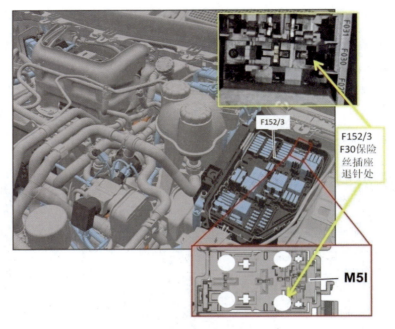

图1-2-13（部分图注省略）

二、奔驰EQB260直流不能充电

车型： 奔驰EQB260配置前电机。

行驶里程： 5703km。

故障现象： 车辆直流不能充电。

故障诊断： 接车后验证故障现象，车辆直流不能充电，接上直流充电枪后充电指示灯一直是黄色的，一闪一闪，充电几十秒后就自动停止充电。交流充电正常，车辆启动正常，仪表无报警。连接诊断仪，对电控系统进行快速测试，相关故障码如图

N116/5 - 直流充电控制单元（数据通信控制单元（DCCU））			-F-
型号	零件号	供货商	版本
硬件	000 901 55 12	Delta Energy Systems	20/32 000
软件	000 902 42 86	Delta Energy Systems	20/29 036
软件	000 903 05 62	Delta Energy Systems	20/29 036
引导程序软件	000 904 63 01	Delta Energy Systems	20/29 020
诊断标识	002710	控制单元型号	DCB223_Rel2ibr1_Star2
故障	文本		状态
P2E3800	许用车辆内置直流充电连接装置的电路存在功能故障。		A·S

XENTRY　　　　　　　　　　　Ⓜ Mercedes-Benz

事件	文本		状态
P2B0891	车辆内置直流充电连接装置中接触器"正极端子"触点的激动存在功能故障。参数在允许范围之外。		A·S
	姓名	首次出现	最后一次出现
U11C1FC	与充电站的通信存在功能故障。		A·S
	文本	首次出现	最后一次出现

图1-2-14

1-2-14所示。

上面的故障码都在N116/5直流充电控制单元内，分析故障码可以得出一个结论，这是一个单纯的故障，主要就是直流充电系统的问题，和其他控制单元没有关系。因为有个故障码，所以从故障码入手，其导向测试如图1-2-15所示。

图1-2-15

导向测试也就说了个方向，没有具体的诊断。那么可能的故障原因无非就以下几点：

（1）N116/5直流控制单元故障。

（2）N116/5相关线路故障。

（3）软件问题。

先从最简单的入手，检查直流充电单元的软件，发现没有新软件。查看直流充电单元的实际值，发现有个实际值不正常，如图1-2-16所示。

从实际值可以看出直流充电控制单元的电压值不正常，那我们就从直流充电入手，如图1-2-17所示为直流充电口的电路图。

此车的直流充电口也是符合国标的充电口，是由A+、A-、S+、S-、PE、CC2、DC+、DC-、搭铁线组成，其具体含义如下。

DC+：直流电源正极，连接直流电源正极与电池正极。

DC-：直流电源负极，连接直流电源负极与电池负极。

PE：保护接地，连接供电设备地线和车辆电平台。

S+：充电通信CAN-H，连接非车载充电机与电动汽车的通信线。

S-：充电通信CAN-L，连接非车载充电机与电动汽车的通信线。

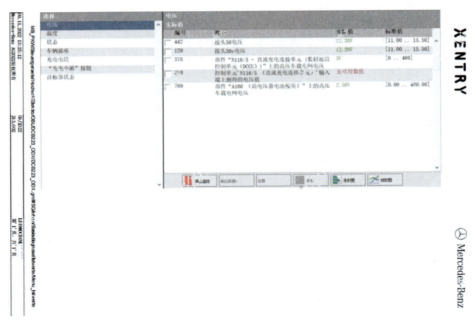

图1-2-16

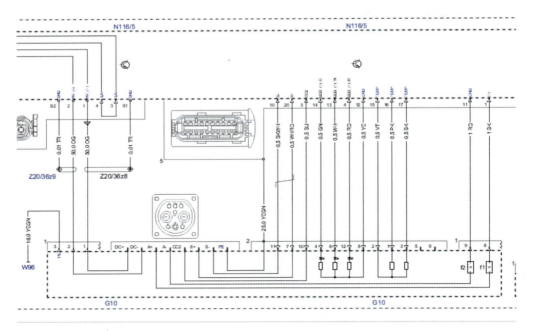

图1-2-17（图注省略）

CC2：充电连接确认。

A+：低压辅助电源正极，连接非车载充电机为电动汽车提供的低压辅助电源。

A-：低压辅助电源负极，连接非车载充电机为电动汽车提供的低压辅助电源。

检查直流充电口与N116/5之间的线路，外观未见异常。分别测量直流充电口与N116/5

之间的线路电阻值，DC+、DC−、PE、S+、S−、PE：0.2Ω；CC、A+、A−：电阻值无穷大。这里面需要注意的是，从电路图上看A−、A+、CC从充电口到N116/5的线路应该是通的，但是实际测量它们之间是不通的。我们刚开始不相信，找了同款车型对比测量，才发现都是这样的，如图1-2-18所示。

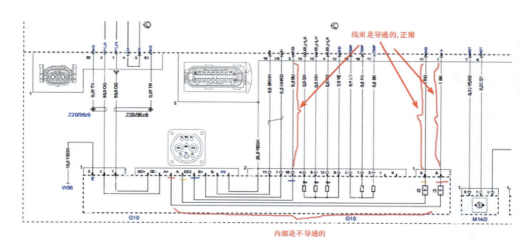

图1-2-18（图注省略）

接下来我们又测量了充电口端子的几个数据，测量后，我们发现了一些端倪。未充电时，在N116/5插头上测量A−与搭铁之间的电压为8V，测量A+与搭铁之间的电压为0V，测量A+与A−之间的电压为8V。充电时，测量A+与A−之间的电压一直在上下变化。测量的这些数据我们也不知道是否正确，我们拿到试驾车对比测量，不充电时A+、A−与搭铁之间没有电压，充电时A+与A−之间的电压稳定在12V，那么可以得出的结论就是A−对正极有短路的地方，只有一种可能，就是N116/5内部短路了，更换N116/5，故障排除，直流充电正常了。

故障总结：从这个故障里面我们可以收获一个简单有效的诊断方法，那就是当我们对诊断数据没有可靠的判断依据时，对比测量是一种简单高效的判断方式。

第三节　北京奔驰EQA

2022年北京奔驰EQA260仪表出现高压蓄电池故障和不允许拖车的红色报警信息

车型： EQA260。

发动机型号： 780200。

行驶里程： 2226km。

生产日期： 2022年06月12日。

年款： 2022年。

故障现象： 仪表出现高压蓄电池故障和不允许拖车的红色报警信息，仪表提示A如图1-3-1所示，仪表提示B如图1-3-2所示。

故障诊断： 询问车主故障出现的过程，车主说第一天正常用车，之后车停在地库里，也没有进行充电，第二天启动车辆行驶了几十米后，突然仪表上出现了上述两个故障提示，车辆还可以正常行驶，没有感觉到异常。尝试停车后重新启动车辆，结果仪表上的故障提示不会消失，于是拖车到店检查。

车辆到店后进行功能检查，发现车辆可以启动和行驶，但是仪表上的两个故障信息始终存在。尝试进行充电，发现交流充电正常，但是直流充电会自动中断。

连接诊断仪进行快速测试，以下控制单元设置了故障码：

图1-3-1

图1-3-2

（1）传动系统（PTCU）控制单元N127。

P154700 由于在互锁回路中识别到故障而存在警告。当前的和已保存的。

（2）直流充电连接单元〔数据通信控制单元（DCCU）〕N116/5。

P0A0B00 高压车载电气系统的互锁回路存在功能故障。已保存。

P0A0C00 高压车载电气系统的互锁回路对地短路。当前的和已保存的。

P2D78FC 车辆内置直流充电连接装置内的处理器存在功能故障。已保存。

（3）信号采集及促动控制模组–自动智能气候控制〔信号采集及促动控制模组（SAM）〕N10*1。

B19A100 电动制冷剂压缩机高压车载电气系统的供电存在功能故障。当前的和已保存的。

高压互锁回路（HVIL）是高压电车辆的重要安全预防措施之一，蓄电池管理系统控制单元BMS负责监测互锁回路。奔驰除了最新纯电车型EVA平台的两款新车型EQS和EQE采用分散式互锁回路以外，其他的新能源车型，包括纯电车型EQA、EQB、EQC，以及插电混动PHEV车型E350e、GLE350e等，均主要采用传统的贯通式中央互锁回路，互锁信号由蓄电池管理控制单元生成和评估。互锁信号是一种低压信号（0～12V 88Hz频率信号），以导线回路的形式，沿着整个高压车载电气系统导线回路排布，经过所有高压部件及其电气接头（除了直流和交流充电插座），也包括受跳线保护的盖板。拆下电气接头或盖板会导致互锁回路中断。当回路中的信号传输中断时，高压蓄电池中的高压电接触器开关会断开，整个高压车载电气系统会关闭，以防止发生触电事故。为此，每个可拆卸高压连接中都有一个跨接装置，可在高压连接拆下时断开互锁电路。

具体分为如下3种工况：

（1）在驾驶的过程中（接触器闭合且点火开关为"ON"），如果互锁电路发生故障，例如互锁电路断开，则不会导致高压车载电气系统断开，车辆停驶，会在仪表上进

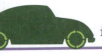

行故障报警（红色），但是会防止在下一个点火周期内接触器闭合，仅在换挡杆位置"N"或"P"接合时间大于3s且车速小于5km/h时关闭高压车载电气系统。也就是说只要不停车就会维持车辆的行驶，直到车辆到达服务站。如果点火开关关闭且互锁电路断路，则车辆无法启动，不可继续驾驶车辆。

（2）此外，换挡杆位置位于"D"时打开发动机罩也会关闭高压车载电气系统。

（3）还有一种情况是在充电或辅助气候控制期间（接触器闭合），互锁电路发生故障，则接触器立即断开并切断高压车载电气系统。

此车为未装配第三排座椅，未装配全时四轮驱动（4MATIC）（全轮驱动/代码M005）的前驱5座EQA，高压部件及互锁回路示意图如图1-3-3所示。

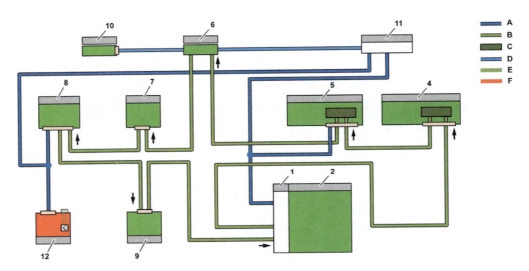

1.蓄电池管理系统控制单元N82/9　2.高压蓄电池模块A100　4.高压蓄电池交流充电器N83/11　5.直流充电器控制单元N116/5　6.高压断开装置S7　7.电动制冷剂压缩机A9/5　8.直流/直流转换器控制单元N83/1　9.高压正温度变化系数（PTC）加热器N33/5　10.发动机舱保险丝和继电器模块F152/3　11.燃爆保险丝F63　12.电机（前）N129/1　A.电路30c　B.互锁信号导线　C.互锁检测器IL　D.电路30t　E.带中央互锁的部件　F.带分散式互锁的部件

图1-3-3

可以看出，除前电机的电力电子装置控制单元N129/1采用分散式互锁以外，其他高压部件采用传统的贯通式中央互锁回路。蓄电池管理控制单元（BMS）N82/9集成了互锁电路信号发送器（IG）和互锁评估逻辑电路（IL），此外对于EQA和EQB车型，在后电机的电力电子装置控制单元，高压蓄电池交流电充电器N83/11和直流充电器控制单元N116/5中集成了互锁信号的评估电路（IL），也叫互锁检测器，用于执行自身评估，确定互锁电路信号的故障状态（例如断路、短路）。在其他高压部件［电动制冷剂压缩机A9/5，高压正温度系数（PTC）加热器N33/5］中，则没有互锁评估电路，只是直线通过，以使互锁电路完成闭环。

根据故障码及互锁回路工作原理分析，可能的故障原因有：

（1）直流充电器控制单元N116/5软件问题。

（2）BMS控制单元N82/9软件问题。

（3）直流充电器控制单元N116/5互锁回路线路问题。

（4）直流充电器控制单元N116/5（包含IL互锁评估逻辑电路）电气故障。

尝试进行直流充电器控制单元N116/5和BMS控制单元N82/9软件升级，结果均没有新软件。根据XENTRY诊断仪执行N116/5的当前状态故障码P0A0C00（高压车载电气系统的互锁回路对地短路）的故障引导测试，首先查看蓄电池管理控制单元（BMS）N82/9的实际值，结果"互锁回路状态"实际值为"无故障"；"互锁电路信号发送器（IG）"实际值为"启用"，均正常。在不进行高压断电的情况下，关闭点火开关，断开12V蓄电池的接地线，拔下高压蓄电池的1号插头（低压插头），测量线束侧的17和24之间的阻值，也就是除采用分散式互锁的前电机N129/1和高压蓄电A100以外的整条互锁回路的电阻，其中包括N83/11和N116/5两个控制单元中集成的互锁检测器的电阻，结果为160Ω，与同款正常车对比，标准值为（110±10）Ω，不正常，互锁回路阻值测量电路图如图1-3-4所示。

分别测量N83/11和N116/5两个控制单元中集成的互锁检测器的电阻，结果发现N83/11的阻值正常，而N116/5的阻值不正常，标准值约为35Ω，而此车为87Ω。检查各个互锁回路插头，均未发现有松旷、退针、腐蚀等异常情况，综合分析故障原因是直流充电器控制单元N116/5（包含IL互锁评估逻辑电路）电气故障。

故障排除：更换直流充电器控制单元N116/5后故障排除。

故障总结：

（1）奔驰仪表上出现的蓄电池标志会有两种，只有一层的是指12V车载蓄电池，如果是一摞三层蓄电池标志就是指48V锂电池或是高压动力蓄电池。

（2）并非所有的新能源车型高压互锁信号电压都是传统的12V，如EQB的互锁信号电压为3.6V的方波信号。

（3）BMS输出的互锁信号为双向，并非是WIS电路图所描述的单向信号。

（4）通过BMS低压插头，测量整条互锁回路的电阻，可以快速判断整条互锁信号是否存在断路或接触不良故障，不同车型的互锁回路电阻不同。

（5）互锁信号在经过控制单元中集成的互锁信号的评估电路（IL）后发生变化。

（6）WIS的电路图可能存在错误，例如此车的N116/5的4号实车是空脚，实际是3号脚，测量内部的互锁检测器的电阻应该测量3号和9号脚，并且WIS中没有各个部件内部互

锁检测器的电阻的标准值，所以最好是与同款车进行比对测量。

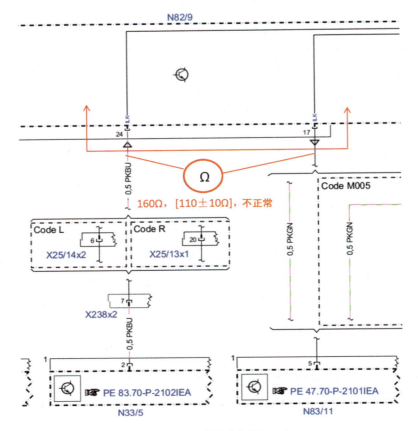

图1-3-4（图注省略）

一、2021年捷豹I-PACE空调不凉

车型： I-PACE。

发动机： EV。

行驶里程： 10157km。

年款： 2021年。

故障现象： 根据客户反映，启动车辆，开启空调，温度调至最低（Lo），车辆运行几分钟后测量空调出风口温度，接近室外温度36.9℃，温度过高，检查确认空调不制冷，如图2-1和图2-2所示。

图2-1

故障诊断： 根据故障现象检查空调出风量，正常，吹出来的是热风或自然风。驾驶员发现此故障与环境温度无关，永久性存在。检查车辆无加装和改装物品。目测检查，车辆空调管路无损坏变形现象。连接诊断仪读取相关故障码。最后读取空调控制模块（HVAC）故障码：P0534-64空调制冷剂添加损失，如图2-3所示。

可能故障原因：

（1）空调系统压力不足，空调系统制冷剂不足或泄漏。

（2）空调系统管路存在堵塞现象。

（3）空调系统压力传感器存在故障。

（4）空调压缩机故障。

根据故障现象，目测检查车辆空调管路安装良好无损坏变形现象，目测检查空调外部管路部件无泄漏现象。根据故障现象启动车辆，开启AC空调，连接空调系统压力表读取低压压力，约740kPa（低压高），高压压力约800kPa（压力低），如图2-4所示，读取空调系统工作压力异常，存在故障。

空调系统压力异常，连接诊断仪读取空调控制模块（HVAC）数据流，进口压力为687.5kPa，压缩机出口压力为837.5kPa，如图2-5所示。

空调系统数据流压力与空调压力表压力几乎一致，压差不是特别大，排除空调系统压力传感器故障。根据故障现象对车辆空调系统制冷剂排空，排空后重新加注制冷剂，启动车辆，开启空调AC后可以听

图2-2

图2-3

图2-4

图2-5

见空调压缩机工作声音，分析空调压缩机转速高，读取空调系统压力发现低压管路压力依旧过高，高压管路压力过低。读取压缩机转速为7740r/min，压缩机转速过高，如图2-6所示。

根据以上检查，车辆空调压缩机转速过高，空调系统压力异常。拆下空调压缩机高压与低压管路检查，空调管路无过脏现象，没有杂质，检查空调电动压缩机润滑油，无杂质润滑油油质良好。根据以上检查诊断为电动空调压缩机故障，需更换。更换电动空调压缩机后，读取压缩机转速为1140r/min，如图2-7所示，空调系统压力350kPa，系统压力800kPa，如图2-8所示，数据恢复正常。测试空调出风口温度最低5℃，正常，故障排除。

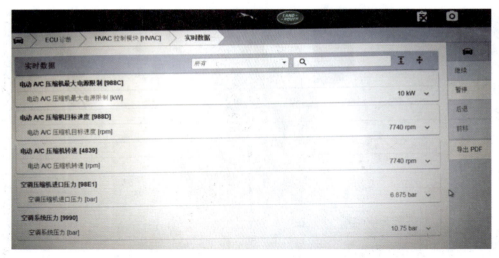

图2-6

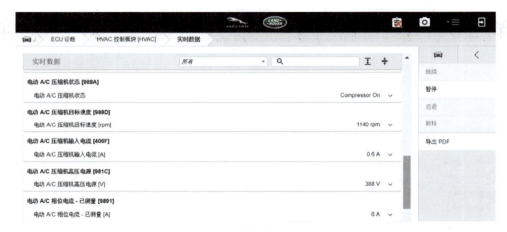

图2-7

电动 A/C 相位电流 - 已测量 [9891]	
电动 A/C 相位电流 - 已测量 [A]	6.5 A ∨
空调压缩机进口压力 [98E1]	
空调压缩机进口压力 [kPa]	350 kPa ∨
空调系统压力 [9990]	
空调系统压力 [kPa]	800 kPa ∨
车内温度. [DD04]	
车内温度. [°C]	19 °C ∨
车厢温度 [9A1B]	
车厢温度 [°C]	24.545999999999992 °C ∨

图2-8

故障原因：电动空调压缩机无法建立系统压力，导致低压高、高压低现象。

故障排除：更换电动空调压缩机，故障排除。

二、2019年捷豹I-PACE仪表提示性能受限，乌龟故障灯提示

车型：I-PACE。

发动机：EV。

年款：2019年。

行驶里程：35191km。

故障现象：客户反映车辆选择D挡行驶后仪表提示"小心驾驶即可性能受限，车身稳定控制系统不可用，自动紧急制动系统不可用"，如图2-9～图2-11所示，检查确认故障存在。

图2-9

图2-10

图2-11

驾驶员发现此故障，此故障行驶中出现，车辆加速不良，此故障与环境温度无关。连接诊断仪读取相关故障码，电力变频转换器控制模块 "C" ［EPICC］P0A40-00 驱动电机 "A" 位置传感器电路范围/性能–没有任何子类型信息，如图2-12和图2-13所示。

诊断 DTC 报告

注意：未列出的模块作出了正确响应，未报告 DTC

警告：模块未响应：
- 全地形控制模块 ［ATCM］
- 车辆防盗锁止系统控制模块 ［VIM］

错误代码	描述
防抱死制动系统控制模块 ［ABS］	
U0080-81	车辆通信总线 F - 接收到无效串行数据。
U0080-87	车辆通信总线 F - 消息缺失
蓄电池充电器控制模块 ［BCCM］	
U0064-82	车辆通信总线 E - 活动/顺序计数器不正确/未更新
定速巡航系统模块 ［CCM］	
U0046-81	车辆通信总线 C - 接收到无效串行数据。
U3000-53	控制模块 - 已关闭
电力变频转换器控制模块 "C"［EPICC］	
P0A40-00	驱动电机 "A" 位置传感器电路范围/性能 - 没有任何子类型信息

图2-12

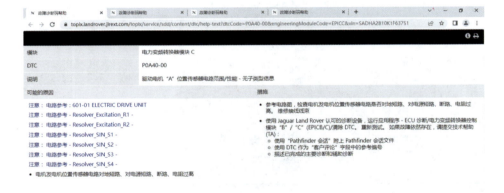

图2-13

可能的故障原因：

（1）车辆动力控制模块软件故障。

（2）驱动电机 "A" 位置传感器电路插头故障。

（3）驱动电机 "A" 位置传感器电路、控制线路存在断路或高电阻故障。

（4）驱动电机"A"位置传感器信号故障。

（5）驱动电机"A"位置传感器故障。

根据故障现象检查车辆发动机控制模块，PCM软件为最新版本。I-PACE由两个永磁同步电动驱动单元（EDU）驱动，它们分别位于前后轴上，如图2-14所示。每个单元都带有一个单速行星齿轮组变速器和一个以同心方式安装在电机上的开放式差速器。每个车轮都通过一个半轴连接至变速器，因此提供了四轮驱动（AWD）能力。EDU通过每个电机提供348N·m扭矩和147kW功率。两个电机的综合输出可提供696N·m的瞬时扭矩，这个额定扭矩与F-TYPE SVR相同。每个电机分别连接到一个逆变器。逆变器控制电机的操作以响应节气门和制动输入。I-PACE上安装的永磁同步电机使用了配备永磁铁的转子，永磁铁与定子绕组处产生的电磁场同步。通过按照逐渐改变每个绕组极性的顺序向定子绕组上施加三相交流（AC），定子周围将会产生旋转的电磁场。

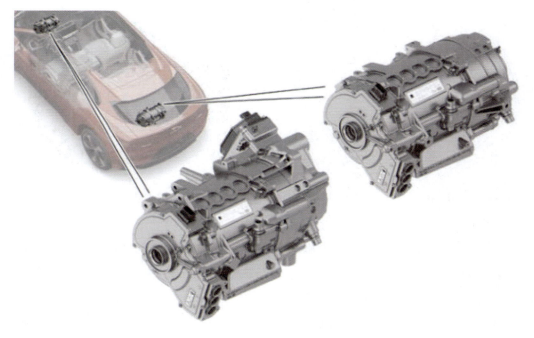

图2-14

施加到定子绕组上的电流的大小和相位与电机的扭矩输出成比例，因此需要进行精确控制才能实现电机的效率。旋转分解器环位置传感器用于准确检测转子相对于旋转电磁场的速度和位置，以便全面控制电机输出。旋转分解器输出直接被供应至逆变器。然后，逆变器在定子线圈上施加正确的频率和电压，以确保电机的扭矩输出与PCM发送的扭矩请求相匹配。逆变器也使用位置信息来确保转子始终与旋转磁场保持同步。当转子的磁场滞后于定子的旋转磁场时，电机将会产生扭矩。随着永久磁铁持续尝试"赶上"

定子的旋转磁场，电机将会产生扭矩。AC输入的正时相对于转子的位置提前，输入的提前量越大，产生的扭矩也就越大。但是，AC输入过于提前将会导致磁场脱离同步状态，电机将会停转。AC输入的正时也可以相对于转子的位置滞后。旋转磁场试图往相反的方向拉动转子，产生可调节的制动扭矩。当制动的动能转换为电能时，电机将会变为发电机。随着转子绕着定子转动，转子的磁场将会穿过定子绕组，从而感生出三相AC。转子的速度和定子线圈的磁场强度与发电机输出成正比。旋变传感器工作原理如图2-15所示。

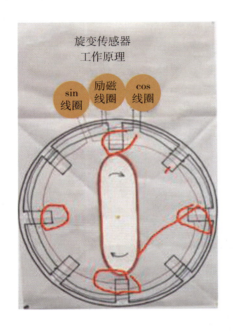
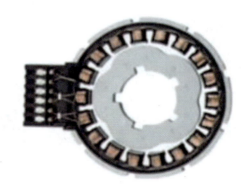

图2-15

根据以上原理与故障码P0A40-00诊断怀疑驱动电机位置传感器信号波形存在故障。根据故障码P0A40-00需要测量逆变器至电机间导线，检查C1YE01A插头两侧均未发现进水、腐蚀、退针现象，电路图如图2-16所示。

根据电路图测量故障状态下后电机波形，A通道=S1，B通道=S2，C通道=S3，D通道=S4。减速波形如图2-17所示。加速波形如图2-18所示。

根据电路图测试驱动单元波形，A通道=R1，B通道=R2，C通道=S1。减速波形如图2-19所示。加速波形如图2-20所示。

使用示波器测量波形，未见异常，根据故障现象检查车辆，检查C4YE03A和C4YE01A插接器，双向未发现腐蚀、进水、退针现象，电路图如图2-21所示。

图2-16

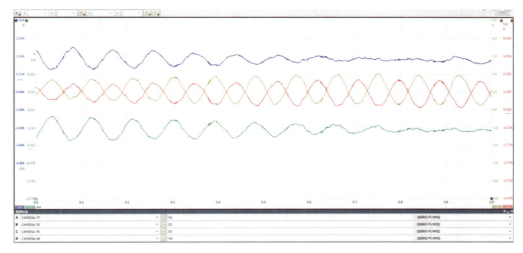

图2-17

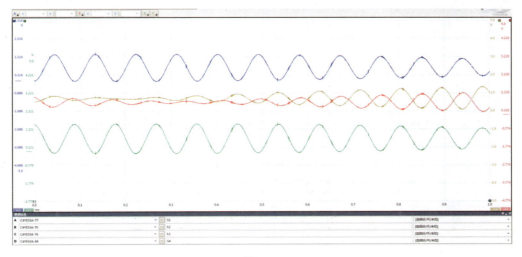

图2-18

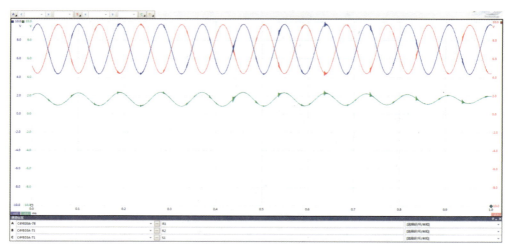

图2-19

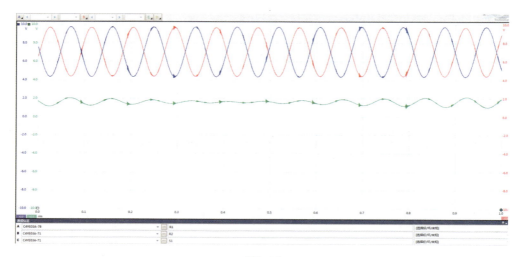

图2-20

逆变器-后部   SCR, 0.5,   电动驱动单元-后

图2-21

测量C4YE03A-77至C4YE01A-8电阻0.3Ω，对地无穷大。测量C4YE03A-70至C4YE01A-7电阻0.2Ω，对地无穷大。测量C4YE03A-76至C4YE01A-2电阻0.3Ω，对地无穷大。测量C4YE03A-69至C4YE01A-1电阻0.4Ω，对地无穷大。测量C4YE03A-78至C4YE01A-9电阻0.4Ω，对地无穷大。测量C4YE03A-71至C4YE01A-3电阻0.4Ω，对地无穷大。检查插头线束连接器夹紧力，未见异常，检查6条线的通断，确认没有短路、断路、电阻过高情况。根据以上检查测量排除线路故障，诊断为车辆后电动驱动单元故障，需更换。

故障原因： 后电动驱动单元、位置传感器信号不准确导致车辆报警。

故障排除： 更换后电动驱动单元。

三、2019年捷豹I-PACE行驶时仪表上偶尔会提示悬架故障

车型： I-PACE。

VIN： SADHA2B10K1××××××。

行驶里程： 17435km。

年款： 2019年。

故障现象： 客户反映车辆行驶时仪表上偶尔会提示悬架故障。故障频率不定，半个月到一个月出现一次。

故障诊断： 启动车辆，确认仪表无任何故障灯和故障信息提示，询问客户，表示车辆在行驶时，仪表上提示检测悬架故障，信息提示一直存在，如图2-22所示。熄火重新启动，悬架故障的信息就不再出现。

图2-22

查询车辆无相关维修历史和加装改装的情况。查询技术网站没有相关公告和服务活动。连接诊断仪读取CHCM报告，有相关故障码C105B-19执行器电路B组-电路电流高于临界值，如图2-23所示。

DTC 摘要

VIN：	SADHA2B10K
车辆类型：	I-PACE / X590
里程数：	16950km
代理组：	
日期：	

DTC 摘要

错误代码	说明
HVAC 控制模块 [HVAC]	
B14A2-13	APIX 显示链路 - 前显示屏 - 电路断路
乘客前车门模块 [PDM]	
B1326-15	外部车门把手 LED - 电路对蓄电池短路或断路
侧面障碍物检测控制模块 - 右侧 [SODR]	
U0046-86	车辆通信总线 C - 信号无效
侧面障碍物检测控制模块 - 左侧 [SODL]	
U0046-86	车辆通信总线 C - 信号无效
信息娱乐主控制器 [IMC]	
B1DE3-31	多媒体连接 - 驾驶员辅助域控制器 - 无信号
动力传动系统控制模块 [PCM]	
U0080-82	车辆通信总线 F - 活动/顺序计数器不正确/未更新
图像处理模块"A" [IPMA]	
U0001-81	高速 CAN 通信总线 - 活动/顺序计数器不正确/未更新
图像处理模块"B" [IPMB]	
B12C1-76	右后视镜摄像头 - 安装位置错误
B12C0-76	左后视镜摄像头 - 安装位置错误
底盘控制模块 [CHCM]	
C105B-19	执行器电路 B 组 - 电路电流高于临界值
网关模块 A [GWM]	

C105B-19	执行器电路 B 组 - 电路电流高于临界值	⚠ **注意：** 电路参考 - VBATT - ■ 底盘控制模块的电源或接地电路对地短路、对电源短路 ■ 自适应减震器电磁阀电路对地短路、对电源短路 ■ 底盘控制模块内部故障	■ 参考电路图，检查底盘控制模块的电源和接地电路是否对地短路、对电源短路 ■ 参考电路图，检查自适应减震器电磁阀电路是否对地短路、对电源短路 ■ 如果故障依然存在，则检查底盘控制模块，需要时并安装新的底盘控制模块

图2-23

通过故障现象和故障码，可以确认故障在自适应减震系统，系统是通过底盘控制模块（CHCM）使用来自其他系统模块的组合信息以及来自加速计和悬架高度传感器的数据来测量车辆和悬架的状态以及驾驶员输入信息。通过该信息，CHCM应用算法控制自适应减震器，以适应当前驾驶状况。在每个自适应减震器中，可通过由电磁阀操作的可变节流孔实现减震调整。节流孔用于打开另一条通道，以允许机油在自适应减震器内流动。当电磁阀关闭后，旁路关闭，所有液压油全部流过主（刚性）活塞。电磁阀启动后，克服弹簧弹力移动衔铁和控制叶片。控制叶片上有一个节流孔，叶片滑入烧结的腔体内以按要求打开旁路。每个自适应减震器中的电磁阀由来自底盘控制模块（CHCM）的526Hz脉宽调制（PWM）信号进行控制。CHCM控制PWM的占空比，以提供1.5A的电流，使自适应减震器在柔性设置下工作。断电后（0A），自适应减震器处于硬性设置状态。电流按需持续不断地变动，借此分别增加或减小各自适应减震器的减震能力。

根据故障码C105B-19分析可能原因有：

（1）底盘控制模块的电源VBATT-B或接地电路断路、电阻过大。

（2）自适应减震器电磁阀电路对地短路、对电源短路、断路或电阻过大。

（3）底盘控制模块内部故障。

通过电路图可知，车辆的底盘控制模块集成了两个控制模块，分别是空气悬架控制模块和自适应控制模块，两个模块分别有C4CD01E-7和C4CD01A-6的单独供电电源，和共用的C4CD01D-6搭铁。故障码C105B-01执行器电路B组——一般性故障，指的是自适应控制模块电路参考VBATT-B，所以检查CHCM的VBATT CVD供电线路C4CD01E-7与搭铁线C4CD01D-6之间的电压，为蓄电池电压13.21V，说明自适应控制模块VBAT-B的电源和搭铁线路正常，检查模块的插头及线束外面没有接触不良，线路没有对地短路断路的情况，检查CHCM模块上的电源线路插头C4CD01E、C4CD01A、搭铁线路插头C4CD01D，及控制四个减震器阻尼控制的插头C4CD01E上的各个针脚情况正常，没有出现松旷、退针、腐蚀、进水、接触不良等异常情况，检查模块的车身搭铁点G4D172N-9在车身上搭铁良好，没有松动，搭铁点接触面没有异物和绝缘情况，分别如图2-24~图2-26所示。

用表分别测量四个减震器电磁阀插头上的两根控制线，对地测得电压分别为常供电14.36V和控制线电压4.1V，对比正常车辆也是一样的电压情况，说明线路正常。测得四个减震自适应电磁阀的电阻值分别为3.3Ω、3.4Ω、3.5Ω、3.3Ω，对比正常车辆的自适应减震器电磁阀的电阻均在3.3Ω左右。查询减震器电磁阀的电阻标准在2~3.5Ω，说明各减震器的电磁阀电阻均在规定范围内。上述检查确认CHCM的VBATT CVD供电线路和搭铁线路正常，四个自适应减震器线路和减震器电磁阀的电阻都是在正常范围，初步分析

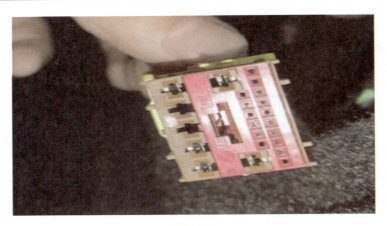

图2-24

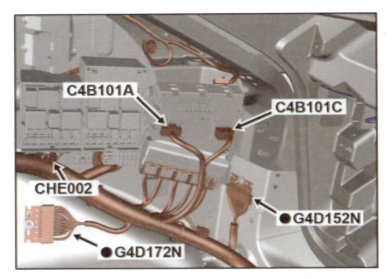

图2-25

图2-26

判断为CHCM模块软件或硬件内部间歇性故障导致。查看CHCM的软件不是最新版本，尝试更新CHCM模块后，如图2-27所示。

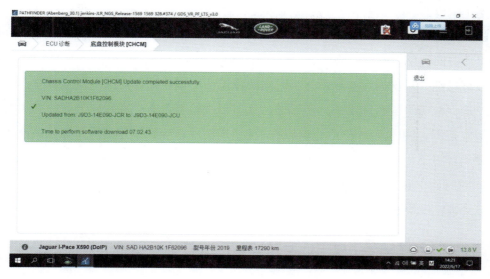

图2-27

交客户用车20天后，客户再次来店反映故障依旧。重新读得故障码仍然是C105B-19执行器电路B组-电路电流高于临界值的故障码，如图2-28所示。

诊断 DTC 报告

注意：未列出的模块作出了正确响应，未报告 DTC

警告：模块未响应：

· 蓄电池电量控制模块［BECM］

错误代码	描述
蓄电池充电器控制模块［BCCM］	
U0064-82	车辆通信总线 E - 活动/顺序计数器不正确/未更新
底盘控制模块［CHCM］	
C105B-19	执行器电路 - B 组 - 电路电流高于临界值
HVAC 控制模块［HVAC］	
B14A2-13	APIX2 显示链路 - 触摸屏 - 断路
交互式显示模块 A［IDMA］	
B108E-96	显示 - 元件内部故障
B14A2-02	APIX2 显示链路 - 触摸屏 - 一般信号故障
图像处理模块 "B"［IPMB］	
B12C0-76	左视镜摄像头 - 错误的安装位置
乘客前车门模块［PDM］	
B1326-15	外部车门把手 LED - 电路对蓄电池短路或断路

图2-28

已经将CHCM的模块软件更新至最新，依旧存储C105B-19执行器电路B组-电路电流高于临界值的故障码，之前已经确认了模块的供电搭铁正常，四个减震器的控制线路正常，四个减震器的阻值正常，排除软件问题，说明故障在CHCM模块硬件本身。

故障排除： 更换CHCM模块，使用诊断仪对CHCM模块进行编程后测试，交客户用车两个月后，回访反馈没有出现悬架故障提示，至此故障完全排除。

故障总结： 对于偶发性故障，长时间故障无法重现，需要对故障码进行全面检查和梳理，确保故障可能存在的部件和线路，通过目视检查没有存在任何异常，相关的数据都在规定范围，同时需要核实和排除客户的使用情况，确保不是因为特殊的路况和在特殊的使用环境下出现故障，排除掉车辆不同使用环境导致的系统部件、线路发生间歇性故障，同时确保相关系统的软件版本为最新状态，通过排除法，排除掉上述的可能原因，最终锁定模块本身可能存在间歇性的故障问题。

四、2019年捷豹I-PACE空调有时候不制冷

车型： I-PACE。

行驶里程： 39097km。

年款： 2019年。

故障现象： 客户反映空调有时候不制冷，大部分时间是在充完电后无法使用，有时也在使用过程中出现故障，使用中出现故障频率很低。根据客户描述的情况，进行多次充电测试，出现客户描述的故障现象，车辆启动的状态下，AC开关打开，左右的风口温度调至最低温度，出风口的温度为环境温度，没有一点制冷的感觉，确认空调系统不制冷，同时发现冷凝器的散热风扇都没有工作。

故障诊断： 使用诊断仪读得故障码为P0534-64，如图2-29所示，清除故障码后重新读取无任何故障码，但是空调系统仍然无法使用。通过锁车休眠后，空调制冷系统恢复正常。通过多次充放电测试又会再现故障情况，故障频率较低，通过几天测试才出现一次故障情况，故障出现后重新读得故障码仍然是P0534-64，故障码解释如图2-30所示。

故障出现后通过诊断仪读取相关数据流，显示电动空调压缩机禁用［9A51］-低空调制冷剂填充禁用，其他的数据都是正常（未禁用）状态，如图2-31所示。

图2-29

| P0534-64 | 空调制冷剂填充流失 - 信号合理性故障 | · 空调系统中的制冷剂不足或制冷剂泄漏
· 吸入压力/温度传感器值不正确 | · 使用合适的充注站检查制冷剂系统是否制冷剂不足或泄漏。 必要时进行维修
· 使用 Jaguar Land Rover 认可的设备，将空调吸入压力与低压维修端口压力表读数进行比较
· 检查空调吸入温度
· 执行空调系统重新加气流程
· 使用 Jaguar Land Rover 认可的诊断设备，执行例行程序 - 重置/清除指定功能，清除隐蔽诊断码，将点火开关设置为"打开"并在最大挡下运行空调 15 分钟，然后重新检查故障诊断码
· 如果故障依然存在，请检查吸入压力传感器，需要时安装新的吸入压力传感器 |

图2-30

牌照：	1
车辆类型:	I Pace（2019）
维修技师:	
VIN:	SAD HA2B16K

实时数据	实际值
电动空调压缩机禁用［9A51］	
低吸入压力禁用	No
低排放压力禁用	No
低空调制冷剂填充禁用	Yes
低系统功率禁用	No
冷却器制冷剂控制膨胀阀故障	No
冷却器电磁阀故障	No
环境温度禁用	No
空调系统低压禁用	No
空调系统高压禁用	No
联机制冷剂控制膨胀阀故障	No
高压制冷剂阀 #1 故障	No
高压制冷剂阀 #2 故障	No
高压制冷剂阀 #4 故障	No
高压制冷剂阀 #5 故障	No
高排放压力禁用	No
高排放温度禁用	No

图2-31

故障系统结构原理：空调系统部件位置图如图2-32 ~ 图2-34所示。

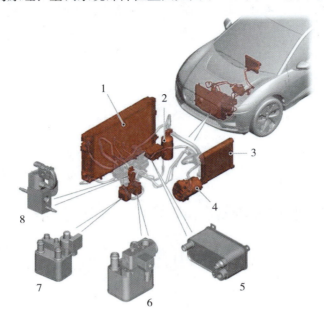

1.回收热交换器　2.空调（A/C）蓄能器　3.蒸发器　4.电动空调压缩机　5.气候控制间接冷凝器　6.电动车（EV）蓄电池冷却器　7.电动驱动冷却器　8.前空调隔离阀

图2-32

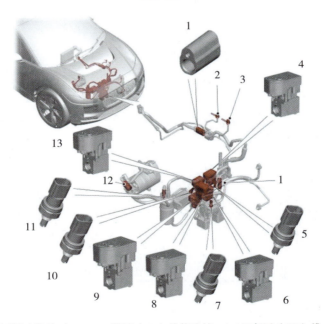

1.空调（A/C）止回阀（数量2）　2.A/C低压（LP）维修连接　3.A/C高压（HP）维修连接　4.A/C隔离阀SOV5　5.A/C温度压力传感器-回收热交换器出口　6.A/C隔离阀EXV2　7.A/C温度压力传感器-电动驱动冷却器　8.A/C隔离阀SOV1　9.A/C隔离阀SOV4　10.A/C温度压力传感器-电动A/C压缩机出口　11.A/C温度压力传感器-电动A/C压缩机进口　12.A/C消音器　13.A/C隔离阀SOV2

图2-33

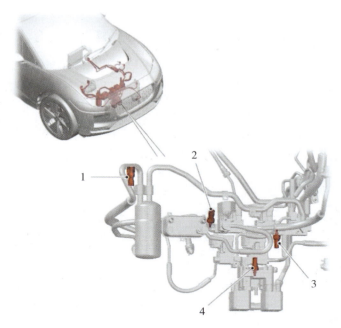

1.A/C温度压力传感器–压缩机进口　2.A/C温度压力传感器–压缩机出口　3.A/C温度压力
传感器–回收热交换器出口　4.A/C温度压力传感器–电动驱动冷却器

图2-34

　　电动空调（A/C）压缩机是一个3相变速涡旋式压缩机。通过3相交流电（AC）电机驱动电动空调压缩机。电动A/C压缩机包含一个直流（DC）至交流逆变器，为3相交流电电机供电。通过压缩来自A/C系统A/C部件的低压、低温蒸汽，电动A/C压缩机使制冷剂在A/C系统周围循环。然后电动A/C压缩机将产生的高压高温蒸汽排出到A/C系统中。为防止A/C系统承受过大的压力，在电动A/C压缩机出口侧安装了一个泄压阀（PRV）。PRV将过大的压力排放到前舱中。通过改变电机转速，可改变电动空调压缩机的排量，这由HVAC控制模块进行控制。HVAC控制电动A/C压缩机的转速，以匹配A/C系统的热负载和其他因素。HVAC通过局域互联网络（LIN）控制电动空调压缩机的操作。ATCM接收来自制冷剂压力传感器的压力输入，以及来自蒸发器和环境温度传感器的温度输入。在收到以下信息后，ATCM将不让电动空调压缩机工作：

　　（1）系统压力读数高于3200kPa或低于200kPa。

　　（2）制冷系统管路中的制冷剂温度过高过低。

　　（3）蒸发器温度读数低于2.0℃。

　　（4）环境温度低于5.0℃。

　　（5）影响电动压缩机供电的高压系统故障。

　　（6）影响空调系统运行的主要诊断故障码。如冷却器制冷剂控制膨胀阀故障，联机

制冷剂控制膨胀阀故障，高压制冷剂阀1号、2号、4号、5号故障，冷却器电磁阀故障。

A/C温度压力传感器向HVAC控制模块提供来自A/C系统的制冷剂温度和压力数据。有4个A/C温度压力传感器用于确保A/C系统正常工作。温度传感器的信号电压介于0～5V之间。ATC模块监测信号电压，如果电压超出0.157～4.784V的范围，则温度默认值为0℃，压力传感器是由ATC模块为制冷剂压力传感器提供5V参考电压，并接收一个介于0～5V之间，与系统压力有关的返回信号电压。ATC模块使用来自制冷剂压力传感器的信号来保护系统避免出现极端压力。在系统的所有操作模式下，电动空调（A/C）压缩机使制冷剂在A/C系统周围循环。HVAC控制模块通过局域互联网络（LIN）控制电动A/C压缩机。HVAC利用4个A/C温度压力传感器和A/C系统请求控制系统中的制冷剂循环量和压差。在所有操作模式下，HVAC监控这些压力和温度传感器：

（1）A/C温度传感器–低压（LP）（数量3）。

（2）A/C温度压力传感器–高压（HP）。

HVAC使用来自传感器的温度压力数据以确保A/C系统正常工作。HVAC还使用此数据监控A/C系统中的制冷剂分配，并根据需要进行冷却和加热。

A/C系统在所有操作模式下使用以下A/C部件：

（1）通过局域互联网络（LIN）启动电动A/C压缩机。

（2）蓄能器。蓄能器用于确保发送至电动A/C压缩机的制冷剂是蒸汽。蓄能器还可确保制冷剂油按照正确比例与制冷剂蒸汽进行混合。

（3）A/C温度压力传感器–压缩机进口。

（4）A/C消音器。降低通过A/C系统软管和管道传输的噪音、振动和不平顺性（NVH）。

压缩机进口中的A/C温度压力传感器可以确保A/C系统中有足够的制冷剂。压缩机出口中的A/C温度压力传感器可确保A/C系统不会超过最大工作压力。

故障原因： 通过故障现象和数据流的情况可以确认，故障是由于高压系统压缩机停止工作导致的，结合系统的结构原理可知，导致压缩机停止工作的原因有：

（1）系统压力传感器的数据高于3200kPa或低于200kPa。

（2）制冷系统管路中各温度传感器中的制冷剂温度过高过低。

（3）蒸发器温度读数低于2.0℃。

（4）环境温度低于5.0℃。

（5）影响电动压缩机供电的高压系统故障，如HV蓄电池故障、高压线路故障。

（6）影响空调系统运行的主要诊断故障码。如冷却器制冷剂控制膨胀阀故障，联机制冷剂控制膨胀阀故障，高压制冷剂阀1号、2号、4号、5号故障，冷却器电磁阀故障等。结合系统产生的故障码，初步判断制冷剂泄漏不足、进口温度压力传感器及线路、管路部件是否卡滞堵塞。

故障检查：

（1）回收制冷剂835g，说明制冷剂没有泄漏。

（2）根据维修手册要求，使用诊断仪将空调（A/C）系统置于服务模式，抽空后再重新添加850g制冷剂后测试，故障依旧。

（3）故障出现后用诊断仪读取到故障码仍然是P0534-64，说明系统通过进口温度压力传感器监测到系统压力不足，上述的制冷剂回收已经确认了制冷剂的量没有缺少。

（4）检查进口温度压力传感器的线路及插头连接正常，没有松动、退针、与其他部件发生干涉短路情况。

（5）想通过诊断仪读取故障出现时的相关数据情况，发现只要一连接上诊断仪故障就一直无法重现，只能在故障出现后通过数据流查看电动空调压缩机禁用［9A51］-低空调制冷剂填充禁用Yes，如图2-35所示，其他的数据都是No，如图2-36所示，查看空调压缩机进口压力为687.5kPa，空调系统压力937.5kPa，如图2-37所示。

（6）由于故障频率较低，无法捕捉到故障时的状态，已经检查进口温度压力传感器的线路没有发现问题，怀疑进口温度压力传感器是否存在间歇性故障，尝试与正常车辆替换进口温度压力传感器，测试故障依旧。

（7）锁车休眠后，车辆空调又恢复正常。说明在锁车休眠前，系统不工作的状态下，空调系统所监测的需要满足的条件已经恢复了正常，只是在一个工作循环中，空调系

图2-35

图2-36

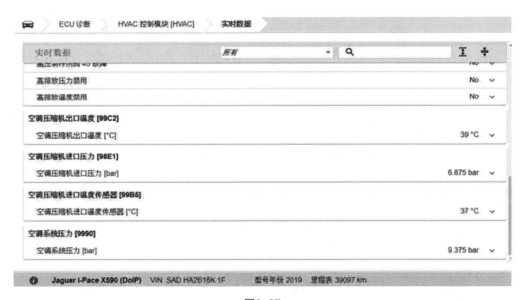

图2-37

统通过各传感器监测到系统出现条件不满足的情况后，就会在这个工作循环中禁用压缩机工作，需要通过锁车休眠后才可以恢复，如果休眠后重新启动车辆，系统仍然监测到所需的工作条件不满足，压缩机仍会被禁用，但每次锁车休眠后都能恢复，说明系统监测的输入信号条件已经满足了工作状态，通过数据流上的各数据也可确认，数据都在正常的范围内，只是故障发生的状态下，可能出现需要的工作条件不满足的传感器信号输入，但是由于连接上诊断仪故障就不能重现，所以无法实时看到故障时的相关数据流。

（8）只能反复充放电测试，观察和触摸制冷系统管路情况，发现故障前，散热风扇转一下马上就停下来，在出现故障前后都没有发现管路有结冰结霜的情况，说明高压系统没有出现堵塞的情况。

（9）上述检查已经排除了传感器及其他线路，剩下的就是管路内部堵塞卡滞问题，导致制冷剂循环不畅，在传感器前端制冷剂压力不足被传感器检测到，并将该信息发送给控制模块，控制模块从而禁用空调压缩机的工作，所以怀疑空调制冷系统管路部件存在卡滞或堵塞情况，且不在高压管路，因为高压如果存在堵塞时，一般会形成节流，会出现结霜结冰的现象。上述观察并没有发现该情况，所以可能是在低压管路上，且在进口温度压力传感器的前方，才能被进口温度压力传感器检测到压力过低。拆检查孔管节流阀、储液罐和止回阀，检查储液罐和节流阀上没有异物堵塞，发现高压蓄电池冷却器至储液罐中间的止回阀存在异常，如图2-38所示。

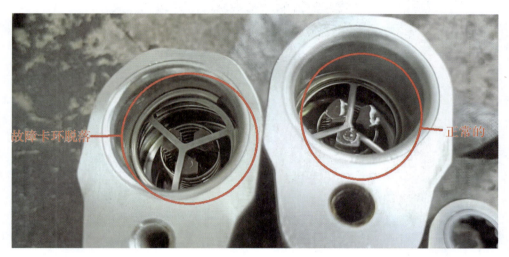

故障卡环脱落　　　　　　　　　　正常的

图2-38

止回阀的定位卡环已经脱落出定位的卡槽，导致内部三辐定位环处于上下移动的状态，在止回阀工作的时候，止回阀的运动部件（三根塑料柱）有时能正确进入三辐定位环的三辐内，有时不能正确进入三辐定位环的三辐内，导致止回阀的运动部件（三根塑料柱）被止回阀内三辐定位环的三辐挡住，无法正常打开，如图2-39所示。

对比正常的止回阀，确认卡环脱落，正常的止回阀内的三辐定位环是被卡环定位在止回阀的运动部件（三根塑料柱）下方，不会随意上下移动，将卡环取出想要重新安装时，多次重新安装都无法安装到位，通过观察发现止回阀的卡槽内还有一个卡环在卡槽内部，如图2-40所示。

发生干涉

图2-39

内部还有一卡环

取出来的卡环

图2-40

对比正常的止回阀卡槽内只有一个卡环，将卡槽内的另一个卡环取出后，重新安装内部的三辐定位环和卡环，能正确安装到位，确认车辆的止回阀生产过程中，安装的程序出现错误，导致在卡槽内先安装了一卡环，安装进卡槽后的卡环难以取出，就直接安装了三辐定位环，再安装一卡扣，导致最后安装的卡环无法正确地安装进卡槽内，在工作一段时间后出现卡环移位，导致止回阀工作时受到阻碍而无法打开，从而导致故障现象的出现。

故障排除：取出止回阀上多余的卡环，重新安装止回阀中三辐定位环和卡环，装复拆下的制冷系统管路，使用诊断仪将空调（A/C）系统置于服务模式，抽空后再重新添加850g制冷剂，重复充放电十几次测试，再没有出现故障情况，交客户用车一个月回访确认故障排除。

故障总结：对于类似的偶发性的故障，应了解故障是在什么情况下发生的，根据特定的状况，并结合系统的原理进行分析判断，案例中的故障大多发生在充电时，说明与充电有关，需要根据充电时制冷系统的工作原理进行了解和分析。充电高压蓄电池的温度过高时，需要制冷剂进行冷却工作时，系统通过各传感器监测到故障，对压缩机进行禁用。在车辆启动使用空调时，车辆一直处于禁用制冷系统的状态，所以出现故障情况，需要对充电制冷系统进行分析，充电时制冷系统对蓄电池冷却器进行冷却，由于故障前并未发现制冷管路有出现结冰的情况，所以怀疑在制冷的低压回路上可能出现堵塞的情况，通过拆检证实了判断。

对于连接诊断仪读取数据流观察时，无法出现故障情况的问题，通过系统的原理可知，在读取数据流的情况下，需要打开点火开关，此时的制冷系统的工作管路发生了变化。在充电时的蓄电池冷却系统工作管路的基础上，加入了座舱制冷的管路，在蓄电池制冷管路被堵塞时，制冷剂仍然可以通过座舱的制冷管路进行循环，所以不容易故障。而在正常的充电状态下的，点火开关是没打开的，座舱制冷管路不参与制冷循环，在高压蓄电池冷却管路制冷剂循环被止回阀堵塞时，制冷剂不循环，此时进口压力传感器监测到进口压力过低，并将压力过低的信号发送给空调控制模块，空调模块为了保护系统安全而禁用了电动压缩机的工作。

五、2019年捷豹I-PACE扫码充电时，手机上提示充电故障，无法为车辆充电

车型：I-PACE。

行驶里程：10373km。

年款：2019年。

故障现象：客户反映扫码充电时，手机上提示充电故障，无法为车辆充电，再次启动车辆，就发现仪表上提示充电系统故障，混合动力系统故障，插枪充电前车辆是正常的。

故障诊断：启动车辆，仪表上提示充电系统故障，有时也会提示混合动力系统故障，挂挡行车正常，空调不制冷，故障一直存在，如图2-41所示。

询问客户表示充电前车辆正常，插枪扫码，准备充电时，发现手机上提示无法充电，上车启动车辆就发现仪表上提示混合动力系统故障，关闭点火开关重新启动故障依旧，挂挡行驶正常。查看车辆无任何加装改装和维修过的历史记录。查看TOPIX无相关的技术公告和服务活动。使用诊断仪读得故障码为P065B-16、P0A95-00、P1479-48、P1479-72、P300A-62，部分故障码截图如图2-42所示。

图2-41

诊断 DTC 报告

注意：未列出的模块作出了正确响应，未报告 DTC

错误代码	描述
车身控制模块 [BCM]	
B10AD-96	雨水传感器 - 元件内部故障
蓄电池电量控制模块 [BECM]	
P0A95-00	高压保险丝 "A" - 没有任何子类型信息
P300A-62	混合动力/电动汽车蓄电池单元模块 4 [P300A] - 信号比较故障
驾驶员前车门模块 [DDM]	
B1326-15	外部车门把手 LED - 电路对蓄电池短路或断路
驾驶员后车门模块 [DRDM]	
B1326-15	外部车门把手 LED - 电路对蓄电池短路或断路
网关模块 "A" [GWM]	
P065B-16	发电机控制 - 电路范围/性能。 - 电路电压低于门限值
B1479-72	配电盒 - 执行器卡在打开位置
B1479-48	配电盒 - 监视软件存在故障
HVAC 控制模块 [HVAC]	
B14A2-13	APIX2 显示链路 - 触摸屏 - 断路
交互式显示模块 A [IDMA]	
B108E-96	显示 - 元件内部故障
B14A2-02	APIX2 显示链路 - 触摸屏 - 一般信号故障
信息娱乐主控制器 [IMC]	
B1DE3-31	多媒体连接 - 驾驶员辅助系统域控制器 [B1DE3] - 无信号
图像处理模块 "B" [IPMB]	
U0088-01	车辆通信总线 F - 对总线 F + 短路 - 一般电气故障
动力传动系统控制模块 [PCM]	
U0080-82	车辆通信总线 F - 活动/顺序计数器不正确/未更新
乘客前车门模块 [PDM]	
B1326-15	外部车门把手 LED - 电路对蓄电池短路或断路
远程通信控制单元模块 [TCU]	
U2300-55	中央配置 - 无配置
U2300-56	中央配置 - 无效/不兼容配置

图2-42

清除故障码后，重新测试，故障依旧，读得故障码仍然是P065B-16、P0A95-00、P1479-48、P1479-72、P300A-62，部分故障码截图如图2-43所示。

图2-43

根据P0A95-00的故障码执行指导型诊断，检查BECM的软件为最新版本，如图2-44所示，继续执行指导型诊断，结果提示"指导型诊断中没有提供进一步的帮助"，操作提出技术帮助，如图2-45所示。

根据故障码，启动车辆，查看相关的数据流，电动车牵引接触器差分电压测量值〔491F〕，电动车牵引接触器差分电压测量值35.6V；电动车牵引接触器电压测

图2-44

量值［4900］，电动车牵引接触器电压测量值389.7V；电动车负极接触器差分电压测量值［4921］，电动车负极接触器差分电压测量值388.1V；电动车负极接触器电压测量值［4909］，电动车负极接触器电压测量值388.3V；电动车辅助保险丝电压测量值［490E］，电动车辅助保险丝电压测量值10.3V；电动车辅助接触器电压测量值［4901］，电动车辅助接触器电压测量值23.9V，部分实时数据的实际值，如图2-46所示。

图2-45

牌照： 车辆类型：I Pace (2019) 维修技师： VIN: SAD HA2B16K

实时数据	实际值
电动车负极接触器电压 ［4909］	
电动车负极接触器电压	0 V
电动车辅助保险丝电压 ［490E］	
电动车辅助保险丝电压	10.1 V
电动车辅助接触器电压 ［4901］	
电动车辅助接触器电压	23.5 V
高压蓄电池 - 辅助接触器状态 ［4934］	
高压蓄电池 - 辅助接触器状态	Open
高压蓄电池断路电压 ［4920］	
高压蓄电池断路电压	389 V

图2-46

根据DTC和数据流情况，结合BEM部件的结构，如图2-47所示，分析BEM中的辅助电路保险丝可能熔断。拆检BEM，测量BEM中辅助电路保险丝315A的电阻为无穷大，前后逆变器保险丝450A的电阻为1Ω以下，如图2-48所示，确认BEM中辅助电路保险丝熔断。

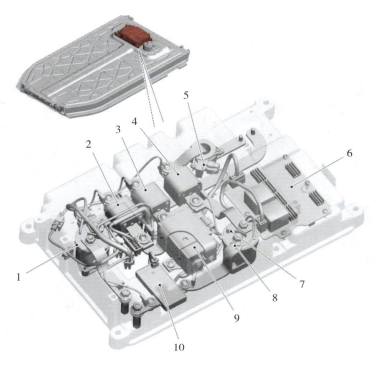

1.蓄电池电量模块（BEM）主接触器　2.BEM辅助保险丝　3.BEM前电力变频转换器（EPIC）保险丝　4.BEM后EPIC保险丝　5.BEM后EPIC电流传感器　6.BEM印刷电路板（PCB）　7.BEM电动驱动接触器　8.BEM温度传感器　9.BEM辅助接触器　10.BEM主电流传感器

图2-47

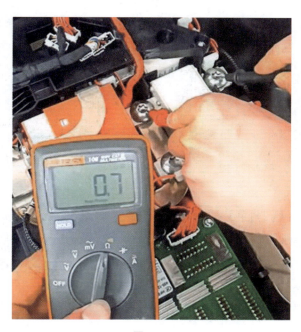

图2-48

最新电动汽车经典维修实例

断开辅助电路的输出电压插头C1YE05D，使用绝缘表测得C1YE05D-1、C1YE05D-2绝缘电阻为3.47MΩ和3.68MΩ，如图2-49和图2-50所示。

图2-49

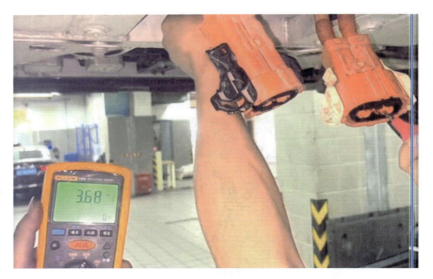

图2-50

分别断开高压加热器插头C1HP04AA和空调泵的高压插头C1YE10B，测得C1YE05D-1、C1YE05D-2绝缘电阻为269MΩ、275MΩ，如图2-51和图2-52所示。

将加热器上的高压插头C1HP04AA安装回去，测得C1YE05D-1、C1YE05D-2绝缘电阻仍然是199.9MΩ、205MΩ，如图2-53和图2-54所示。

58

图2-51

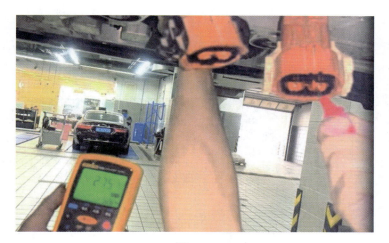

图2-52

图2-53

图2-54

再将空调压缩机插头安装回去，测得C1YE05D-1、C1YE05D-2绝缘电阻为3.68MΩ。再次断开空调压缩机插头C1YE10B，单独测得空调上的高压插头C1YE10B-1、C1YE10B-2对壳体的绝缘电阻为2.02MΩ和2.68MΩ，如图2-55和图2-56所示。

图2-55

图2-56

对比正常的空调压缩机的C1YE10B-1、C1YE10B-2对壳体的绝缘电阻约为188MΩ，如图2-57所示。

图2-57

根据故障现象和上述检查测量情况，判断为车辆充电时，高压蓄电池需要冷却时，启动高压空调压缩机工作，由于高压空调压缩机的绝缘不良故障，导致BEM中的辅助电路保险丝熔断，引起蓄电池的电源无法输送至辅助电路的相关部件上，导致车辆出现故障，仪表上提示充电系统故障，混合动力系统故障，需要更换高压空调压缩机和辅助电路保险丝。

故障排除： 更换高压空调压缩机和保险丝。启动车辆测试，仪表上没有任何提示，车辆充电正常，至此确认故障排除。

故障总结： 类似的故障涉及BEM模块内部的保险丝，通过线路图是看不到内部的保险丝的，所以需要参照维修手册的部件结构和说明，了解部件的结构原理，才能对内部的零件进行检查和更换维修。同时BEM模块涉及高压带电维修，所以需要有相关资质的技师根据维修手册进行规范操作，否则可能带来触电风险。

六、2019年捷豹I-PACE减速时有时会出现车辆明显冲击的情况，同时仪表上的电量会变成100%，之后马上恢复到正常的电量状态

车型： I-PACE。

行驶里程： 12221km。

年款： 2019年。

故障现象： 客户反映减速时有时会出现车辆明显冲击的情况，同时仪表上的电量会变成100%，之后马上恢复到正常的电量状态，故障已经出现3个多月了，故障频率不定，电量在50%以下基本不会出现故障。

故障诊断： 剩余电量55%时同客户试车确认，行驶10km，在减速的时候出现两次车辆严重冲击情况，同时仪表上的电量一下变成100%，马上又恢复至52%，故障频率不定。查看车辆无任何的加装改装和相关维修，车辆没有相关事故。查询TOPIX无相关的技术公告。使用诊断仪读得故障码为P3011-62、P3022-62、P3027-62、P3025-62、P3029-62、P3020-62、P0A7D-00等，部分故障码截图，如图2-58所示。检查相关的故障码没有对应的指导型诊断，如图2-59所示。

进行症状指导型诊断，结果为无法读取CCF，如图2-60所示。

根据相关的故障码P0A7D-00的措施要求，检查BECM的软件不是最新版本，尝试更新BECM，清除故障码后重新读取故障码，无任何故障码。试车测试，故障依旧，重新读取故障码，仍然存在P3011-62、P3022-62、P3027-62、P3025-62、P3029-62、P3020-62、P0A7D-00，如图2-61所示。

诊断 DTC 报告

注意：未列出的模块作出了正确响应，未报告 DTC

警告：模块未响应：

·车辆防盗锁止系统控制模块 [VIM]

错误代码	描述
防抱死制动系统控制模块 [ABS]	
U0080-81	车辆通信总线 F – 接收到无效串行数据。
蓄电池充电器控制模块 [BCCM]	
P3038-49	车辆充电电气插口 [P3038] – 内部电子故障
U0064-82	车辆通信总线 E – 活动/顺序计数器不正确/未更新
U3000-49	控制模块 – 内部电子故障
车身控制模块 [BCM]	
B103C-87	左前照灯控制 – 消息缺失
B1D00-92	左近光灯电路 – 性能或不正确的操作
蓄电池电量控制模块 [BECM]	
P3007-62	混合动力/电动汽车蓄电池单元模块 1 [P3007] – 信号比较故障
P3008-62	混合动力/电动汽车蓄电池单元模块 2 [P3008] – 信号比较故障
P3009-62	混合动力/电动汽车蓄电池单元模块 3 [P3009] – 信号比较故障
P300A-62	混合动力/电动汽车蓄电池单元模块 4 [P300A] – 信号比较故障
P300B-62	混合动力/电动汽车蓄电池单元模块 5 [P300B] – 信号比较故障
P300C-62	混合动力/电动汽车蓄电池单元模块 6 [P300C] – 信号比较故障
P300D-62	混合动力/电动汽车蓄电池单元模块 7 [P300D] – 信号比较故障
P300E-62	混合动力/电动汽车蓄电池单元模块 8 [P300E] – 信号比较故障
P300F-62	混合动力/电动汽车蓄电池单元模块 9 [P300F] – 信号比较故障
P3010-62	混合动力/电动汽车蓄电池单元模块 10 [P3010] – 信号比较故障
P3011-62	混合动力/电动汽车蓄电池单元模块 11 [P3011] – 信号比较故障
P3012-62	混合动力/电动汽车蓄电池单元模块 12 [P3012] – 信号比较故障
P3013-62	混合动力/电动汽车蓄电池单元模块 13 [P3013] – 信号比较故障
P3014-62	混合动力/电动汽车蓄电池单元模块 14 [P3014] – 信号比较故障
P3015-62	混合动力/电动汽车蓄电池单元模块 15 [P3015] – 信号比较故障
P3016-62	混合动力/电动汽车蓄电池单元模块 16 [P3016] – 信号比较故障
P3017-62	混合动力/电动汽车蓄电池单元模块 17 [P3017] – 信号比较故障

图2-58

图2-59

图2-60

图2-61

根据P0A7D-00的故障码说明，读取高压蓄电池的健康状态，发现除了28号蓄电池单元为88%，其他的均为97%，如图2-62所示。读得高压蓄电池的电压也是除28号蓄电池单元为10.9V，其他的均为11.1V，如图2-63所示。

根据故障现象、故障码并结合蓄电池的健康状态及电压数据情况，可判断高压蓄电池中的28号蓄电池单元存在故障，当驾驶员松开加速踏板时，车辆就进行再生制动能量回收，由于蓄电池能量存储故障，蓄电池被短暂回收充电后，表面荷电速度上升至100%并在仪表上显示，BECM模块认为高压电池已充满电，将不再需要能量回收的信息通过FlexRay发送至PCM，PCM再通过FlexRay发送至EPIC。减小或不再产生再生制动扭矩，两个轴上的驱动电机（EDU）不再作为发电机工作。前EDU向前轮取消制动扭矩，与此同时

ECU诊断	蓄电池电量控制模块 [BECM]	读取高压蓄电池组单元健康状态	
Cell 25	97.0 %	在范围以内	
Cell 26	97.0 %	在范围以内	
Cell 27	97.0 %	在范围以内	
Cell 28	88.0 %	在范围以内	
Cell 29	97.0 %	在范围以内	
Cell 30	97.0 %	在范围以内	
Cell 31	97.0 %	在范围以内	
Cell 32	97.0 %	在范围以内	
Cell 33	97.0 %	在范围以内	
Cell 34	97.0 %	在范围以内	
Cell 35	97.0 %	在范围以内	
Cell 36	97.0 %	在范围以内	

图2-62

ECU诊断	蓄电池电量控制模块 [BECM]	显示 HV 蓄电池组电压信息	
Cell 20	11.1 V	在范围以内	
Cell 21	11.1 V	在范围以内	
Cell 22	11.1 V	在范围以内	
Cell 23	11.1 V	在范围以内	
Cell 24	11.1 V	在范围以内	
Cell 25	11.1 V	在范围以内	
Cell 26	11.1 V	在范围以内	
Cell 27	11.1 V	在范围以内	
Cell 28	10.9 V	在范围以内	
Cell 29	11.0 V	在范围以内	
Cell 30	11.0 V	在范围以内	
Cell 31	11.1 V	在范围以内	
Cell 32	11.1 V	在范围以内	

图2-63

后EDU向后轮取消制动扭矩。由于突然取消了电机的发电能量收回扭矩，使得动力系统的扭矩突然发生了变化，导致车辆出现严重冲击情况。

故障排除：根据维修手册拆装步骤，更换前读取蓄电池的相关信息，进行蓄电池平衡，平衡完成后更换28号蓄电池，路试没有再出现减速发冲现象，仪表上的荷电状态没有再出现异常变化，至此确认故障排除。

故障总结：对于涉及高压系统的故障码可使用诊断仪的执导型诊断进行维修，如果相关的故障码无指导型诊断，可查看相关的故障码说明和措施进行检查，怀疑高压蓄电池故障时，可通过诊断仪的数据流进行查看，查看高压蓄电池相关的荷电状态和电压、温度等情况进行判断。更换高压电池组是一项复杂的维修过程，需要严格地按照维修手册进行操作，否则可能会产生人身安全及新的问题。

七、2019年捷豹I–PACE挂挡不走，仪表上提示检测到充电系统故障，混合动力蓄电池故障

车型： I–PACE。

行驶里程： 12738km。

年款： 2019年。

故障现象： 客户反映车辆挂挡不走，仪表上提示检测到充电系统故障，混合动力蓄电池故障，安排道路救援，拖车进店检查。

故障诊断： 拖车到店后，启动车辆，仪表上蓄电池充电提示点亮，并提示"混合动力蓄电池故障，检测到充电系统故障，请安全停车检测到蓄电池故障"，车辆无法启动挂挡行驶，如图2-64~图2-66所示。

图2-64

图2-65

图2-66

　　查看车辆无任何加装改装。尝试给车辆充电，提示混合动力蓄电池故障，无法充电。查询技术网站无相关的技术公告和服务活动。诊断仪读得故障码如图2-67所示。

诊断 DTC 报告

注意：未列出的模块作出了正确响应，未报告 DTC

警告：模块未响应：

• 后部 HVAC 控制模块 [RHVAC]

错误代码	描述
蓄电池电量控制模块 [BECM]	
P0AF8-16	混合动力/电动汽车蓄电池系统电压 – 电路电压低于门限值
P0AF8-17	混合动力/电动汽车蓄电池系统电压 – 电路电压高于门限值
P3007-9A	混合动力/电动汽车蓄电池单元模块 1 [P3007] – 部件或系统工作条件
P300A-62	混合动力/电动汽车蓄电池单元模块 4 [P300A] – 信号比较故障
P3025-01	混合动力/电动汽车蓄电池单元模块 31 [P3025] – 一般电气故障
P3025-62	混合动力/电动汽车蓄电池单元模块 31 [P3025] – 信号比较故障
P3026-01	混合动力/电动汽车蓄电池单元模块 32 [P3026] – 一般电气故障
P3027-01	混合动力/电动汽车蓄电池单元模块 33 [P3027] – 一般电气故障
P3030-96	混合动力/电动汽车蓄电池单元监控电路 "F" [P3030] – 元件内部故障
P3050-73	混合动力\电动汽车接触器 B [P3050] – 执行器卡在闭合位置
U0064-87	车辆通信总线 E – 消息缺失
HVAC 控制模块 [HVAC]	
B1DC5-93	高压冷却液加热器 1 [B1DC5] – 不工作
远程通信控制单元模块 [TCU]	
U2300-55	中央配置 – 无配置
U2300-56	中央配置 – 无效/不兼容配置

图2-67

　　根据症状执行指导型诊断结果为"查看链接的故障码并按照帮助文本操作以修复故障"，如图2-68所示。

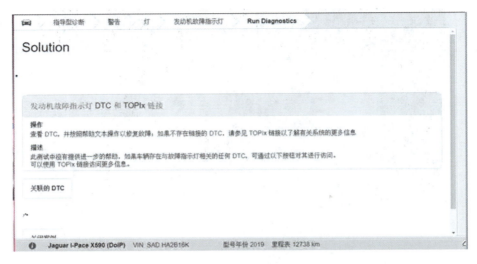

图2-68

使用蓄电池检测仪测得主、辅蓄电池的电压均为112.41V，蓄电池状态均为良好–充电。尝试清除故障码，重新读得为P0AF8-16 混合动力/电动汽车蓄电池系统电压–电路电压低于门限值；P0AF8-17 混合动力/电动汽车蓄电池系统电压–电路电压高于门限值；P3007-9A 混合动力/电动汽车蓄电池单元1［P3007］-部件或系统工作条件；P3025-01 混合动力/电动汽车蓄电池单元31［P3025］——一般电气故障；P3026-01 混合动力/电动汽车蓄电池单元32［P3026］——一般电气故障和P3027-01 混合动力/电动汽车蓄电池单元33［P3027］——一般电气故障，如图2-69所示，再次测试故障依旧。

诊断 DTC 报告

注意：未列出的模块作出了正确响应，未报告 DTC

警告：模块未响应：

· 后部 HVAC 控制模块［RHVAC］

错误代码	描述
蓄电池电量控制模块［BECM］	
P0AF8-16	混合动力/电动汽车蓄电池系统电压 – 电路电压低于门限值
P0AF8-17	混合动力/电动汽车蓄电池系统电压 – 电路电压高于门限值
P3007-9A	混合动力/电动汽车蓄电池单元模块 1［P3007］– 部件或系统工作条件
P3025-01	混合动力/电动汽车蓄电池单元模块 31［P3025］– 一般电气故障
P3026-01	混合动力/电动汽车蓄电池单元模块 32［P3026］– 一般电气故障
P3027-01	混合动力/电动汽车蓄电池单元模块 33［P3027］– 一般电气故障
HVAC 控制模块［HVAC］	
B1DC5-93	高压冷却液加热器 I［B1DC5］– 不工作
远程通信控制单元模块［TCU］	
U2300-55	中央配置 – 无配置
U2300-56	中央配置 – 无效/不兼容配置

图2-69

根据故障现象及上述故障码，可能原因如下：

（1）蓄电池电量控制模块软件不是最新版本。

（2）蓄电池监控电路故障。

（3）高压蓄电池内部故障。

（4）充电系统故障。

检查BECM的软件版本为最新版本，如图2-70所示。

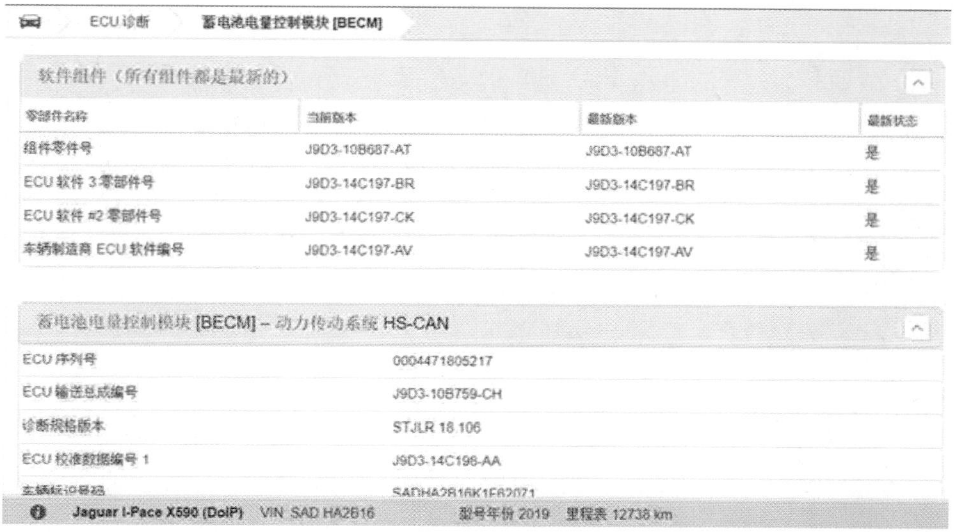

图2-70

主、辅蓄电池充电完成后，使用蓄电池检测仪测得主、辅蓄电池的电压分别为13.42V、13.05V，蓄电池状态均为良好。重新测试故障依旧，排除充电系统故障。

使用诊断仪读得"高压蓄电池组电压超出公差范围，请联系技术支持人员，以寻求进一步帮助"，如图2-71所示。

读得相关的电压健康数据，31组蓄电池为0V，32组电池电压为3.7V，33组蓄电池电压为7.6V，如图2-72所示。

读取牵引蓄电池健康状态为95%，均在范围以内，如图2-73所示。

读取HV蓄电池单元热点信息，均在范围以内。根据故障现象及相关故障码分析，怀疑高压蓄电池内部的电压监控电路存在故障或高压蓄电池本身故障。拆检高压蓄电池31、32、33的模组电压检测线路，发现线路被高压蓄电池的母线支架压住，导致多根线路被挤压扁了，有根线已经被压破皮，内部的导线已经大部分断裂和裸露在外，如图2-74所示。通过万用表测量端子C1YE06FFA-5对裸露的导线是0Ω，确认C1YE06FFA-5线路已经压破损坏，如图2-75所示。

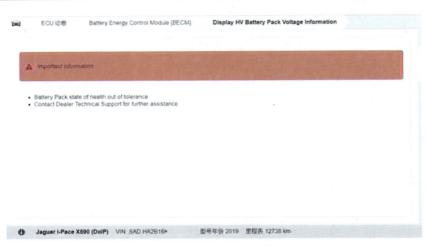

图2-71

图2-72

图2-73

图2-74

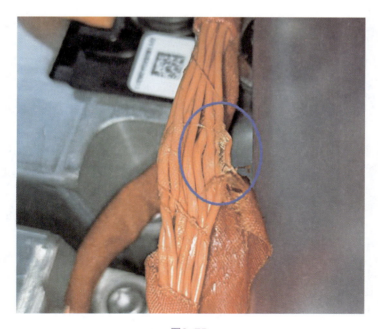

图2-75

　　故障原因：通过上述的检查确认31组高压蓄电池组的监控线路C1YE06FFA-5及相关的线路被高压母线固定支架压破，并出现断路情况。

　　故障排除：更换高压蓄电池内路的高压线束，测试故障排除。

故障总结：故障是在高压蓄电池内部，存在带电维修作业，只有接受过JLREVSAP培训的技师才能操作。先进行高压蓄电池安全降压程序降压后，结合上述的数据流31、32、33蓄电池组电压过低的情况，查看相关电路图，针对31、32、33高压蓄电池组内部的监控线路进行仔细检查。如果没有仔细检查，发现该线路问题，可能导致更换31、32、33蓄电池组后故障依旧。

第三章
奥迪车系

第一节　奥迪e-tron

一、2020年奥迪e-tron偶发性无法行驶

车型：奥迪e-tron。

VIN：WAURRCGE6LB××××××。

电机型号：EAS。

行驶里程：37950km。

故障现象：组合仪表报"电力系统故障"，如图3-1-1所示，偶发性无法上电，重新开闭点火开关后可以上电。

图3-1-1

故障诊断：诊断仪检查在混合蓄电池管理控制单元J840内有故障码"P0AA600：混合动力/高压蓄电池系统绝缘故障被动/偶发"，频率为52次左右，混合蓄电池管理内的故障码如图3-1-2所示。

地址: 008C 系统名: 008C - 混合蓄电池管理 协议改版: UDS/ISOTP (故障: 4)

+ 识别:

- 故障存储器记录:

故障存储器记录
编号: P0AA600: 混合动力/高压蓄电池系统 绝缘故障
故障类型 2:   被动/偶发
症状: 40962
状态: 00101100

+ 标准环境条件:

+ 高级环境条件:

故障存储器记录
编号: P0AA600: 混合动力/高压蓄电池系统 绝缘故障
故障类型 2:   被动/偶发
症状: 40963
状态: 00101100

+ 标准环境条件:

+ 高级环境条件:

故障存储器记录
编号: P0AA600: 混合动力/高压蓄电池系统 绝缘故障
故障类型 2:   被动/偶发
症状: 40966
状态: 00101000

+ 标准环境条件:

+ 高级环境条件:

故障存储器记录
编号: P0AA600: 混合动力/高压蓄电池系统 绝缘故障
故障类型 2:   被动/偶发
症状: 40967
状态: 00101000

+ 标准环境条件:

图3-1-2

  查看故障码出现的环境条件，发现当故障出现时高压系统的绝缘电阻只有40kΩ，如图3-1-3所示。正常情况下正、负极的绝缘电阻至少要350kΩ，系统才不会产生故障码。所以当前高压系统应该存在某一高压元件绝缘电阻过小的故障。

  接着进行高压系统绝缘电阻检测，测量绝缘电阻时把SX6开关盒上的AX4、A19和Z115的插接器断开，将VAS6558A检查专用工具串联在高电压导线中，如图3-1-4所示。

  测量过程发现高压系统HV+和HV-绝缘电阻时而在738kΩ左右，时而在893kΩ左右；上下飘忽不定，系统提示测量不集中。正常车整车绝缘电阻在1.5MΩ左右，上述检查过程说明高压部件存在绝缘电阻不正常的情况，需要逐一断开高压元件来判断是哪个元件存在故障。当测量PTC加热器的绝缘电阻时，其HV+绝缘电阻为9.45MΩ，HV-绝缘电阻为1.3MΩ左右。这种情况与其他高压元件HV+和HV-绝缘电阻基本相同差别较大，分析是PTC加热器内部存在绝缘故障。对比其他正常车的PTC加热器，其绝缘电阻在230MΩ左右。说明确实是PTC加热器的绝缘电阻不正常。更换PTC加热器后测量整车绝缘电阻正常，试车确认故障排除。

紧急断电开关，状态	Plugged	
控制线	Closed	
无电压状态	Not_detected	
碰撞信号	Not_active	
高电压/混合动力蓄电池的正极接触器	Closed	
高电压/混合动力蓄电池的负极接触器	Closed	
预充电接触器状态	Open	
高电压蓄电池冷却挡位请求	Cooling_level_0	
高电压蓄电池冷却液泵，功率标准值	12.0	%
数字数值，非文本	no_textual_interpretation_available	
高电压蓄电池冷却液泵，状态	No_fault	
高压蓄电池正极绝缘电阻	20470	kOhm
无效	Not_valid	
高压蓄电池负极绝缘电阻	20470	kOhm
无效	Not_valid	
整个高压系统正极绝缘电阻	40	kOhm
有效	Valid	
整个高压系统负极绝缘电阻	40	kOhm
有效	Valid	
蓄电池单电池最大电压	3.708	V

图3-1-3

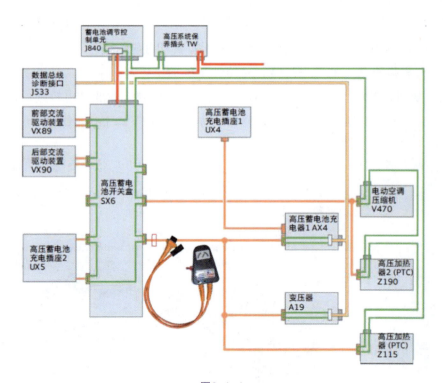

图3-1-4

　　故障总结：高压系统绝缘类故障一般分为高压蓄电池内部绝缘故障和非高压蓄电池高压部件绝缘故障。在测量绝缘故障时高压系统处于断电状态，也就是说此时测得的结果是非高压蓄电池的其他所有高压部件的绝缘电阻（也就是整车绝缘电阻）。测量整车绝缘电阻低于正常值时，一般采用逐一断开高压部件的方式，当断开哪一个部件绝缘电阻恢复正常时，说明故障就是由该元件导致。如果测量非高压蓄电池的绝缘电阻正常，但系统仍报绝缘电阻低的故障，则只能通过打开高压蓄电池，在其内部检查确定具体是哪一个模组电池绝缘电阻低。

二、2020年奥迪e-tron仪表显示电力系统故障，无法行驶，不能正常充电

车型： 奥迪e-tron。

VIN： WAURRCGE1LB×××××。

故障现象： 仪表上显示防冻液液位报警，电力系统故障，车辆无法启动，无法正常充电。

故障诊断：

（1）根据故障现象分析车辆可能存在以下两个方面的问题：车辆漏防冻液，车辆高压系统存在故障。

（2）拖进店后观察到组合仪表显示续航里程为0km，尝试给车辆进行充电，分别用交流充电桩和直流充电桩给车辆充电，充电指示灯都一直显示红色，无法正常充电。

（3）首先排查防冻液缺失故障，对冷却系统加压检查，未发现冷却液管路和车辆外部有漏防冻液的现象。根据2020年SOST文件指导对车辆前轮驱动电机进行检查，如图3-1-5所示，拧下电机保养螺栓排出大约300ml防冻液，拧下两个排水螺栓排出大约1.1L防

图3-1-5

冻液。按照要求保养螺栓最多排出32ml防冻液，排水螺栓不应该排出防冻液，根据该现象判断，前轮驱动电机内部严重泄漏防冻液，随后申请更换前轮驱动电机。

（4）更换了前轮驱动电机后车辆还是无法充电，仪表显示电力系统故障，诊断仪检测存在很多故障码，如图3-1-6所示，执行检测计划无法确定故障点，读取8C混合蓄电池能量管理控制单元测量值，发现电池单元100的电量显示为无效，电池单元101的电量为58%，其他电池单元电量为46%，如图3-1-7所示，根据该测量值判断故障点可能是混合能量管理控制单元J840或者高压蓄电池，找来同款车辆替换J840，替换后两辆车都可以正常充电，再把原车的 J840装回来，故障排除。

检测计划 1	
J1050_4M_X_1_0915_21_Batterieladung_Fehlfunktion_00021	
故障列表:	
控制单元地址	故障
00C6	P33EA00: 蓄电池充电 功能失效
J1234_J1235_1236_GE_X_1_0819_21_Komponentenschutz_keine_Grundeinstellung_00000	
故障列表:	
控制单元地址	故障
0051	U111500: 部件保护 SHE钥匙未进行基本设置
J1234_J1235_1236_GE_X_1_0819_21_Komponentenschutz_keine_Grundeinstellung_00000	
故障列表:	
控制单元地址	故障
00CE	U111500: 部件保护 SHE钥匙未进行基本设置
SYS_XX_XXXX_1_0318_21_AX2_Ladefehler_00000	
故障列表:	
控制单元地址	故障
008C	P0A8000: 混合动力/高电压蓄电池 更换
SYS_4M_J1024_1_0716_21_Vorkonditionierung_00000	
故障列表:	
控制单元地址	故障
00C5	P13F100: 车内预处理 未启动
J1050_4M_X_1_0915_21_Hinweis_Ereignisspeicher_00021	
故障列表:	
控制单元地址	故障
00C6	P33EB00: 蓄电池管理系统 读取故障存储器
J1050_4K_X_1_1018_21_Externe_Ladeinfrastruktur_00021	
故障列表:	
控制单元地址	故障
00C6	U15AC00: 信号录制记录 故障
00C6	U15BF00: 智能充电功能 通信故障
SIG_J623_GE_1_0518_21_unplausibles_Signal_00021	
故障列表:	
控制单元地址	故障
0001	U041300: 混合蓄电池能量管理控制单元 信号不可信
CAN_4N_J1024_JXXX_1_0218_21_unplausible_Daten_00021	
故障列表:	
控制单元地址	故障
00C5	U041300: 混合蓄电池能量管理控制单元 信号不可信
00C5	U041300: 混合蓄电池能量管理控制单元 信号不可信
J1121_4N_1_0317_21_HMI_unplausibel_00021	

图3-1-6

Formula		
Test_Program_Cell_state_of_charge	46 %	
Cell_state_of_charge_Textual	数字数值，非文本	
电池单元99的电量		State_of_charge_cell_99

Formula		
Test_Program_Cell_state_of_charge	46 %	
Cell_state_of_charge_Textual	数字数值，非文本	
电池单元100的电量		State_of_charge_cell_100

Not_valid_255		
---	无效	
Cell_state_of_charge_Textual	无效	
电池单元101的电量		State_of_charge_cell_101

Formula		
Test_Program_Cell_state_of_charge	58 %	
Cell_state_of_charge_Textual	数字数值，非文本	
电池单元102的电量		State_of_charge_cell_102

Formula		

图3-1-7

故障原因：车辆前轮驱动电机VX89内部泄漏防冻液，导致电机内部绝缘电阻降低而触发高压电力系统报警，车辆无法行驶，车辆高压电力系统出现故障后混合能量管理控制单元J840控制了电流的输入和输出。

故障排除：更换车辆前轮驱动电机VX89。混合能量管理控制单元J840断电后重新连接。

故障总结：奥迪e-tron车辆目前维修得比较少，在遇到类似问题时，从控制单元的测量值里仔细分析，对解决问题会有很大的帮助。

三、2020年奥迪e-tron无法直流充电

车型：奥迪e-tron。

VIN：WAURRCGE5LB×××××。

故障现象：客户反映直流充电桩无法充电，连接直流充电桩以后电桩报警无法执行充电。

故障诊断：

（1）车辆进店，客户反映车辆无法充电，使用店里充电桩充电，发现在使用直流充电桩时无法充电。接着把车开到旁边充电站，测试多个直流充电桩依然无法充电（使用交流充电桩充电时可以正常充电）。

（2）使用诊断仪VAS6150E诊断发现8C存储故障码P0AA600混合动力/高压蓄电池系统，根据维修引导进行绝缘测量。

（3）查询开关盒结构图（对检测工具VAS6558A及VAS6558A/30进行验证，并对高压进行断电），根据引导分别对全车绝缘电阻、9支路、6支路进行测量，测量数据为全车绝缘电阻为1.09MΩ、9支路绝缘电阻为5.5GΩ、6支路绝缘电阻为44.43MΩ，引导提示该测量值均正常。使用工具VAS6558/22对直流充电口进行测量，无法测量出准确数据（直流充电导线内部有继电器，无法测量出数据），此时无法确定故障点，如图3-1-8所示。

（4）查询奥迪e-tron高压组件连接示意图，如图3-1-9所示。观察连接图后初步怀疑故障点在UX5和SX6这段（确定其他支路均正常），因此向厂家技术反馈，寻求技术指导。厂家给出的回复是测量值错误，要求我们再次进行绝缘电阻测量，并且与正常车辆做数据对比，根据引导测量的数据并不一定能发现故障点，此时我们使用工具VAS6558A在不执行引导的情况下分别对故障车辆和正常车辆进行绝缘电阻的测量，并对此进行比对分析。

（5）分别对故障车辆和正常车辆进行绝缘电阻测量，测量数据对比如表3-1-1所示。

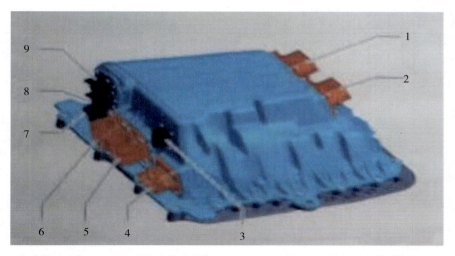

1.交流驱动系统VX90　2.后交流驱动系统2 VX91　3.12V接口　4.前交流驱动系统VX89
5.直流充电正极　6.直流充电负极　7.高电压加热装置2（PTC）Z190，电动空调压缩机
V470　8.高压蓄电池充电装置2 AX5　9.高压蓄电池充电装置1 AX4

图3-1-8

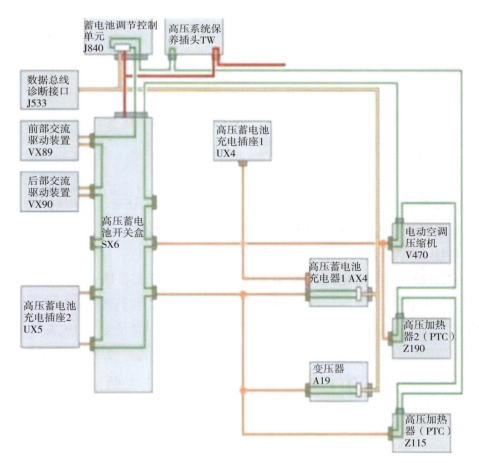

图3-1-9

表3-1-1

		故障车辆 （WAURRCGE5LB××××××）		正常车辆	
全车绝缘电阻	VAS6558A/30串联 SX6和9支路	（+，PE）	1.09MΩ	（+，PE）	2.47MΩ
		（−，PE）	1.09MΩ	（−，PE）	2.46MΩ
断开插头9	测量9支路一端	（+，PE）	5.5GΩ	（+，PE）	5.5GΩ
		（−，PE）	5.5GΩ	（−，PE）	5.5GΩ
	测量SX6一端	（+，PE）	1.09MΩ	（+，PE）	2.46MΩ
		（−，PE）	1.09MΩ	（−，PE）	2.49MΩ
断开插头9，插头6	测量SX6一端	（+，PE）	1.11MΩ	（+，PE）	2.73MΩ
		（−，PE）	1.11MΩ	（−，PE）	2.73MΩ
断开插头9，插头6，DC+	测量SX6一端	（+，PE）	1.38MΩ	（+，PE）	2.73MΩ
		（−，PE）	1.38MΩ	（−，PE）	2.72MΩ
断开插头9，插头6，DC+， DC−	测量SX6一端	（+，PE）	2.73MΩ	（+，PE）	2.73MΩ
		（−，PE）	2.73MΩ	（−，PE）	2.73MΩ
断开插头9，插头6，DC+， DC−，前部电机插头	测量SX6一端	（+，PE）	5.09MΩ	（+，PE）	5.05MΩ
		（−，PE）	5.07MΩ	（−，PE）	5.11MΩ

注：所有测试数据，工具VAS6558A/30都连接在SX6端口测量。
通过两辆车绝缘电阻数据对比，当断开直流充电高压线束正负极后，绝缘电阻与正常车辆数据一致，怀疑该线束插头及其之后线束有绝缘故障，与正常车辆替换直流充电高压线后故障消除，建议更换直流高压充电线

观察数据对比表格发现，故障车辆的整车绝缘电阻与正常车辆的绝缘电阻存在差异，当断开直流充电连接插头后测量的绝缘数据与正常车辆一致，此时可以判定故障点在直流充电连接插头及插头以后的高压线束。

（6）查询备件后发现该高压线束为总成备件，不单独提供插头或者线束（UX5连接到SX6这段为总成备件），为了验证我们的判断是否正确，我们将故障车辆的UX5充电导线和正常车辆的高压导线对调后故障成功转移，故障车辆故障消除，直流充电正常。

故障原因：绝缘电阻故障，对地短路，线束中出现绝缘故障，无法达到安全绝缘，可能会引起触电风险，所以车辆无法进行直流充电以保护人身安全。

故障排除：更换高压线束。

四、2020年奥迪e-tron仪表提示电力系统故障，性能受限

车型：奥迪e-tron。

VIN：WAURRCGEXLB××××××。

故障现象：奥迪e-tron，新车仪表提示电力系统故障，报故障时车辆无后驱。

故障诊断：车辆到厂时故障不存在，试车故障可以再现，确认故障确实存在，仪表故障灯点亮，如图3-1-10和图3-1-11所示。

图3-1-10

图3-1-11

此时用诊断仪检测，有故障记录：高压系统线路3打开，如图3-1-12所示。

根据引导性故障查询确认，高压系统线路3为SX6开关盒到J1235后部电驱动装置之间线束，为高压线缆，如图3-1-13所示。

到此检测计划结束，根据故障码、故障现象以及引导性故障指示，基本可以确定故障原因：蓄电池开关盒故障；SX6到后部驱动装置控制单元J1235之间线束故障；后部驱动电机装置故障。

故障存储器记录
编号：   C11C5F3：高压系统 线路 3 打开
故障类型 2：   被动/偶发
症状：   16711835
状态：   00001000
□ 标准环境条件：
    日期   20-4-25
    时间   13:45:39
    里程（DTC）   23
    优先等级   4
    频率计数器   14
    遗忘计数器/驾驶周期   40

图3-1-12

☒ 高电压布线

☒ 高电压元件导线回路 3：蓄电池调节控制单元 - J840，后桥上的电驱动装置控制单元 - J1235

图3-1-13

首先分析蓄电池开关盒SX6，由于蓄电池开关盒SX6位于蓄电池AX2上方，不便于拆装检查，拆装SX6必须拆下高压蓄电池AX2，就算拆下SX6可能也无法确认是否存在故障，由于车辆为商品车，不便于拆装，于是读取SX6的各个供电的测量值，均正常，如图3-1-14所示。根据测量值可以基本排除SX6未给J1235供电的可能性，基本可排除SX6的故障嫌疑。

高电压组件上的电压

高压蓄电池充电器控制单元 - J1050：**393V**
电动空调压缩机 - V470：**388V**
蓄电池调节控制单元 - J840：**391V**
前桥上的电驱动装置控制单元 - J1234：**391V**
后桥上的电驱动装置控制单元 - J1235：**392V**

图3-1-14

检查SX6到J1235之间线束，这根高压线束也是从SX6的后部经过高压蓄电池AX2正上面再到后桥的电驱动控制单元J1235，外观检查是不可行的，拆装难度较高，根据测量值后桥电驱动控制单元J1235上的电压为392V，线束外观出现故障可能性较小，但是检查高压导线是否有故障除了上述的测量值外还可以加个绝缘电阻测量，如果某根导线外观都能看出有故障，那么绝缘电阻测量肯定会出现故障，检查绝缘电阻，结果正常，如图3-1-15所示。根据我们的测量分析，基本可以排除SX6到J1235之间的高压线束故障。

此时还剩下最后一个未检查的怀疑部件——后桥电驱动装置J1235，J1235其中一个功能是将SX6供给的直流电转化为三相交流电给后桥驱动电机VX90，故怀疑J1235本身故障导致未把SX6蓄电池开关盒供给的直流电转化为三相交流电给后桥驱动电机VX90，造成车辆高压系统故障，车辆无后驱。此时只能找试驾车尝试替换J1235，切记一定要先断电。根据维修手册指示和要求逐步替换J1235，替换后故障依旧。

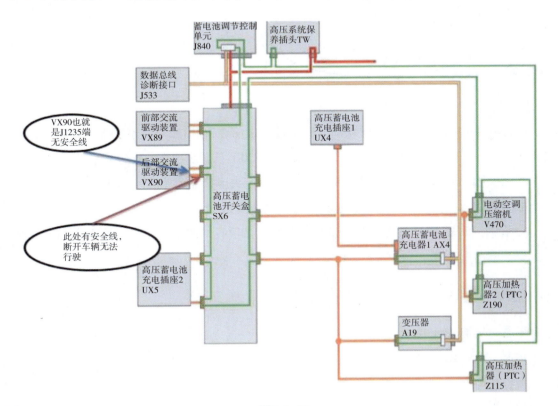

图3-1-15

到此时怀疑是否从开始思路就错了，还是检查中有遗漏。再次分析故障码及奥迪e-tron资料，J1235已经替换，可完全排除SX6，也确实有供电到后桥电驱动装置，可先不考虑，此时还剩下SX6到J1235之间的线束。我们之前已做绝缘电阻测量，可排除线束中部可能存在断路可能，那么就只剩下线束的两个插头，SX6端插头跟J1235端插头，如图3-1-16所示为e-tron车辆的安全线线路图，SX6端的插头均有安全线。

图3-1-16

如果SX6端任何一个插头有故障，那么安全线也会断路，安全线断路车辆无法重新激活高压系统，而我们的车辆可以激活高压系统，可以行驶，只是性能受限，车辆无后驱，可先排除SX6端插头故障，那么还剩下J1235端插头，检查J1235 端插头，发现故障，如图3-1-17所示。

此处T20螺丝滑丝松动，且无法拧紧，无法取出，造成高压电虚接，导致此故障

图3-1-17

高压线束接头紧固螺丝滑丝松动导致虚接，之前在拆卸J1235时也检查过此插头，但是由于是高压车辆，虽然已经断电，还是没敢用T20工具紧固检查，导致多余的拆卸。

故障原因：后桥电驱动装置J1235端高压线束接头虚接导致此故障。

故障排除：更换高压线路SX6到J1235之间高压线束。

故障总结：希望大家工作中能够相信自己，相信我们的专用工具，胆大心细，安全第一。

五、2020年奥迪e-tron仪表报电力系统故障无法行驶

车型：奥迪e-tron。

VIN：WAURRCGE6LB××××××。

电机：EAS。

行驶里程：37950km。

故障现象： 车辆行驶过程中组合仪表出现红色"电力系统故障"，车辆无法继续行驶，如图3-1-18所示。

图3-1-18

故障诊断： 诊断仪检查在8C混合蓄电池管理控制单元J840内有故障码"P0AA600：混合动力/高压蓄电池系统 绝缘故障被动/偶发"，如图3-1-19所示。

故障存储器记录
编号：	P0AA600：混合动力/高压蓄电池系统 绝缘故障
故障类型 2：	被动/偶发
症状：	40962
状态：	00101100

- 标准环境条件：
日期：	2023/4/30
时间：	下午4:16:24
里程（DTC）：	39652
优先等级：	4
频率计数器：	255
递减计数器/驾驶周期：	255

高压蓄电池正极绝缘电阻	20470	kOhm
无效	Not_valid	
高压蓄电池负极绝缘电阻	20470	kOhm
无效	Not_valid	
整个高压系统正极绝缘电阻	220	kOhm
有效	Valid	
整个高压系统负极绝缘电阻	220	kOhm
有效	Valid	

图3-1-19

从故障码发生的环境条件看，当出现绝缘故障时，系统绝缘电阻只有220kΩ，正常情况下系统的整车绝缘电阻不能低于350kΩ。根据引导型故障测试计划提示，需要在高压配电盒SX6的9号插接器上断开，将测量专用工具VAS6558A/30串入高压系统，如图3-1-20和图3-1-21所示。

用VAS6558A/30测量，结果多次提示绝缘电阻过小测量异常，系统提示可能是测量工具或是连接的系统绝缘电阻过小。因为测量工具在校准范围之内，测量其他车辆也是正

最新电动汽车经典维修实例

常的，所以分析还是连接的高压系统存在绝缘故障，如图3-1-22所示。

活动：选择
将插头连接插头连接 9从部件高压蓄电池配电箱 - SX6上脱开，然后检查插头连接上的高压导线。

📷 参见插头视图

能否检测到故障？
输入：否

活动：信息
检测前提条件：
📷检测适配器 高压检测适配器 - VAS 6558A/30 已插在 插接器9 上（部件 高压蓄电池配电箱 - SX6 上）
📷检测适配器 高压检测适配器 - VAS 6558A/30 已连接在 插接器 9（属于部件 高压蓄电池配电箱 - SX6）的高电压导线上

接着在检测适配器高压检测适配器 - VAS 6558A/30上执行以下绝缘测量：
📷HV+ 对屏蔽
📷HV- 对屏蔽

图3-1-20

图3-1-21

我们再回顾一下该车的高压系统连接关系，如图3-1-23所示。我们用专用检测工具VAS6558A/30连接如图3-1-23的1号位置，用高压绝缘表测量整车HV+和HV-对屏蔽的绝缘电阻，基本都在0.24MΩ，属于异常，绝缘表测量的整车绝缘电阻值如图3-1-24所示。

按图3-1-23所示依次断开SX6上的高压插接器，当断开图3-1-23的3号插接器（也就是去往前部功率控制单元J1234和前部驱动电机VX89的插接器）时，测量的整车绝缘电阻恢复到4.69MΩ，此时绝缘电阻是正常的，断开SX6的3号插接器的绝缘电阻，如图3-1-25所示。综上分析说明故障应该在前部功率控制单元J1234或是VX89内。

使用的测量技术：-
错误：22
过电压：低于 / 超出范围（-1.2kV <= 数值 <= 1.2kV）。

活动：信息
测量不正常。

故障代码　　　*22*
故障状态　　　*OVER_VOLTAGE*

故障原因：
该故障说明测量到过电压。

如果在测量电阻时测量点上存在电压，则会出现该故障。

该故障可能是由车辆上所连接的 12V/高压蓄电池充电器而引起的。

请执行以下操作：
- 借助一个万用表检查在测量点上是否存在外部电压。
- 如果 12 V/高压蓄电池充电器已连接在车辆上，请将其取下。
- 断开 12 V 蓄电池。
- 重复测量/检测程序。

– **检测步骤: 分析**

活动：信息
绝缘电阻过小。

可能的故障原因：
适配器中的绝缘故障高压检测适配器 - VAS 6558A/30
已连接的系统中的绝缘故障

图3-1-22

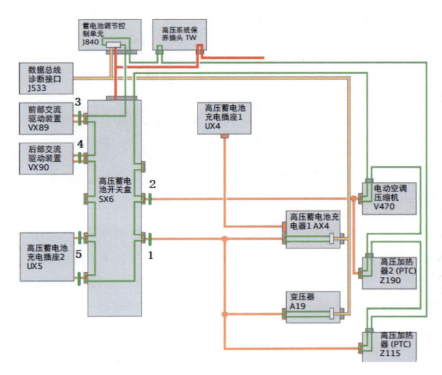

图3-1-23

图3-1-24

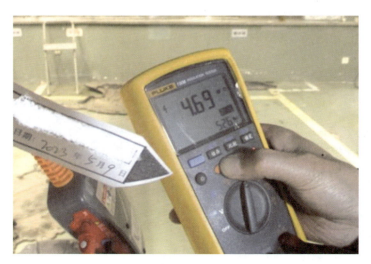

图3-1-25

故障排除: 该车驱动电机采用的是异步电机,前电机冷却液采用端面密封。按维修手册规定电机技术性防冻液渗漏每30000km不得大于30mL。此电机容易出现防冻液渗漏超出标准,进而产生绝缘故障,拆下前电机检查,发现防冻液渗出量已超过40mL,说明故障就是由于前电机的散热防冻液渗漏量超出标准所至,更换前部驱动电机后故障排除。

故障总结: 该款车型前电机出现技术渗漏超标的情况较为常见,在碰到类似绝缘故障时可以先检查电机的技术性防冻液渗漏是否超标。当然即使发现前电机渗出防冻液超标，我们仍然需要按图3-1-23的所示的高压元件连接关系图，依次断开相关高压元件来锁定具体是哪一个元件的绝缘电阻过高。

车型：奥迪e-tron。

VIN：WAURRCGE9LB×××××。

故障现象：RTM报警，车辆只要行驶有车速后，仪表上电力系统就报警，如图3-1-26所示。

图3-1-26

故障诊断：由于RTM绝缘系统2级报警，安排救援，试车发现只要车辆有车速后，仪表上电力系统故障灯就会报警，车辆发动停在原地挂入挡位无故障现象。用VAS6150E检测8C内存有故障记录P0AA600：混合动力/高压蓄电池系统 绝缘故障被动/偶发，如图3-1-27所示。

查询2019年第一期SOST，故障记录与该车的故障记录符合。根据故障记录及仪表上电力系统报警，分析为蓄电池调节控制单元J840监控到高压组件绝缘电阻过小导致的故障。检查防冻液液位正常，没有低于标准值。使用VAS6150E对高压系统进行断电，并进行验电确认高压系统已断电。通过引导性功能执行测试计划，对高压系统进行绝缘电阻测试，在对执行专用工具VAS6558A/30检测正常后，执行绝缘电阻检测出现错误，多次执行均出现错误，无法执行，引导无法检测绝缘电阻，如图3-1-28所示。

地址: 008C 系统名: 008C - 混合蓄电池管理 协议改版 UDS/ISOTP (Ereignisse: 6)

☐ 识别:

☐ 故障存储器记录 (初始值 车辆):

故障存储器记录
编号: P0AA600: 混合动力/高压蓄电池系统 绝缘故障
故障类型 2:   被动/偶发
症状: 40962
状态: 00101000

☐ 标准环境条件:
☐ 高级环境条件:

故障存储器记录
编号: P0AA600: 混合动力/高压蓄电池系统 绝缘故障
故障类型 2:   被动/偶发
症状: 40963
状态: 00101000

☐ 标准环境条件:
☐ 高级环境条件:

故障存储器记录
编号: P0AA600: 混合动力/高压蓄电池系统 绝缘故障
故障类型 2:   被动/偶发
症状: 40966
状态: 00101110

☐ 标准环境条件:

图3-1-27

输入: 是

☐ 检测步骤: 绝缘电阻

措施: 信息
连接测量导线

高压测量模块测量探头（+）连接在: HV+
高压测量模块测量探头（-）连接在: 屏蔽

措施:
使用的测量技术: -
故障: 22
过电压: 低于 / 超出范围 (-1.2kV <= 数值 <= 1.2kV)。

☐ 检测步骤: 分析

措施: 选择
测量过程中出现故障。

是否重复测量？
输入: 是

☐ 检测步骤: 绝缘电阻

措施: 信息
连接测量导线

高压测量模块测量探头（+）连接在: HV+
高压测量模块测量探头（-）连接在: 屏蔽

措施:
使用的测量技术: -
故障: 22
过电压: 低于 / 超出范围 (-1.2kV <= 数值 <= 1.2kV)。

☐

图3-1-28

　　由于引导性功能无法执行，尝试使用VAS6558A的测试计划，选择电压为500V对高压系统进行绝缘检测。使用专业工具VAS6558A/30串入高压系统，检测整个高压系统的绝缘电阻，发现绝缘电阻过小，只有0.313MΩ。对比正常车辆为1.482MΩ，如图3-1-29所示。判断为高压系统绝缘电阻异常。尝试对高压组件单个进行切断，发现断开前部驱动电机线束后绝缘电阻值恢复正常。对前部驱动电机单独测量绝缘电阻，发现前部驱动电机绝缘电阻0.148MΩ，确实低于正常车辆值，故障车前部驱动电机绝缘电阻如图3-1-30所示。检查SX6与J1234之间的高压导线，未发现损坏现象，两端插头正常，无损坏现象，判断为前部驱动电机故障。为了验证故障，与试驾车替换前部驱动电机总成，故障排除。由于前部驱动电机与控制单元J1234相连，店里无相关密封件，无法单独替换J1234。

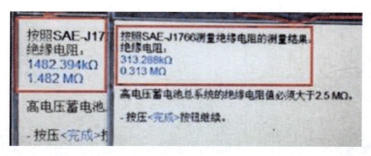

图3-1-29

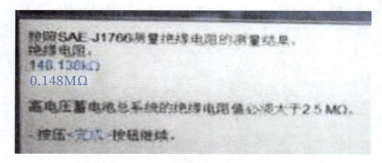

图3-1-30

故障原因： 车辆启动挂入任意挡位，无车速的状态下故障不会出现，但是车辆有车速的状态下故障能够重现，判断为前部驱动电机内部故障。

故障排除： 由于无单独驱动电机及相关密封胶提供，更换前部驱动电机总成。

故障总结： 测量绝缘电阻时要注意不能有虚接现象，会导致电阻值误差过大无法判断故障点。同时要仔细检查高压线束的相关插头，不能有损坏现象。

第二节 奥迪Q4 e-tron

一、2022年一汽奥迪Q4 e-tron 360黑屏无显示

车型： 一汽奥迪Q4 e-tron。

VIN： LFVVB9G3XN5×××××。

故障现象： 客户反映提车3天后360全景不显示，如图3-2-1所示。

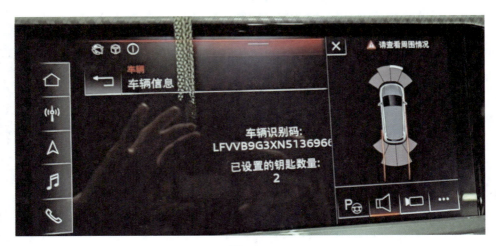

图3-2-1

故障诊断： 用VAS6150D读取故障码：无法识别控制单元J928；U122D00 以太网数据总线支线2无通信，如图3-2-2和图3-2-3所示。根据故障码可以判断是以太网支线故障导致J928无通信。

根据电路图（如图3-2-4所示），找到J533和J928的插头针脚以及安装位置，J928安装在后部座椅下方，拆掉座椅还要拆一个座椅隔板才能看到，而J533拆掉手套箱就能看到，拆下J533检查比较简单。

将插头拔出看不出任何异常，然后就插回测试一下，全景影像又恢复正常了，考虑到也许是插头针脚接触不良的问题，于是将这两个针脚退出处理一下，针脚用的是全新的技术，里面有两层，针脚特别小，用细小的大头针将内层挤压一下，然后回装试车验证，如图3-2-5和图3-2-6所示。

客户回去试车半个月，故障不再出现，故障排除。

图3-2-2

图3-2-3

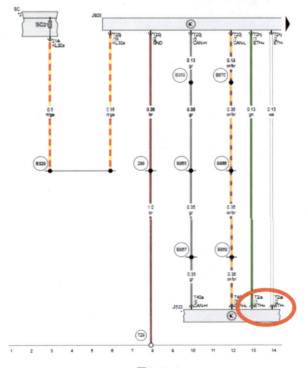

图3-2-4

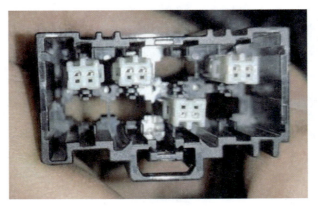

图3-2-5

图3-2-6

故障原因：J533针脚过大导致J928无通信。

故障排除：将线束针脚孔径缩小。

故障总结：遇到以太网相关故障时，如果插头拔插故障消除，那么就直接处理针脚即可，因为大部分故障都是针脚间隙过大导致，如果盲目地替换零件会产生误判。

二、2022年一汽奥迪Q4 e-tron 车辆无法正常Ready模式，报电力系统故障，请安全停车

车型：一汽奥迪Q4 e-tron。

VIN：LFVVB9G36N×××××××。

驱动类型：后驱。

行驶里程：3711km。

故障现象：仪表显示"电力系统：故障！请安全停车"，如图3-2-7所示，车辆无法正常READY模式或启动状态。

图3-2-7

故障诊断：首先接车后按压车辆的启动按钮E408，进行故障验证，车辆点火开关可以正常接通，仪表无法进入就绪（READY）状态，仪表中高压红色蓄电池灯亮起，仪表中故障灯报警，中央信息显示器报"电力系统：故障！请安全停车"。用VAS6150E进行诊断检测，有以下故障记录（如图3-2-8所示）：

图3-2-8

地址01-发动机电控装置J623内有故障码：P060C 控制单元主处理器内部系统故障 功能失效，症状：20079，被动/偶发。

地址8105 - 12V 变压器内有故障码：P0A94 DC/DC转换器 缺失功率，主动/静态，症状码：21；P0D33 DC/DC转换器 耗电量太大，主动/静态，症状码：78。

故障原因：进行故障原因分析之前，我们来了解一下一汽奥迪Q4 e-tron电源特殊功能及8105 - 12V 变压器控制单元（变压器A19）工作原理及电压控制过程及诊断的思路。

与所有奥迪车型一样，电气系统由12V蓄电池供电。为了持续供电，高压系统一激活，12V蓄电池就开始充电，即当驾驶员或座椅被占用、端子15处于活动状态或在驾驶时，高压蓄电池通过变压器A19对12V蓄电池充电。它将高压蓄电池的电压转换为12V蓄电池的充电电压。变压器安装在奥迪Q4 e-tron的后部，如图3-2-9所示。变压器由数据总线诊断接口J533中的低压能量管理系统控制。 J533通过 LIN总线从蓄电池监测控制单元J367接收有关低压电气系统和12V蓄电池当前状态的信息。低压能量管理系统根据低压电气系统当前的能量需求，向变压器请求特定的电压。低压能量管理系统的目标是将12V蓄电池的荷电状态（SOC）保持在90%。如果 SOC达到90%，则12V蓄电池不再充电。 这表示请求的电压量已被选定，因此蓄电池既不充电也不放电（零电流调节）。

图3-2-9

变压器A19功能有两个，一个是为车载12V车载电气系统供电，DC/DC变压器，另一个是以双向方式为中间电路电容器 C25充电或放电，因此可优化SX8的预充电继电器和预充电电阻，如图3-2-10所示，参数如表3-2-1所示。

图3-2-10

表3-2-1

项目	参数
额定电压	150～475V
最大供电电压	16V
充电功率12V	3kW
诊断地址	8105

如果车辆在展厅或车间进行维护，12V蓄电池将需要使用外部充电器给蓄电池充电。减少变压器A19 DC/DC变压器转换工作次数，从而保存高压蓄电池AX2电量，减少额外能量输出，并且减少高压接触器的切换循环数量。12V蓄电池自动充电：车辆静止时由高压蓄电池AX2供电，为此，高压系统被激活。此时变压器A19 DC/DC变压器进行转换工作，这样可以防止12V电气系统发生故障，以及12V蓄电池的深度放电，如图3-2-11所示。

通过检测脉冲来检查蓄电池，在一汽奥迪Q4 e-tron，12V蓄电池的状态是通过定期自动诊断进行判定。该诊断只能在停车状态下执行，诊断主要通过一个检测脉冲，具体过程为触发12V蓄电池向高压蓄电池短时充电，经过变压器A19 DC/DC变压器转换，使得12V蓄电池的静态电压下降，依据电压曲线评价蓄电池状态，如图3-2-12所示。

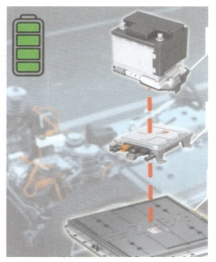

图3-2-11

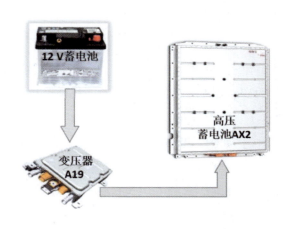

图3-2-12

对于故障码P060C，按照以往的TPI技术文献多数是软件问题，目前该款车型技术指导给出的故障定位无法明确是软件的问题。目测控制单元及插头、针脚、线路未发现故障。该故障码记录表明控制单元软件中可能存在软件偏差。根据底盘号查阅相关资料，与TPI文件类似，故障现象、故障码显示均一致，症状码显示不相符。TPI显示的症状码是40870，故障车显示20079。TPI适用于带有症状码40870的车辆。按照诊断仪中GFC执行检测计划 P0A94， 8105－12V 变压器控制单元（变压器A19）在内部监控电子装置或功率电子系统中识别到故障，因此功率降低或运行中止。功能测试结果表明可能的原因为控制单元内部损坏。在8105－12V 变压器控制单元（变压器A19）中存在一个不可修复的故障。标准输出电压为0.0V，高电压电缆为0.9V，建议更换8105－12V 变压器控制单元（变压器A19），如图3-2-13所示。

- 检测步骤: 分析故障存储器

活动: 信息

以下故障静态存在: P0A9400 - DC/DC 转换器, 缺失功率

控制单元（变压器 A19）在内部监控电子装置或功率电子系统中识别到故障。因此功率降低或运行中止。

可能的故障原因:

☒ 控制单元损坏

- 按下按钮完成/继续，以继续执行程序。

- 检测步骤: 分析测量值

活动: 信息

控制单元内目前存在以下电压:

接线端 30 输出电压	13.1V
接线端 30C 电压	12.9V
标准输出电压	0.0V
高电压电缆电压	0.9V

故障（P0A9400 - DC/DC 转换器, 缺失功率）表明控制单元内有部件损坏。

图3-2-13

　　为了进一步验证故障件，对正常车辆的变压器A19测量值调取及分析，然后与故障车的变压器A19对比，最终验证故障是由于A19内部故障导致。我们先调取故障车的数据，读取DC/DC变压器，端子30输出电流1 – IDE15825为0.0A，端子30C电压–IDE80253为7.18V，如图3-2-14所示。读取高压部分输出电压车引电源电压DC/DC转换器 IDE09125为 0.34375V；直流调节器，端子30标准输出电压 MAS12774为0.0V，如图3-2-15所示。为什么电压是0V呢？因为J840蓄电池调节控制单元监测到有故障，关闭高压输出保证安全。再调取正常车辆的变压器A19测量值DC/DC变压器，端子30输出电流1 – IDE15825为14.3125A，端子30C电压–IDE80253为14.59V，如图3-2-16所示。读取高电压部分输出电

图3-2-14

压车引电源电压DC/DC转换器 IDE09125 – 342.15625V；直流调节器，端子30标准输出电压 MAS12774 – 15.25V，如图3–2–17所示。

图3-2-15

图3-2-16

图3-2-17

故障排除：更换8105 – 12V 变压器控制单元（变压器A19），故障排除。

故障总结：我们根据实际的故障现象结合故障码内容的解释，做出合理的诊断，最终确定维修方案，并借助相关专业培训、专业的视频为指导。提醒维修伙伴们，在高压车辆上执行高压系统相关故障维修，必须接受专业的培训，并由通过认证的高压技师和高压专家来完成，这样才能保证生命安全以及减少财产损失。提醒高压技师，高压的元件有不同的分工，在维修高压系统时，不懂不要盲目地进行维修。

第四章
宝马车系

第一节　华晨宝马i3（G28 BEV）

车型： 宝马i3（G28 BEV）。

行驶里程： 874km。

故障现象： 客户反映，车辆制动刹不住。

故障诊断：

（1）接车后试车，确实存在制动刹不住的故障现象，并且仪表和CID提示车辆可能自行滑动。查询厂家PUMA没有相关技术信息。

（2）使用ISTA诊断有故障码：039A90 电机，安全功能，车轮打滑限制：扭矩限制；480B6D DSC：特殊行驶状况，制动力伺服装置无法起效，如图4-1-1所示。

总行驶里程: 874 km

代码	说明	里程数	存在	类别
S8410	移动设备连接功能限制	873	是	
039A90	电机，安全功能，车轮打滑限制：扭矩限制	873	否	
480B6D	DSC：特殊行驶状况，制动力伺服装置无法起效	873	未知	
D75511	信号（ECBA状态，43.1.4）无效，DSC 发射器	874	否	信息
D7553D	信号（动态稳定控制系统稳定装置状态，47.1.2）无效，DSC 发射器	874	否	信息
D755F5	信号（BRS-VIP 内部通信 3，25.1.2）无效，发射器 DSC	874	否	信息
E05620	信号（驾驶员辅助系统，便捷功能和安全功能）无效，SAS/VIP/BDC-ZGM 发射器	874	否	信息

图4-1-1

（3）执行检测计划删除故障码后试车，故障现象依旧。

（4）对车辆断电后试车，故障依旧。

（5）对车辆编程后试车，故障依旧。

（6）检查制动盘片、分泵有无改装，轮速传感器有无异常，检查无异常。

（7）咨询厂家技术部，建议更换DSCi液压机组。故障细节如图4-1-2所示。

故障码
EME 39A90 电机，安全功能，车轮打滑限制：扭矩限制

扩充的故障类型
当前不存在故障
故障瞬时未触发驾驶员信息

故障码存储器的环境条件

条件	第一个条目	第二个条目	最后的/当前的条目
SAE故障码	—	—	—
信息记录（1：是，0：否）	0	0	0
时间戳	2022/11/1 11:52:56.568	2022/11/1 11:53:22.798	2022/11/4 8:14:06.398
里程数	718.8 km	718.9 km	873.9 km
频率	36	36	36
电机转速	1758 1/min	1805 1/min	1781 1/min
电机的实际扭矩	23.7 Nm	75.3 Nm	44.6 Nm

图4-1-2

故障排除： DSCi液压机组故障，如图4-1-3所示，更换后故障排除。

图4-1-3

故障总结：

（1）拆卸液压机组制动踏板连接处时使用专用工具固定好，其容易造成制动踏板卡子损坏。

（2）更换完液压机组后按照传统排放制动油的方式进行排气就行，如果制动效果正常无须再执行ISTA排气程序。

第二节 华晨宝马ix3（G08 BEV）

2021年宝马ix3（G08 BEV）提示传动系统故障

车型：2021年宝马ix3（G08 BEV）。

行驶里程：15055km。

故障现象：一辆2021年宝马ix3 BEV新能源汽车，客户反映车辆提示传动系统故障，有时不能进入READY状态，不能挂挡行驶，可能是高压动力系统出现了问题，导致不能建立行驶就绪状态。

故障诊断：接车后首先验证故障现象，确实有时不能进入READY状态，不能挂挡行驶并提示传动系统故障。连接专用诊断仪ISTA诊断发现有故障提示：高压系统，绝缘电阻小于警告阈值（接触器闭合时），如图4-2-1所示。通过故障提示基本可以判断是由于高压绝缘系统出现了问题导致不能上高压，不能建立行驶就绪状态。车辆高压系统绝缘性有着非常高的要求，通常绝缘值要大于10000kΩ，一旦绝缘值达不到标准值，高压立即停用以防产生不必要的后果。

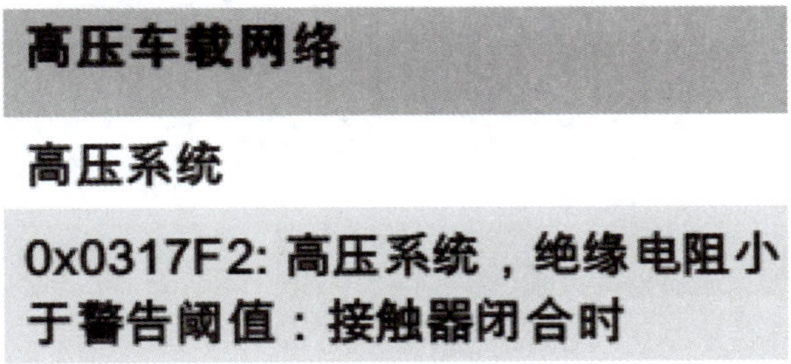

高压车载网络

高压系统

0x0317F2: 高压系统，绝缘电阻小于警告阈值：接触器闭合时

图4-2-1

通常针对高压系统绝缘性故障的判断思路都是逐一断开各个高压部件进行进一步的绝缘性测量，从而缩小故障范围，进一步锁定故障位置。绝缘值的测量目前有两种常用方式，一种是车载系统内部测量，可以将测量值显示到专用诊断仪内，另一种是通过绝缘表（我们之前所说的电工师傅用的摇表）进行实际测试。

如图4-2-2和图4-2-3所示是宝马ix3的高压部件组成和分布图，其和大多数新能源车辆的组成基本一致，其由高压蓄电池、电机电子驱动装置、交流充电、空调压缩机、加热器构成。

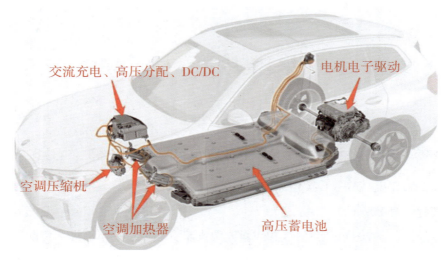

交流充电、高压分配、DC/DC

电机电子驱动

空调压缩机

空调加热器

高压蓄电池

图4-2-2

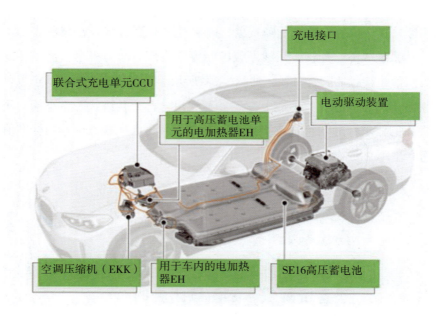

充电接口

联合式充电单元CCU

用于高压蓄电池单元的电加热器EH

电动驱动装置

空调压缩机（EKK）

用于车内的电加热器EH

SE16高压蓄电池

图4-2-3

　　我们首先根据ISTA诊断步骤进行进一步的故障确认，ISTA激活车辆系统进行内部绝缘值测试，执行绝缘值测试的部件是电池管理单元SME，测试结果为167kΩ，明显小于标准值。根据提示依次断开空调压缩机、2个空调加热器、联合充电单元CCU，测试值均达不到标准，当断开电机电子驱动装置的时候绝缘值正常，这说明问题存在其内部。电机电子驱动装置内部由电机驱动控制器EME和电机构成，于是从后驱动桥拆下电机电子装置总成，打开上端盖后取出电机驱动控制器EME对其直流母线和三相交流输出进行绝缘性测试，未发现异常，进一步测试电机三项母线的绝缘值也正常。为保证高功率时的动力，宝马ix3采用了耐热性较好的励磁电机，电机的转子磁性不会受自身工作温度的影响，所以转子励磁线圈采用了电刷，如图4-2-4所示。最后测试仅剩高压励磁部分，测试结果异常，于是拆解电机后部励磁端盖，拆掉后发现励磁碳刷部分除了有大量磨损之外还有一些不明的金属杂质，如图4-2-5和图4-2-6所示，拆除碳刷及其支架后没有其他异常，彻底清洁残留物后装配测量，其绝缘值正常。将其与部件装复后总的绝缘值测试正常，车辆能够正常上电行驶，故障排除。

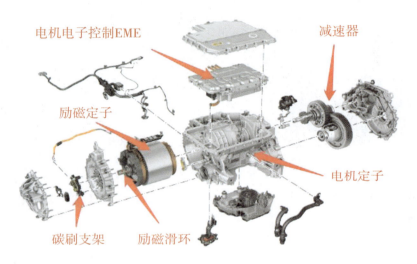

图4-2-4

图4-2-5

滑环以及周围的杂质

图4-2-6

故障排除：检查没有其他异常磨损情况后，彻底清洁碳刷支架和碳刷接触环及周边杂质，故障排除。

故障总结：

（1）针对绝缘性故障的排除思路就是依次断开高压部件后进一步测量系统绝缘性，直到绝缘性发生根本变化后进一步缩小范围和确定故障位置。

（2）目前基本所有新能源车系都带有自诊断的绝缘测试功能，可以利用系统自带的这一诊断功能配合专业诊断仪进行进一步的故障判断。

（3）目前碳刷以及滑环周围的杂质问题，以及碳刷的耐磨性和实际保养周期还有待进一步的验证。

第五章
保时捷车系

2022年保时捷Taycan车辆没电，也无法启动

车型： 保时捷Taycan。

年款： 2022年。

故障现象： 2022年保时捷Taycan车辆没电，也无法启动。

故障诊断： 客户反映车辆停放2周没开，出现无法用遥控钥匙打开车门的情况，400救援搭电后，车辆也无法启动，拖车到店后进行维修；故障现象与客户描述一致，车辆没电，也无法启动。后台也已推送RTM三级报警。

用诊断仪检测有很多故障码，大多数都是电源电压低，高压蓄电池单元有电池模块充电状态高于极限值，高压蓄电池充电电流过高，绝缘故障等故障码，如图5-1所示。

组合仪表 (004)	B19B1F0	A00035	安全气囊故障显示，激活	被动	2998 km
组合仪表 (004)	B19ACF0	A00399	发动机控制错误显示启用	被动	2998 km
高压交流充电器 (11 kW - 16 B)	U15B500	200095	蓄电池快速充电 (DC)，充电柱未	被动	2996 km
乘客侧车门，前部 (001)	U101100	03000C	电源电压 - 过低	被动	2996 km
驾驶员侧车门，前部 (001)	U101100	03000C	电源电压 - 过低	被动	2996 km
乘客侧车门，后部 (001)	U101100	03000C	电源电压 - 过低	被动	2996 km
驾驶员侧车门，后部 (001)	U101100	03000C	电源电压 - 过低	被动	2996 km
高压蓄电池 (336 块电池) [003]	P0C4700	400009	低温回路中的附加冷却液泵 (P2)	被动	2996 km
高压蓄电池 (336 块电池) [003]	U140000	10000E	功能限制 - 电源电压过低	被动	2996 km
气囊 (变型: 001)	B1671F0	9671F0	乘客侧安全气囊指示灯 - 功能限	被动	2996 km
气囊 (变型: 001)	B152E00	952E00	保时捷主动安全功能 (PAS) - 功能	被动	2996 km
左侧大灯 (第三代 LLP)	U140000	020015	功能限制 - 电源电压过低	被动	2996 km
右侧大灯 (第三代 LLP)	U140000	020015	功能限制 - 电源电压过低	被动	2996 km
后端电子装置 (变型 018)	U140000	010003	功能限制 - 电源电压过低	被动	2996 km
高压交流充电器 (11 kW - 16 B)	U140000	D40000	功能限制 - 电源电压过低	被动	2996 km
制动电子系统 (PSM 9) (A2)	P056200	003100 204	电源电压 - 电压过低	被动	2996 km
网关 3.1 (003)	P1B0200	82000C	12 V 蓄电池监控 - 不起作用	已启用	2996 km
后端电子装置 (变型 018)	U141200	010006	端子 30-2 电源电压 - 断路	被动	2996 km
网关 3.1 (003)	U140B00	820003	能量管理启动	已启用	2993 km
网关 3.1 (003)	U112100	FF0036	数据总线 - 缺少消息	被动	2993 km
前端电子装置 (变型 017)	U112300	010556	数据总线 - 收到故障值	被动	2938 km
空调 (变型 005)	B18DBF1	00208B	中央右后水平出风口的伺服电机	被动	2851 km
高压交流充电器 (11 kW - 16 B)	U13AE00	D12262	主动停车系统控制单元 - 检测到	已启用	2537 km
网关 3.1 (003)	U149B00	020201	多功能模式遥控，无通信	被动	2531 km
网关 3.1 (003)	U149C00	020209	多功能模式遥控，第二总线接口上	被动	2531 km
辅助系统 (ZFAS AU516 003)	C12B3FD	036064	驾驶员辅助系统的前部摄像机，临	被动	2405 km
网关 3.1 (003)	U164500	0202F5	PCM6.0，无通信	已启用	2404 km

图5-1

根据故障码我们分析认为此车同时有12V低压系统和高压系统的故障，首先解决低压系统故障，由于12V蓄电池采用的是锂离子电池，此时电池内的接触器已断开，所以我们首先对换了12V低压蓄电池。可是仪表依然显示电气故障，故障码也和之前一样，只是缺少了12V蓄电池的故障码。所以这种情况可以判断故障是由于高压系统故障造成无法对12V蓄电池充电。尝试用高压充电器对高压系统进行充电，发现无法充电，读取高压蓄电池系统实际值，发现高压蓄电池电压665V左右，高压前后桥均无电压，高压正负极接触器均打开，说明高压系统无法上电。而高压蓄电池模组单个蓄电池电压、温度、充电状态均未发现异常，高压蓄电池健康值97%，如图5-2所示。

图5-2

由于长时间停车导致无法上电，首先在高压蓄电池——驱动链接——重置电池模块停用和重置电控箱关闭，电池模块充电状态高于极限值的故障码以及U178000电压电流传感器有故障可以清除，如图5-3所示。高压蓄电池无任何故障码，高压系统可以正常上电。

此时车辆依然不能挂挡，仪表显示变速器故障，删除之前的所有故障记忆，重新读取故障码DME有：

U002900 混合动力CAN无通信。

U010100 DME缺少信息。

P1C9500 执行器离合器已禁用。

故障码无法删除，如图5-4所示。

此车有车间活动WNA5 – 对电源电子装置和发动机电控系统（DME）重新编程，执行编程活动后，故障码依旧，并且有提示伺服电机通信故障，DME扩展识别没有伺服电机版本号，如图5-5和图5-6所示。

图5-3

图5-4

图5-5

图5-6

根据故障码P1C9500执行器离合器已禁用的故障引导得知（如图5-7所示），由于关闭了伺服电机，所以输入了此故障。而这里的关闭是无法与伺服电机进行通信。

故障查找引导

图5-7

可能的原因有：电源、接地、模块本身。

于是我们检查了测量（电路图如图5-8所示）：

30供电13.2V。

31接地电阻正常。

CAN高电压2.8V正常，CAN低2.2V正常。

由于伺服电机需要德国订货，为了确定故障点与其他车对换伺服电机（属于防盗部件），对防盗系统匹配，车辆可以正常换挡，故障排除。把故障电机装到试驾车上故障转移到试驾车，说明故障就是由伺服电机引起，如图5-9所示。

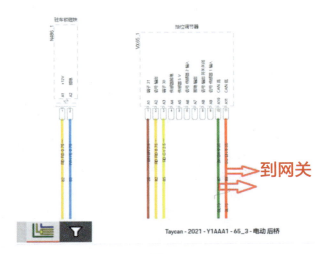

到网关

Taycan - 2021 - Y1AAA1 - 65_3 - 电动后桥

图5-8

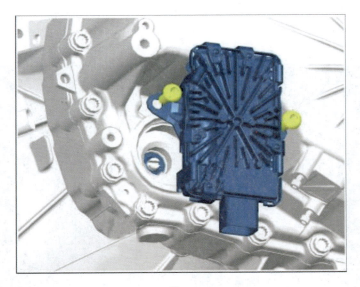

图5-9

　　故障排除：更换故障的伺服电机，并进行防盗匹配，同时更换一开始替换的12V蓄电池。

　　故障总结：由于伺服电机属于防盗部件所以采用的固定螺丝是一次性的，拆卸时需要破坏将其拆除，安装的时候需要专用工具。

第六章
比亚迪车系

第一节　比亚迪元

一、2019年比亚迪元EV充电跳闸

故障现象：客户反映车辆使用壁挂式充电器充电时出现跳闸，车辆仪表未显示充电异常，如图6-1-1所示。

图6-1-1

故障诊断：可能原因：

（1）交流电源故障。

（2）充电器故障。

（3）相关线路接插件保险丝故障。

（4）充配电总成故障等。

客户反映近期插枪充电时，壁挂式充电盒内空气开关会马上跳开。前期已到店里检查过壁挂式充电盒、验证无异常，客户回家后故障依旧存在。进店检查车辆，其他功能使用正常，车辆到店后使用两个不同充电盒试验，车辆故障现象一直存在，如图6-1-2所示。

图6-1-2

根据客户反映的情况分析，主要排查方向为车辆充电系统相关零部件。对充电口连接线逐一排查均正常，怀疑充配电内部充电系统有异常。按流程拆卸小蓄电池负极，先断电，做好防护拆卸充配电上盖，正要按流程检测相关内部部件时，发现箱体内有红液体（如图6-1-3所示），查看冷却液位置处于正常中线偏低一点。怀疑内部零部件受渗漏冷却液的影响，电器受潮导致充电时外部漏电保护器跳闸。

图6-1-3

更换后充电正常，故障排除，路试车辆正常。确认为充配电总成内部漏液导致电器受潮，充电时外部漏电保护器跳闸进行保护。

故障总结：此情况为充配电总成内部漏液导致充电桩漏电保护，需多与客户沟通便于分析故障。

二、比亚迪元EV535后背门自动开启

故障现象：一辆全新元EV行驶160km，客户进店反映车辆行驶时后背门会自动开启，锁车后携带智能钥匙靠近也会自动开启。

故障诊断：可能原因：

（1）多合一故障。

（2）右后尾灯故障（含微动开关）。

（3）智能钥匙故障。

（4）相关线路故障。

试车，故障现象确实存在，只要锁车后，携带智能钥匙靠近（两把智能钥匙均会），车辆背门就会自动弹开，观察发现智能钥匙指示灯会闪烁一下（与按智能钥匙上后背门按钮相似），如图6-1-4所示。拆除后背门内饰板，拔掉后背门微动开关后故障依旧，可排除后背门微动开关故障。

图6-1-4

因智能钥匙控制器集成在多合一内，怀疑是智能钥匙控制器故障，倒换正常车多合一（可以遥控，无法启动）故障依旧。由此推测应是相关线路问题导致，初步怀疑是解锁电机电源短路，测量电路（如图6-1-5所示）端子Y02-1，YJK02-1无异常，拆除换挡机构及中央通道，测量电路（如图6-1-6所示）KJG06-7时发现KJG06-12针脚歪斜（后探头电源），如图6-1-7所示，修正该针脚测试，故障排除，再把针脚挑歪故障重现。可以

确定故障点就在此，最终修正针脚装车，故障彻底排除。

　　故障总结：该故障是因为针脚歪斜导致故障发生。后期检测GJK06插头可不用拆除中央通道及换挡杆，直接拆除中央通道前面三角板即可测量。

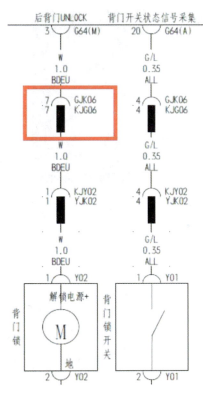

图6-1-5

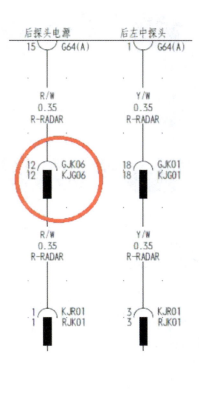

图6-1-6

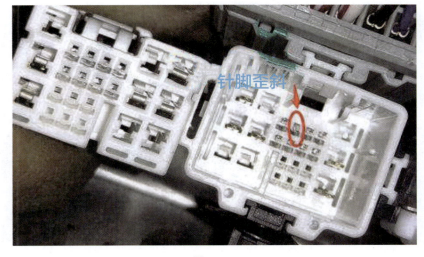

图6-1-7

三、比亚迪元EV仪表SOC电量不变

故障现象： 客户反映车辆能正常行驶，但是仪表电量一直显示44%不变，且无法充电，如图6-1-8所示。

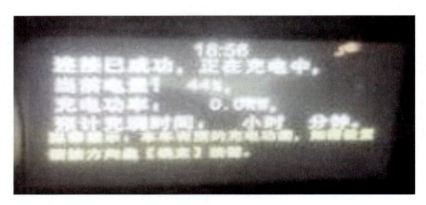

图6-1-8

故障诊断： 可能原因：

（1）BMS电池管理器故障。

（2）电流霍尔传感器故障。

（2）线路通信故障。

用诊断仪进行扫描升级，查看故障码：P180200 驱动欠压保护故障（历史故障），U011100 与电池管理器通信故障（历史故障），如图6-1-9所示，清除故障码，仪表故障依旧存在。

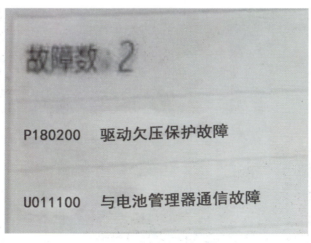

图6-1-9

查看电池管理器数据流，未见异常，对车辆进行充电，也在变化，于是根据电器原理图进行排查。根据线路图测量BMS端B45（A）18针脚和27针脚电流霍尔电源电压±15V左右，电流霍尔信号为15V左右，测量BMS端结果正常，如图6-1-10所示。

图6-1-10

测量B45（A）-27到B28（B）-16、B45（A）-18到B28（B）-17线束的通断，正常导通。排查B45（A）-26到B28（B）-18，发现B28（B）-18针脚存在退针现象，如图6-1-11所示。将脱落的针脚重新装配好并检查其余针脚，充电测试，车辆一切恢复正常，如图6-1-12所示，电量行驶一段路程电量下降。

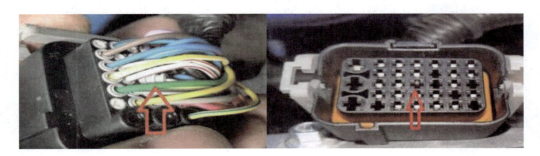

图6-1-11

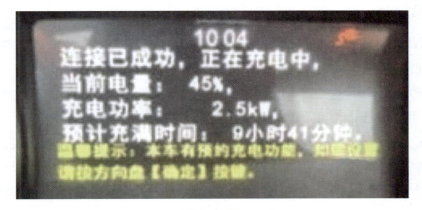

图6-1-12

故障总结： 遇到问题思路要清晰，有方向地排查问题，注意排查的每个小细节，就能离解决问题更近一步。熟悉车型电路图有利于更好地检查车辆。

四、比亚迪元EV偶发性功率受限

故障现象： 客户反映车辆行驶中仪表提示故障，车辆无法高速行驶，只能低速行驶，如图6-1-13所示。将车辆停在路旁，熄火后重新启动，故障就不再显示。车辆偶发性出现故障，有时一天出现2到3次、有时几天都不会出现。

图6-1-13

故障诊断： 可能原因：

（1）前驱动电机控制器故障。

（2）BMS故障。

（3）整车控制器故障。

（4）水泵等其他故障。

用VDS2000进行故障扫描，发现整车控制器有故障码P1D8300整车限功率和P1BB300前驱动电机控制器IGBT-NTC一般过温告警，如图6-1-14所示。

根据故障码含义读取数据流，没有发现系统温度过高，IPM、电机、IGBT温度都是正常的，如图6-1-15所示。故障码清除后，故障码不会再出现了，由于故障偶发性出现，建议客户先用，等故障出现时技师到现场处理。没过几天，客户打电话过来。故障再次发生，维修技师赶赴现场故障又恢复正常了。

将车辆开回店内，再次认真排查。重新整理思路，一般前驱动电机报温度过高故障有可能是水泵工作不良导致散热不够，在查找水泵时发现水泵插头没有安装到位，如图

6-1-16所示。

图6-1-14

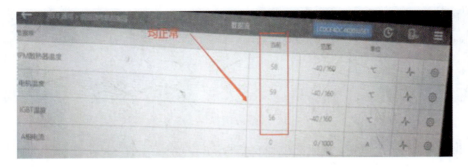

图6-1-15

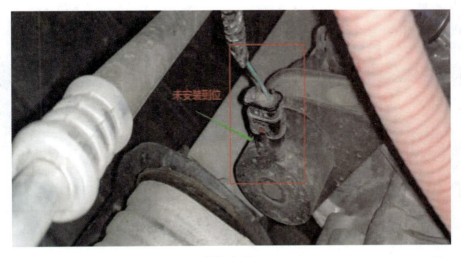

图6-1-16

故障总结：对于偶发性故障，需要熟悉整车功率控制原理，掌握原理很重要。

五、比亚迪元EV EB直流无法充电

故障现象： 客户反映车辆无法用直流充电桩充电，交流充电正常，试车故障确实存在。

故障诊断： 可能原因：

（1）充配电总成故障。

（2）充电口故障。

（3）低压线路故障。

用VDS1000读取车辆故障，电池管理器报故障码P1AD900：充电口温度采样点异常（当前故障），如图6-1-17所示。

图6-1-17

根据故障码检修车辆，直流充电口正负极高压线各有一个温度传感器，分别测量两个传感器阻值正常，断开电池管理器跟高压充电口低压插头，测量线束导通性，导通正常，测量传感器线路是否对电源、对地短路。发现电池管理器插接件K45（B）-13号针脚对地导通，如图6-1-18所示。

图6-1-18

根据电路图断开前舱线束BJG04插头，测量电池管理器K45（B）-13号针脚仍然对地导通，当断开GJK01插头时，K45（B）-13针脚对地阻值无穷大，进一步测量GJK01-2号针脚对地导通，如图6-1-19所示，确定为仪表板线束导致车辆故障，更换仪表板线束故障排除。

故障总结：维修时一定要仔细观察，找到问题根源，避免盲目换件。

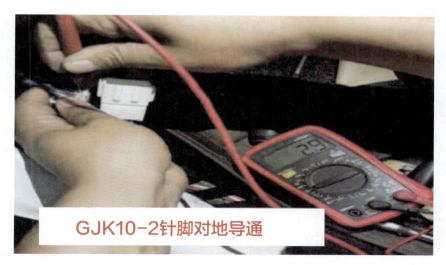

图6-1-19

六、比亚迪元EV车型7kW充电桩无法充电

故障现象：客户反映车辆用家里的充电桩充不进电，插枪后有时仪表显示充电连接中，有时插枪充电没有任何显示，如图6-1-20所示。

图6-1-20

故障诊断：可能原因：

（1）充电桩故障。

（2）当地电压或线路故障。

（3）车辆故障。

到客户装充电桩的地方检查线路及电压无异常，用店里新能源车插上充电枪仪表显

示充电连接中，有插枪信号，过几分钟后仪表无显示，但充电桩充电指示灯常亮，故障灯不亮。客户说更换其他充电桩能正常充电，可以排除车辆故障。把充电桩拿回店接电检测，关闭电源用万用表测量CC与PE阻值为221.2 Ω（正常），如图6-1-21所示，使用万用表测量CP与PE的电压值，红表笔接CP端，黑表笔接PE端，测量值为-12.18V（正常为正12V），如图6-1-22所示，交换表笔测量结果为12.19V，如图6-1-23所示，故怀疑CP与PE线缆接反了。

图6-1-21

图6-1-22

图6-1-23

开盖检测发现充电枪线上的PE与CP在接线排上互调了位置，如图6-1-24所示，重新接线后充电正常，故障排除。

故障总结：发现接线异常后询问客户，得知客户自己更换过充电枪，碰到故障时不光要检测还要跟客户沟通了解故障发生时间、经过等情况，才能更快找到故障点。

图6-1-24

七、比亚迪元EV EB车型空调按键偶发性失灵

故障现象： 一辆比亚迪元EB车型出现空调面板偶发性失灵，且散热风扇一直高速运转问题。故障出现时，空调面板液晶屏不显示车外温度。

故障诊断： 可能原因：

（1）空调面板总成故障。

（2）空调ECU故障。

（3）外接用电设备干扰或程序因素。

（4）相关线路供电异常。

该车辆在5月份首次进店，客户反映车辆空调按键偶尔失灵，使用诊断仪扫描车辆各模块无相关故障码。将所有模块刷新至最新版本，因故障为偶发且本次进店故障未出现，于是先将车辆交付用户使用。一周后，用户致电车辆故障重现并拍了相关视频进店检查，进店后车辆一切正常，用户将车辆放置在店内检测，几天后故障出现，当故障出现时电子风扇高速运转且空调按钮都无法调节，液晶显示屏温度显示LO，风速显示在1挡，室外温度无显示，如图6-1-25所示。

故障出现不到1min，还未来得及诊断仪扫描，车辆一切恢复正常，只抓拍到了故障现象，未获取异常数据信息。在不拔空调面板后端接插件情况下，从后端引线测量CAN线电压，当出现故障时测量CAN线电压都为正常，考虑到空调面板物理按键及液晶显示屏背景灯亮，确认为空调面板供电无异常，倒换空调面板后，测试故障依旧。因故障偶发，用户急需用车，怀疑空调ECU故障，倒换空调ECU，用户使用数天后，故障重现，车辆再次进店，检查车辆无加装任何用电设备，排除干扰问题。对该车辆进行了空调ECU程序刷新，但故障依旧未排除。

进一步分析原因，当出现故障时在不拔空调ECU接插件情况下，从后端测量空调ECU的供电电源，结合电路图查看供电电源有两个（ON挡电与常电），故障出现时测量ON挡电压为0V异常。查看电路图电源由前舱配电盒提供，测量G21到GJB03之间线束导通，从GJB03到前舱配电盒线束正常导通，分析配电盒只是配电，检查F1/26保险正常，仔细检查底座针脚与保险片之间隙过大（如图6-1-26所示），动一下保险，车辆故障不再出现，空调系统恢复正常。反复测试故障未再复现，确认为保险底座针脚虚接导致，处理针脚后试车故障排除。

图6-1-25

图6-1-26

故障总结：该故障现象从一开始被程序因素所蒙蔽，导致故障一直没有得到解决，此故障并不难，是把问题想复杂了，日常工作中有类似情况，望大家在分析故障问题时多思考，多总结，善反推。

八、比亚迪元EV EB车型SOC异常下降

故障现象：客户进店反映有时车辆停放一晚上SOC值下降3%左右，偶发性出现低压电池没电，无法启动车辆的情况。

故障诊断：可能原因：

（1）动力电池故障。

（2）电池管理器故障。

（3）静态耗电量大。

（4）其他故障。

根据客户反映的问题进行检查，用VDS进行扫描，无故障码且无程序需要更新，一开始静态耗电量39mA，正常，如图6-1-27所示。与客户沟通中未发现异常，于是让客户把车辆放在店内测试。晚上发现SOC下降3%，故障确实存在。在检查过程中发现可以进入防盗状态，但有时仪表显示防盗指示闪烁，应该是偶发性无法进入休眠，此时测量静态耗电量为145mA，如图6-1-28所示，属于过大。

用VDS查看车身控制模块，没有其他异常。逐步检查低压部件，发现断开右后车门门锁时，静电耗电量为37mA，如图6-1-29所示，反复测试，问题出在右后车门门锁，更换

图6-1-27　　　　　　　　　　　　　　　图6-1-28

右后车门门锁故障排除。

图6-1-29

故障总结：对于偶发性故障，应熟知原理知识一步步排除，避免急于求成。针对锁体故障导致静态功耗高问题，分析原因为锁体解闭锁触点内部接触故障，造成锁体一直发送解锁信号，整车无法进入防盗状态。遇到此类问题可从数据流寻找关键点。

九、比亚迪元EV535行车记录仪无法在PAD上播放

故障现象：客户反映比亚迪元EV535行车记录仪在PAD上无法实时播放且无法连接。

故障诊断：可能原因：

（1）PAD故障。

（2）行车记录仪故障。

（3）USB总成故障。

（4）以太网线与传输线故障。

检测PAD版本信息为最新，观察PAD右上角无以太网图标，如图6-1-30所示。

检查PAD连接线束无异常并交叉验证，本车PAD在其他车上能读取行车记录仪影像，其他车辆PAD在本车上还是无法读取，排除 PAD本身故障。检查行车记录仪模块接插件无异常，拔掉内存卡能在电脑上读取到影像，倒换行车记录仪模块试车，故障依旧。拆开USB总成，插拔后端的以太网线束无效，测量行车记录仪与USB总成之间的双绞线都正

常，倒换USB总成后故障排除。

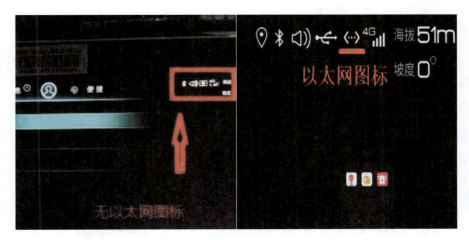

图6-1-30

故障总结：读懂以太网之间的连接关系后能更有效地排除故障。以太网连接网络：行车记录仪模块→2针的以太网线→USB总成→4针的数据传输线→PAD。中间任意一个模块或者线束连接异常都会导致没有以太网图标。

十、比亚迪元EV360 7kW充电桩充电异常

故障现象：客户反映车辆用7kW充电桩充电时仪表显示"充电连接中，请稍候"，如图6-1-31所示，等待几分钟后仪表显示充电功率在0.00kW与0.4kW之间来回跳动。但是使用3kW或者便携式1.6kW可以正常充电，充电功率也正常。

图6-1-31

故障诊断：可能原因：

（1）充电桩故障。

（2）交流充电口故障。

（3）充配电总成故障。

（4）线路故障。

用VDS扫描车辆，没有发现有程序更新，读取BIS、OBC系统也没有故障码。给车辆插上7kW的充电桩充电，连接成功后仪表显示"充电连接中，请稍候"，说明充电连接确认正常。过了几分钟仪表显示充电功率为0.0kW，如图6-1-32所示，怀疑充电控制CP信号异常。

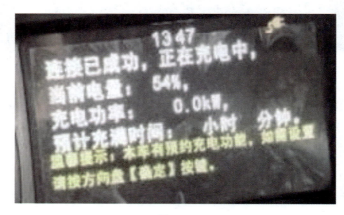

图6-1-32

CP信号是由占空比控制，插枪充电时观察OBC数据流，发现交流侧电压只有5V，异常，PMW波占空比为0，如图6-1-33所示，认为异常。检查充电口至充配电CP信号线线路导通正常，开盖实测插枪充电时充配电电压有234V，如图6-1-34所示，保险也未熔断，判断为充配电总成故障。

更换好充配电总成后，试插枪充电，发现车辆仪表一直显示"充电连接中，请稍候"，等了很久，仪表一直没有功率显示。换了充配电总成还没好，是重新装配过程中装配不到位？还是更换的充配电总成有故障？重新测量CP，发现插枪充电时对地电压只有0.07V，如图6-1-35所示，异常。正常应该是有2.5V左右的电压。重新检查安装的接插件，发现充配电总成上有异物卡在接插件插头位置，刚好是CP线连接到充配电的针脚。处理好后重新插枪充电，测量充电口后面CP电压为2.53V，如图6-1-36所示，恢复正常。

故障总结： 纯电车型的充电故障，在检修时一定要注意安全。多熟悉充电控制原理，才能针对不同故障现象合理制定维修方案，尽快排除故障。当充配电功率板中多个PFC MOS或驱动板多个谐振电容中只损坏了一两个，或损坏程度轻微时，将出现不能满功率充电情况，7kW充电时会出现跳枪或无法充电的情况。

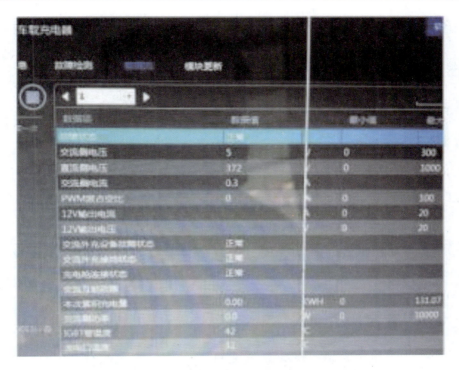

图6-1-33

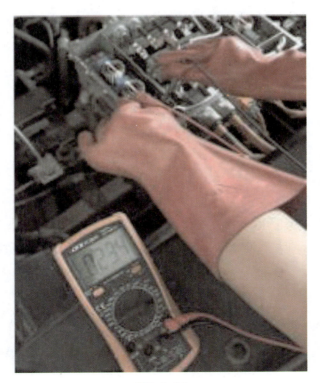

图6-1-34

图6-1-35

图6-1-36

十一、比亚迪元EV535无法启动

故障现象： 新车做PDI时发现车辆偶尔无法上OK电，上OK电后也偶发性不能挂挡行驶。且仪表上显示动力系统、安全气囊、电子驻车系统等多个系统故障，如图6-1-37所示。

故障诊断： 可能原因：

（1）安全气囊控制单元故障。

（2）BMS故障。

（3）线路故障等。

用VDS读取BMS及其他多个系统都存在大量故障码，其中很多均有报：P1A5100 碰撞硬线信号PWM异常告警故障，为当前故障，如图6-1-38所示。

图6-1-37

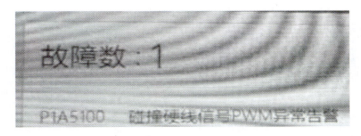

图6-1-38

针对"P1A5100 碰撞硬线信号PWM异常告警"的控制策略解读，是当车辆出现碰撞事故时，安全气囊控制单元监测到足够的减速度后，会点火引爆安全气囊或预紧式安全带，同时发送碰撞信号给BMS及其他有关系统，断开高压系统，使其无法上电工作，以避免次生事故。鉴于该车是一辆新车，外观检查并无碰撞，怀疑信号存在误报情况。通过查看电路图，安全气囊的碰撞信号分别与BMS、多合一、整车控制器、驱动电机控制器这几个系统通过硬线连接，以传递车辆碰撞信息，怀疑SP198这个铰接点接触不良，如图6-1-39所示。

BMS的K45（B）-3与K45（D）-3其实都是同一个位置，只是分车系配置进行区分，FD-CH（新电路图为DYN）代表为王朝系列，RAC-CH代表为非王朝系列，该车属于王朝车系，所以应测量K45（B）-3。测试结果为正常导通。查看电路图开始误以为电路图有问题，觉得K45（D）-3与K45（B）-3都在该车BMS接插件上，导致走了弯路。问题又再次返回到原点。尝试倒换多合一，故障依然存在。在进一步排查中，总感觉EPB电机拉紧的声音小，感觉电压不够，怀疑是供电或搭铁不良。再次使用VDS扫描车辆，发现安全气囊、ESP等几个系统偶尔无法通信，如图6-1-40所示。通过查看这几个系统的电路图，发现其共同点均是由仪表配电盒IG1继电器供电，怀疑是IG1继电器工作不良导致故障。

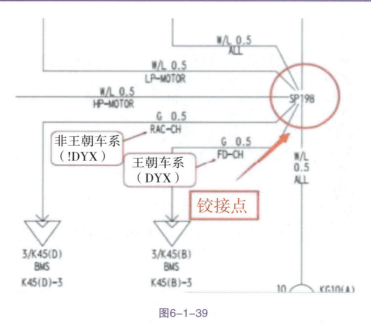

图6-1-39

图6-1-40

更换IG1继电器（如图6-1-41所示）后，安全气囊及ESP系统能正常通信，"P1A5100 碰撞硬线信号PWM异常告警"故障也能正常删除不再出现。车辆能够正常上OK电，但是还是偶发不能挂挡行驶，更换IG1继电器后只解决部分故障，说明车辆还存在其他故障。

无法挂挡行驶故障再现时使用VDS扫描车辆，发现助力转向、电子驻车等系统均报与MCU（前电机控制器）通信故障及报文丢失故障，如图6-1-42所示。

通过查阅有关培训资料，测量MCU低压插件的10号、11号针脚时，发现只有4.56V的电压，如图6-1-43和6-1-44所示。

图6-1-41

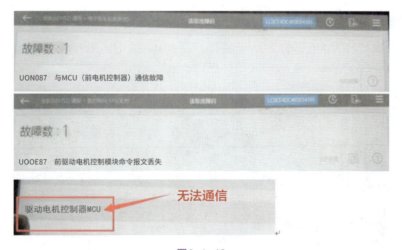

图6-1-42

接插件引脚	端口名称	端口定义	线束插
1	12V电源地	DND-IN	
5	碰撞信号	CRASH_IN	
6	12V电源地	DND-IN	
8	碰撞信号地	EARTH-1	
9	CAN高	CANH	动力网CA
10	12V电源正	+12V	IG3电
11	12V电源正	+12V	IG3电
13	CAN屏蔽地	EARTH	
14	CAN低	CANL	动力网CA

图6-1-43

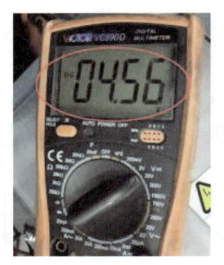

图6-1-44

查看电路图发现MCU低压插件的10、11脚由前舱配电盒的IG3继电器供电，如图6-1-45所示，检查发现IG3继电器针脚底部腐蚀，更换IG3继电器后反复试车均正常，所有故障彻底排除。

图6-1-45

故障总结： 该车在开始检修时，在电路图理解上浪费了大量时间和精力，差点更换地板线束。车辆多个系统存在大量的故障码，影响故障判断的准确性，只有找到相应故障的共同点，才能找到突破点。对于车辆电路系统故障，要先了解其基本控制原理。

十二、比亚迪元EV360客户反映车辆空调不制冷

故障现象： 元EV360客户反馈车辆空调不制冷。

故障诊断： 可能原因：

（1）压缩机故障。

（2）制冷剂管路故障。

（3）其他模块线路故障。

车辆进店故障确实存在，空调能开有风但是不制冷，仪表无故障显示，VDS检测空调压缩机控制器内报故障码B2AB64B温度异常，如图6-1-46所示，测量制冷剂压力正常。

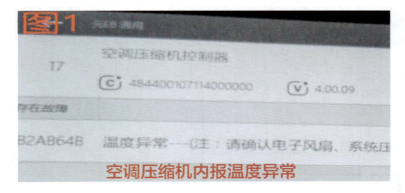

图6-1-46

通过数据流发现压缩机的目标转速为4989r/min，实际转速5001r/min，但是压缩机当前功率只有823kW（异常），如图6-1-47所示，于是从小件开始排查，测量了电子膨胀阀1的阻值均在（46±3）Ω，正常，如图6-1-48所示。

图6-1-47

图6-1-48

压缩机转速达到了，可功率太低，制冷剂压力正常，电子膨胀阀正常，于是考虑是否是压缩机内漏导致（内漏的现象应该是制冷效果差），倒换电动压缩机后故障依旧。

到这一步排查得差不多了，反思是否漏掉某个步骤。在仔细检查电动压缩机的时候发现压缩机排出端和排出管温度异常高，想着是否有管路堵塞的现象导致报温度异常，仔细检查冷凝器及管路无异常，管路如图6-1-49所示。查到这一步又回到了电子膨胀阀1上，是否膨胀阀异常未打开。在仔细检查电子膨胀阀接插件的过程中，发现护套内5号针脚（电子膨胀阀控制C端）与线的压接处有虚接断线的情况（如图6-1-50和图6-1-51所示），更换后故障排除。

故障总结：排查故障一定要了解该系统工作原理，这样有助于更快确定故障点。

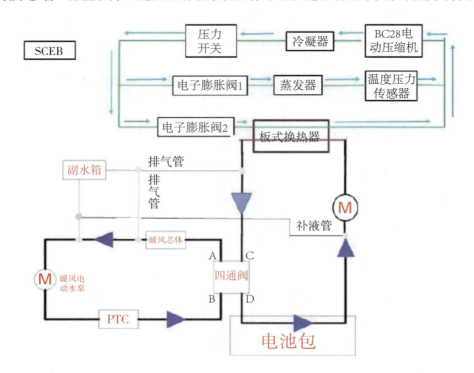

图6-1-49

图6-1-50

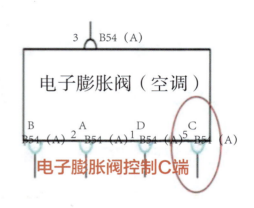

图6-1-51

十三、比亚迪元EV EB车型直流充电仪表无反应

故障现象： 比亚迪元EV EB车型客户反映直流充电仪表无反应，插枪无图标显示，而交流充电正常。

故障诊断： 可能原因：

（1）电池管理器故障。

（2）充电桩异常。

（3）线束故障。

（4）其他高压零部件故障。

车辆进店故障确实存在，店内交流充电正常，去市场上较大的直流充电站测试多个桩，故障依旧，检查直流充电口各孔芯无异常。用VDS2000检测车辆无故障码，分析这种故障情况就是没有插枪信号，上电测量直流充电口S+、S-无电压（异常），如图6-1-52所示，根据电路图（如图6-1-53所示）测量直流充电口B53（A）4号、5号脚对电池管理器K45（B）24号、25号脚线束之间的阻值正常，如图6-1-54所示，倒换电池管理器故障依旧。测量直流充电口A-脚对地导通（正常），A+至电池管理器K45（A）6线束之间阻值正常。

图6-1-52

CAN线无电压，倒换电池管理器后故障依旧，继续检查CAN线阻值，测量直流充电口S+、S-之间阻值为127.5Ω（正常），如图6-1-55所示，测量S+对地阻值为125.7Ω（异

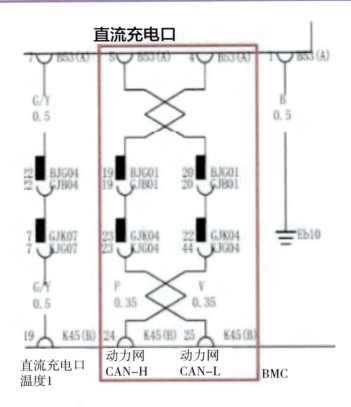

图6-1-53

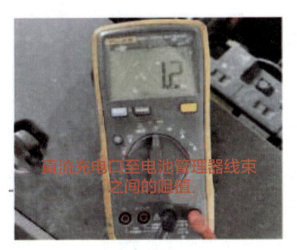

图6-1-54

常），如图6-1-56所示，测量S-低对地阻值为导通状态（异常），从此数据可以看出是CAN低与对地属于短路状态。

在仔细排查线束的过程中发现前舱线束内有一根线束烧蚀很严重，还影响了其他线束，其中就有CAN线，如图6-1-57所示。在仔细查找故障点的过程中发现烧蚀的线束为

S+、S-之间阻值

图6-1-55

S+对地

图6-1-56

直流充电唤醒信号A-，在分析的过程中发现此线束是直接对地，这根线束的作用只是充电桩给BMC 12V电，作为一个唤醒信号用的。

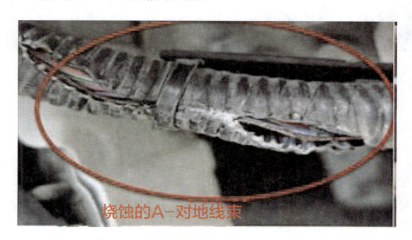

烧蚀的A-对地线束

图6-1-57

　　综合确认车上线束无破损，模块均无其他异常，且烧的是一根直接对地的地线，分析为该车辆最近一次充电的直流充电桩存在内部故障，有大电流通过此线束导致线束烧蚀。更换前舱线束后故障排除。

　　故障总结：排查故障一定要结合电路图及模块原理进行排查。在故障排除后找到客户App内最后一次充电桩的桩号进行电话报修，避免再次出现此类故障影响本品牌口碑。

十四、比亚迪元EV535仪表提示请检查挡位系统

故障现象：客户致电反映车辆行驶途中仪表突然提示："请检查挡位系统"，如图6-1-58所示。车辆无法换挡，不能行驶，多次重新上电，均无法换挡，仪表提示故障。到现场查看，车辆抛锚在路中间，因无法挂入N挡，电子手制动无法通过手制动开关解除，车辆能正常上OK电，空调制冷正常。

图6-1-58

故障诊断：可能原因：

（1）程序升级。

（2）换挡机构故障。

（3）线路故障。

（4）挂挡手柄故障。

VDS扫描多个模块程序有更新，升级全部模块后再次检索多个模块报有故障码，多为历史故障码，清除所有故障码，最后只剩挡位执行器报故障码：P1D3C13 P挡开关未连接和P1D3D13 unlock 键未连接，如图6-1-59所示。

图6-1-59

　　根据故障码提示，侧重检查挂挡手柄及挂挡机构总成，拆下挂挡手柄和操纵面板检查，挂挡机构线束插头无退针，接触良好。读取数据流，与正常车对比，P挡1号霍尔AD采集值不一样，故障车为5，正常车为0，如图6-1-60和图6-1-61所示。

图6-1-60

图6-1-61

　　倒换挂挡手柄试车，如图6-1-62所示，故障解决。

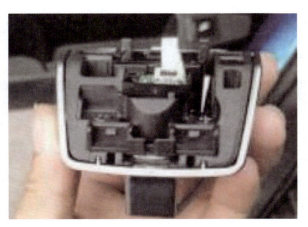

图6-1-62

故障总结：根据故障码指示侧重检查，快速锁定故障点，解决问题。

十五、比亚迪元EV车辆仪表显示"EV功能受限"，无法行驶

故障现象：一辆行驶了27957km的元EV车辆仪表显示"EV功能受限"，无法行驶，如图6-1-63所示。

图6-1-63

故障诊断：可能原因：

（1）电池管理器故障。

（2）动力电池包故障。

（3）充配电总成故障。

（4）电动压缩机或PTC故障。

用VDS2000诊断仪读取BMS故障码为：P1A0100 一般漏电故障，当前故障，如图6-1-64所示。

图6-1-64

读取故障码为漏电故障后，用诊断仪进入电池管理器查看数据流，发现绝缘阻值为241kΩ。针对漏电检查步骤，断低压电池负极，先检查外围高压用电器。根据电路原理图（如图6-1-65所示），断开PTC、电动压缩机，用兆欧表测量PTC及电动压缩机正负极

母线输入端，对车身电阻测得11MΩ，对比标准（≥2MΩ)都为正常，故判断PTC和电动压缩机正常。其次，断开动力电池包正负极母线，测量充配电正负极输入母线，对地电阻为11MΩ，判断充配电总成正常。测量电机控制器输出端及电机三相线，测量其母线对地电阻均大于2MΩ，属于正常。由此可初步排除驱动电机、电机控制器、充配电总成、PTC、电动压缩机故障。

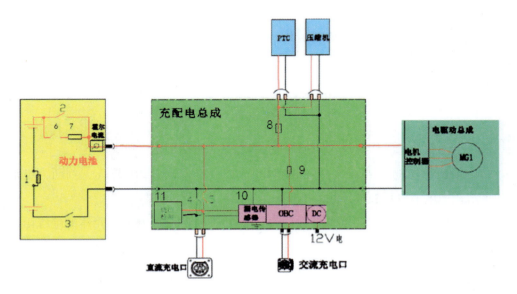

图6-1-65

最后用电池包检测工装对内部接触器通电，测量电池包输出端电压并记录。正极对壳体V_0 36.6V，负极对壳体V_1 331V，正负表笔并上100kΩ电阻，对负极测量为V_2 120V，如图6-1-66所示。

图6-1-66

根据如图6-1-67公式计算绝缘阻值：

$$\frac{\dfrac{V_1-V_2}{V_2} \times R \times \left(1+\dfrac{V_0}{V_1}\right)}{\text{电池包最大工作电压}} > 500\,\Omega/V \qquad \text{不漏电}$$

$$\frac{\dfrac{V_1-V_2}{V_2} \times R \times \left(1+\dfrac{V_0}{V_1}\right)}{\text{电池包最大工作电压}} \leqslant 500\,\Omega/V \qquad \text{漏电}$$

图6-1-67

注：电池包最大工作电压=车辆铭牌上动力电池系统额定电压×1.15

结合最新漏电测量公式计算得出464.89Ω/V，低于标准500Ω/V，判断为电池包漏电，更换动力电池包后故障排除。

故障总结： 充配电测量需多次分别从不同的接插件位置测量对壳体的绝缘阻值（一般情况需测量直流输入正、负极以及输出端正、负极对壳体的绝缘阻值）。

十六、比亚迪元EV车辆在行驶中偶发出现方向不助力

故障现象： 比亚迪元EV客户反映车辆在行驶中偶发出现方向无助力，行驶正常。

故障诊断： 可能原因：

（1）信号及供电故障。

（2）电动管柱故障。

（3）其他故障。

6月28日车辆第一次拖车到店故障确实存在，仪表显示请检查转向系统，如图6-1-68所示，用VDS检测助力转向模块报故障码C1B9000 未定义历史故障（供电丢失），如图6-1-69所示，根据此故障码测量模块供电及CAN线电压均正常，清除故障码及断电后助力恢复正常，考虑故障为偶发就酌情更换了助力转向管柱。

更换管柱后，8月21日客户再次反映车辆方向无助力（未进店）。8月27日，车辆再次拖车到店，仪表同样显示请检查转向系统，用VDS检测助力转向模块，扫描不到，如图6-1-70所示。此次故障与上次有不同处，因为扫描不到模块，就测量了B23供电，为13.86V，如图6-1-71所示，测量G86 CAN线电压分别为2.5V（如图6-1-72所示）和2.3V（如图6-1-73所示），均正常。

图6-1-68

图6-1-69

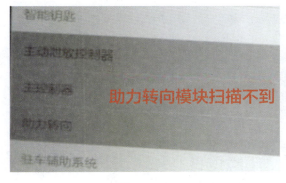

图6-1-70

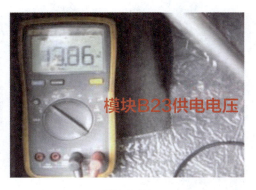

图6-1-71

　　因故障再次出现且故障现象较敏感，就与技术督导进行了沟通，技术督导建议根据故障码再仔细检查线束是否有虚接或接地不良的情况。在排查线束的过程中发现靠近左A柱（仪表线束下）EB06搭铁有松动痕迹且弹簧垫片也未压平，在摇晃搭铁线的同时能模拟出故障现象，故障已确定为搭铁不良导致偶发方向无助力，接下来就看是什么原因导致。为了排除是否是因为在装配的过程中螺栓打滑或是未打紧，拆除螺栓检查，发现是螺栓滑丝导致，如图6-1-74所示，检查螺母有轻微滑丝就对螺母进行丝牙清理，更换螺

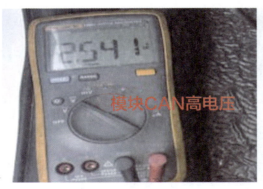

模块CAN高电压

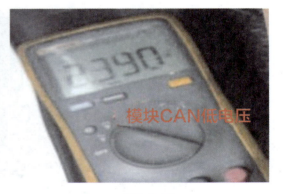

模块CAN低电压

图6-1-72   图6-1-73

栓后力矩打到20N·m（螺母清理丝牙后，螺栓的力矩必须按标准打紧防止后期再出现类似故障），处理此搭铁点后交车使用，故障排除。

　　故障总结：排查故障时一定要仔细，不能放过任何有可能出现的故障点，特别是偶发故障，尽量避免同一故障导致车辆二次进店。为什么此故障测量电压是正常的，但是模块却不能正常工作，分析为模块只要一工作就形成了回路，在经过搭铁不良处时，搭铁接触不良相当于一个大电阻，导致分散了大部分电压，最终导致电压不够，模块不能正常工作而报故障。

此点有松动迹象

滑丝的螺栓

搭铁螺母攻丝前

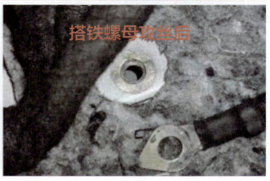

搭铁螺母攻丝后

图6-1-74

十七、比亚迪元EV EB车型交流无法充电

故障现象： 一辆比亚迪元EV EB车型，行驶6022km，客户反映交流慢充无法充电，如图6-1-75所示，国家电网直流快充桩能正常充电。

图6-1-75

故障诊断： 可能原因：

（1）交流充电口故障。

（2）CAN线通信故障。

（3）OBC车载充电器模块故障。

（4）低压线束插接件及充配电模块故障。

用VDS2000扫描车身模块没有升级项，读取BMS及OBC车载模块无故障码。用店端7kW充电桩及1.6kW充电连接装置充电均无法充电，在充电测试时仪表提示充电连接中，查看车载模块数据流交流侧电压5V不变（异常）、PWM波占空比0（异常），如图6-1-76所示。

短接充配电端交流高压互锁，充电实测交流接插件无220V输入，如图6-1-77所示，异常（测量时需注意安全防护）。

测量交流充电口PE与车身搭铁导通正常，测量CC与PE电压12V正常，测量CP与PE电压12V，异常，而正常CP与PE在不充电时没有电压。测量充电口CC及CP到充配电低压接插件33针端子4号及5号脚导通阻值正常。CP与车身电压异常故障照片如图6-1-78所示，CC与车身电压正常照片如图6-1-79所示。

在不充电时CP与车身正常没有电压，测量CP端有电压，那说明有电源短路情况，测量CC与CP没有导通现象，测量线束没有异常。测量充配电端33针低压接插件，4号脚CC与充配电壳体阻值124.8kΩ，如图6-1-80所示，异常，5号脚CP与充配电壳体阻值116.5kΩ，正常（正常只有CP与PE有阻值），如图6-1-81所示，单独测量4号和5号脚阻值7.17kΩ，如图6-1-82所示，偏小异常（正常CC与CP之间是无穷大没有阻值）。

图6-1-76

图6-1-77

图6-1-78

图6-1-79

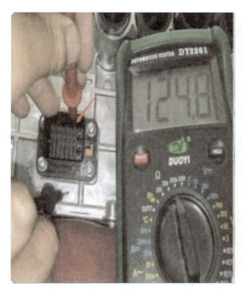

图6-1-80

图6-1-81

　　充配电33针端子4号和5号脚阻值偏小，导致CC电压串联到CP端。CP端由于一直有12V电压导致充电控制信号无法拉低。更换充配电总成故障排除。

　　故障总结：故障维修时，需要维修技师熟知交流充电原理，掌握充电流程。

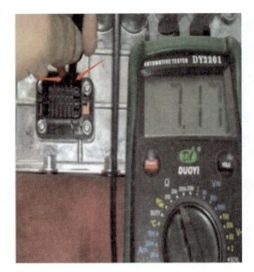

图6-1-82

十八、比亚迪元EV EB车型SOC下降

故障现象：一辆比亚迪元EV EB车型，客户反映车辆锁车停放一晚（12h）仪表显示的SOC值会下降3%左右。

故障诊断：可能原因：

（1）低压模块不休眠故障。

（2）低压蓄电池故障。

（3）线路故障。

车辆进店检查，用VDS扫描，无相关故障码，各模块程序为最新。初步怀疑车辆模块不休眠消耗电量异常，触发智能充电，消耗了动力电池电量导致SOC下降。车辆闭锁等待10 min并确认DC没有启动降压工作，测得静态耗电量1.46A，异常，如图6-1-83所示。

在DC停止降压时，进一步检查导致静态耗电量高的原因。逐步断开空调控制器、充配电三合一、驱动电机控制器等，断开每个模块都会下降耗电量，这么多模块在工作不可能都出现故障。重新将5门1盖关闭，遥控闭锁5min；连续操作三次，发现左前门锁车键红灯常亮不会熄灭（正常车辆很快就会熄灭）说明车辆没有真正休眠，如图6-1-84所示。根据车辆防盗锁车休眠条件对BCM（5门1盖关闭信号、制动信号、转向轴锁、启动按钮）、IK控制器（高频接收器、探测天线）进行排查。

当断开启动按钮时，电流下降，闭锁键红灯熄灭，车辆休眠。于是观察启动按钮发现G16-2 ACC/ON状态到BCM输出信号针脚歪斜，如图6-1-85所示，分析原因是BCM无法得到车辆正确挡位信号，使整车无法休眠。复位启动按钮针脚，试车故障排除。

图6-1-83

常亮未休眠

图6-1-84

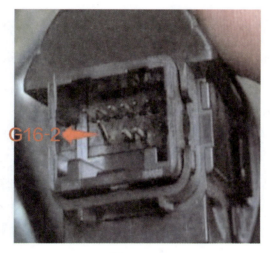

G16-2

图6-1-85

故障总结：静态耗电量高故障首先需要确认车辆是否真正进入休眠，如未休眠按影响整车休眠条件排查，可以正常休眠就需要找到耗电模块分析进行排查。耗电量检查需要冷静分析控制策略，快速找到故障点。

第二节　比亚迪宋

一、全新一代比亚迪宋EV无法上OK电

故障现象：一辆全新一代比亚迪宋EV，客户反映车辆无法上OK挡电，仪表P挡灯闪烁，报检查动力系统、电子驻车系统、ESP系统和充电故障。

故障诊断：可能原因：

（1）线路故障。

（2）IG3继电器故障。

（3）BCM故障。

（4）前舱配电盒核心模块故障。

用VDS扫描车辆没有升级，扫描过程中发现车辆DC-DC、低压电池管理器、电池采集器、电池管理系统（液冷）模块都无法扫描到，检查BMS没有IG3电源，检查前舱配电盒IG3继电器上电时不吸合。查询电路图，按电路图进行排查发现，车辆上电时IG3继电器保险F1/23供电电压12V正常，继电器控制端12V供电正常。检查线圈端B1B/46搭铁与车身不导通，如图6-2-1所示，拆开控制模块检查B1B针脚没有发现异常现象，处理Eb02搭铁点后故障依旧。怀疑前舱配电盒核心模块本身故障，试更换后试车故障排除。测量故

故障车辆与车身不导通

图6-2-1

障件IG3继电器对地，发现不导通。正常模块导通，如图6-2-2所示。

正常模块与
车身导通

图6-2-2

故障总结： 车辆处理完毕后，能确认故障件具体故障原因，值得鼓励。

二、比亚迪宋Pro EV车型无法上OK电

故障现象： 一辆比亚迪宋Pro EV，车辆仪表报EV功能受限，如图6-2-3所示，此时OK灯无法点亮，无法挂挡行驶。

图6-2-3

故障诊断： 使用VDS诊断仪读取到BMS报故障码高压互锁2，且无法清除，故原因如下：

（1）高压部件故障。

（2）电池管理器故障。

（3）互锁2线路故障等。

根据高压互锁2的线路（如图6-2-4所示）连接走向，先测量BMS的BK45B-10与BK45B-11针脚，是导通的，怕线路虚接测量导通不准，又从BK45B-10与BK45B-11针脚后端进行了短接，发现故障依旧。怀疑是电池管理器本身故障，倒换电池管理器故障依旧。

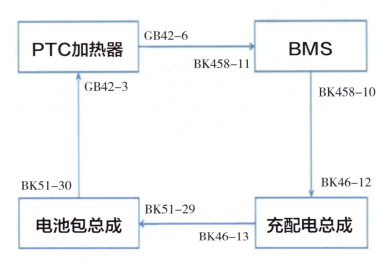

图6-2-4

怀疑线路有短路的情况，测量BK458-10和BK45B-11对地短路，于是按照高压线路分段测量，排查发现PTC加热器到BMS的中间对接接插件进水发生短路，检测发现有多个对接接插件或多或少进水，该中间对接接插件在副驾驶A柱下方，如图6-2-5所示。

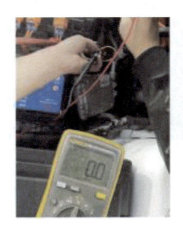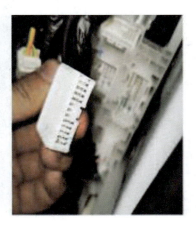

图6-2-5

对该接插件进行清洗与吹干处理后，测量故障排除，询问客户，说车辆在外边装饰店贴膜一天后出现的该故障，确定该故障原因为贴膜时未在仪表台及A桩处做防水防护措施，导致贴膜时水从A柱渗流到右A柱下边的接插件内。

故障总结： 该店近期处理同款车型，同样的故障现象，同一个故障部位已有3起，都是因贴膜进水导致，后续如遇此类问题，重点排除该部位。因贴膜导致电器件和线束进水的问题，故障也是千奇百怪，在贴膜施工时注意做好防护，如遇新车出现故障，可优先与客户了解是否是贴膜后出现的故障，避免维修中走弯路。

三、比亚迪宋EV300空调偶发性不制冷

故障现象： 一辆比亚迪宋EV300，行驶里程14467km，空调偶发性不制冷，而且开空调一段时间后仪表提示EV功能受限，如图6-2-6所示，OK灯熄灭。

图6-2-6

故障诊断： 可能原因：

（1）空调系统压力不正常。

（2）电子膨胀阀及线路异常。

（3）高低压开关及线路故障。

（4）电动压缩机故障。

（5）空调控制面板故障。

（6）空调控制器及线路故障。

车辆上OK电测试空调制冷效果，属于吹自然风状态，开一段时间空调后仪表报EV功能受限。读取电动压缩机报故障码：B2AB573 启动失败故障、B2AB64B 内部温度异常，如图6-2-7所示。

155

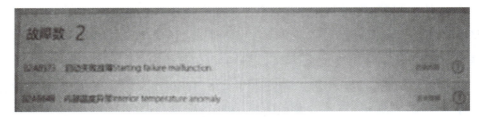

图6-2-7

怀疑空调系统影响EV功能受限，OK灯熄灭，用VDS读取BMS无故障码，读取绝缘电阻数据流接近为零。测量压缩机对地绝缘阻值为0.00MΩ，如图6-2-8所示，回收制冷剂，更换电动压缩机抽真空加注制冷剂，开空调测试不再报EV功能受限故障。但空调制冷效果依旧不明显。

图6-2-8

读取空调控制器和电动压缩机数据，发现压力不正常，高压偏高，低压偏低，怀疑是电子膨胀阀打不开影响的，先测量了电子膨胀阀的线路正常。回收制冷剂，倒换电子膨胀阀后抽真空加注制冷剂故障排除。客户使用两天后反映空调又不制冷了，读取到电动压缩机故障：B2AB41D 内部电流过大故障、B2AB64B 内部温度异常、B2AB774 转速异常故障，如图6-2-9所示。

故障数：3	
B2AB41D	内部电流过大故障Interior excessive circuit failure
B2AB64B	内部温度异常Interior temperature anomaly
B2AB774	转速异常故障Rotate speed anomaly malfunction

图6-2-9

读取压缩机数据，转速5000r/min左右一直不下降。读取空调控制器的数据发现电子膨胀阀1位置百分比的开度一直处于上升状态，直到开度为100%，如图6-2-10所示，分析电子膨胀阀开度过大导致制冷效果不好，需要更大的制冷效果，所以压缩机持续高转速，导致报温度异常、转速异常及电流过大故障。

图6-2-10

因电子膨胀阀是空调控制器控制的，之前也排查过线路，怀疑空调控制器故障，倒换空调控制器故障排除，为了进一步确定故障原因，将故障的空调控制器倒换到试驾车上故障再次出现，确认空调控制器故障。

故障总结： 分析这辆宋EV故障是因为空调控制器问题引起压缩机长时间高速运转出现的压缩机损坏，因故障偶发性出现没能及时发现故障点。所以在维修自动空调系统故障时要了解原理，并根据原理分析故障原因，更要注意空调控制器及压缩机的数据变化，才能准确及时确定故障原因。

四、比亚迪宋Pro EV偶发EV功能受限

故障现象： 一辆比亚迪宋Pro EV，早上冷车启动后仪表提示EV功能受限，车辆无法上OK电，多次重启后故障消失。

故障诊断： 可能原因：

（1）电池管理器故障。

（2）高压零部件故障。

（3）线路故障。

车辆到店后，故障没有出现。VDS扫描电池管理器故障码为P1A6000 高压互锁1故障

（历史故障）和U016400与空调通信故障（历史故障）。查看资料高压互锁1，是交流充电口–电池管理器–直流充电口–交流充电口。首先检查交直流充电口和电池管理器低压接插件，没发现问题。由于车辆是偶发性故障，查看电路图，首先检查交流充电口KB53（B）–9到电池管理器BK45（B）5号脚，导通阻值正常，检查电池管理器BK45（B）4号脚到直流充电口KB53（A）–11，导通但阻值过大。根据电路图分析，电池管理器到直流充电口中间经过接插件BJG07和GJB07，检查该接插件时发现，该接插件没有插紧，如图6–2–11所示，处于虚接状态，处理好接插件后交付顾客使用，后期跟踪故障排除。

故障总结：维修前一定要熟知工作原理，才能更快找到故障点。

图6–2–11

五、比亚迪宋Pro EV仪表提示请检查BSD系统

故障现象：一辆比亚迪宋Pro EV事故维修后客户反映仪表提示请检查BSD系统。

故障诊断：可能原因：

（1）模块供电或接插件虚接。

（2）更换模块后未写入配置。

（3）模块版本不一致。

（4）模块安装角度不正确。

用VDS读取故障码，盲区监测报"B2CAA46自动标定错误"故障，分析是维修后未标定引起，维修技师使用VDS进行了标定，出去路试一切正常交车。三天后用户反映故障再次重现，故障码一样，分析可能是雷达模块供电或未标定正确导致，维修技师检查主副雷达的供电、搭铁和CAN线均为正常，重新写入配置后仪表故障提示消失，维修技师与用户试车行驶十千米左右故障不出现，将车交于用户使用。第三天用户来电反映仪表再次提示请检查BSD系统，用户进店后维修技师拆下后保险杠，检查发现盲区监测软件版本与更换下的旧件软件版本不一致，原车左右雷达版本均为1.01.08，新件左雷达版本是1.01.10（如图6-2-12所示），将此信息反馈至技术指导，技术指导回复让定向烧写1.01.10程序，维修技师定向烧写盲区监测1.01.10程序后重新标定，用户试车正常，交付客户使用观察。

图6-2-12

行驶3天后客户再次来电反映仪表又提示请检查BSD系统，车辆已维修3次，每次都是同样的故障，做完标定故障可以消失，行驶三天故障再现，维修陷入困境。再次将故障维修过程梳理一遍，还是怀疑标定问题。查阅维修资料，B2CAA46含义：自动标定错误；原因分析：系统没有进行软件配置或配置错误；处理方法：对车辆重新进行软件配置。根据维修手册分析该标定是自动标定，无须人为标定，维修技师前几次所谓的标定都是写入配置，那么自动标定的条件是什么呢？再次与技术指导沟通得知，自动标定为车辆行驶过程模块根据目标进行自动校正，当检测到的目标数量达到系统设定值且判定无异常时，自动标定过程才完成，这个过程时间较长。该自动标定过程与雷达安装位置及姿态关系很大，若雷达姿态不对，会出现自动标定错误。邀约用户进店检查，客户进店后与店内试乘试驾车辆对比（雷达传感器与车纵向正常安装角度为40°），因当时没角度尺，用A4纸对折为45°角做了一个简易角度工具，将车辆纵向停在车间工位直线上，找三个相对较直的木板搭建工具进行对比，对比后发现故障车左后雷达安装角度与正常车有差异，根据正常角度调整左后雷达并写入配置，交付用户使用一周后，联系用户告知车辆使用正常，故障未再出现，确认故障排除。

故障总结：遇到此类故障不能单方面考虑软件和硬件问题，因此车辆之前有事故维修，也要考虑维修装配问题，不要因此在检查故障时走弯路，避免多次维修造成客户抱怨。新车型新产品一定要理解故障原理，维修手册是维修时必不可少的维修工具，不可忽视。

六、比亚迪宋Pro EV熄火后风扇常转

故障现象：顾客反映车辆熄火后电子扇常转，车辆启动状态电子扇运转正常。

故障诊断：可能原因：

（1）整车控制器故障。

（2）线路故障。

（3）无级风扇故障。

使用VDS扫描系统很多系统有历史故障码，清除系统故障码重新读取所有系统无故障码，熄火后风扇依然常转。由于熄火后扫描不到整车控制器无法查看风扇控制数据流，于是拔了整车控制器接插件，风扇依旧常转，测量电子扇的B14/4控制脚无短路现象。测量B14/1脚熄火状态有5V电压，5W灯泡可以点亮，B14/1由IG3供电，熄火状态应该无电压。拔下IG3继电器依然有5V电压，说明问题出在IG3继电器的下游用电器或线束上。查询电路图IG3继电器主要给前舱保险丝F1/11、F1/12、F1/34这三路供电，测量这三个保险丝上都有5V电压，把F1/11、F1/12、F1/34三个保险丝全部拔下来，此时测量发现只有F1/11的保险丝下游有5V电压，F1/11给BMS、整车控制器及驱动电机控制器供电。逐个拔下用电器接插件，当拔下BMS接插件时发现进水腐蚀导致串电，有针脚断裂，接插件密封圈变形导致进水，如图6-2-13所示，处理前舱线束及BMS接插件故障排除。

故障总结：思路清晰，熟悉电路及故障原理，根据电路图快速找到故障点，一次性排除故障，提升顾客满意度。

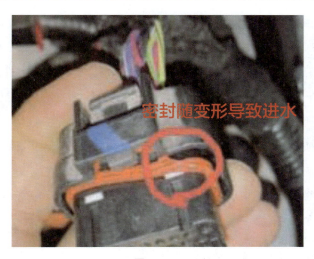

密封随变形导致进水

图6-2-13

七、比亚迪宋Pro EV直流无法充电

故障现象：一辆比亚迪宋Pro EV，顾客进店反映直流无法充电。

故障诊断：可能原因：

（1）程序问题。

（2）线束故障。

（3）充配电故障。

（4）电池包故障。

首先用VDS2000读取故障码，故障码为U014B87与直流充电柜通信故障（间歇）。清除故障码之后，把所有程序更新到最新，测试交流充电可以正常使用。测试直流，连接充电桩之后，仪表有插枪标识，显示充电连接中，10s左右断开，显示请检查车外充电设备。用诊断仪读取故障，还是报U014B87与直流充电柜通信故障（间歇），重新插枪测试，读取连接过程中电池管理器数据，最高单节电压3.98V，最高温度19℃，是否允许充电—否，直流插枪信号—有，预充状态—预充完成，主接触器、负极接触器为吸合状态，之后便断开。接触器吸合之后便断开，怀疑充电口问题。于是测量直流充电口：CAN-H、CAN-L电压都是2.56V，正常。CC1（车身地）-PE阻值569Ω，如图6-2-14所示，CC2-PE阻值无穷大。CAN-H、CAN-L对地都是无穷大，PE对地导通，正常。对比正常车测量数据一致。

根据以上测试，分析故障原因可能是程序不兼容或充电启动过程通信异常导致，故采集了充电时充电子网的报文，报文解析后分析结论为：检测点2电压检测故障。根据直流充电原理图分析，影响检测点2电压的因素主要为直流充电枪头的R2、R3阻值及车辆

BMS中的R5阻值，因该充电桩可以对其他车辆充电，排除充电枪阻值异常，倒换BMS测试，故障依旧。每次连接失败充电桩上的失败原因都为0123，查询停机代码含义：BRM报文数据项异常。BMS中报通信故障、报文解析检测点2检测电压异常、充电柜报BRM报文数据异常，但与车辆有关的线束测量无异常，BMS已倒换，陷入僵局。分析可能是直流充电座出现异常，测量阻值正常，但工作时电压异常，导致检测点2电压异常，故决定倒换直流充电口。倒换直流充电口（倒换试驾车），将故障车充电口和动力电池装在试驾车进行测试，充电正常，证明充电口和动力电池没有问题；在安装故障车直流充电口时发现PE和车身连接螺栓没有金属面（表面全是漆），如图6-2-15所示。将PE连接螺栓打磨之后测试充电，故障排除。

 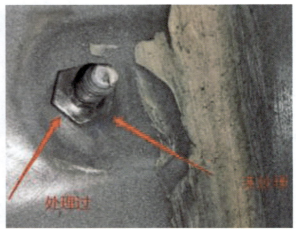

图6-2-14   图6-2-15

故障总结：直流充电问题，需掌握直流充电原理，先从常规检查入手，避免走弯路。在检查CC1、CC2、CAN线的同时，也不能忽略PE点；并且，CC1对PE阻值应该是1000Ω，需掌握正确数据，便于快速判定故障。测量阻值时需用欧姆挡测量。

第三节　比亚迪唐

一、全新一代比亚迪唐EV仪表提示"EV功能受限"

故障现象：一辆全新一代比亚迪唐EV，车辆在正常行驶过程中，仪表突然报"EV功能受限"如图6-3-1所示，OK灯熄灭，失去动力。

图6-3-1

故障诊断：可能原因：

（1）充配电总成故障。

（2）电池包故障。

（3）相关高压线束故障。

（4）低压插接件及线束故障。

车辆进店，此时低压启动蓄电池也严重亏电，进行搭电处理。使用诊断仪扫描车辆模块，发现BMS电池管理器没有故障码，读取到LBMS低压电池管理器有故障码B1FC712：继电器粘连或MOS短路失效（当前故障）。于是读取数据流：磷酸铁锂电池故障，总电压为7.1V，单体电压均为1.8V左右。故申请更换磷酸铁锂电池。更换新的低压磷酸铁锂电池重新上电，仪表 OK 灯还是熄灭，车辆无法挂挡。再次扫描模块读取到整车控制器故障码U029F87：未定义的（与OBC通信故障，当前故障）。进一步检查OBC车载充电器相关的低压线束和低压接插件，没有发现退针和断线问题。紧接着又联想到起初低压磷酸铁锂电池异常亏电的原因，很有可能是DC不工作且没发电导致。于是上电后使用万用表测量发电量为13V（异常）。拆掉充配电总成上端小盖，将万用表打到蜂鸣挡测量DC高压保险丝为不导通。由于DC与OBC共用一个20A的保险丝，故可以判断车辆无法上电原因就是此问题点所在。于是进一步拆掉压缩机20A的保险丝，倒换到DC保险丝的位置。上电测试，故障依旧。再次测量保险丝发现均已烧断。查阅资料，分析其烧断的原因。根据电路图，用兆欧表进行绝缘阻值测量。短接高压互锁针脚，分别拔掉前正负极母线插接件，拔掉交流充电口，拔掉车内放电插座，测量靠近充配电三合一端两两之间的阻值，与对地的绝缘阻值均为无穷大，无异常。以上拔掉的插接件，不复位，继续断开DC输出端子，再次更换新的20A的DC保险丝，上电测试，依旧烧断保险丝，所以排除DC、交流充电口、车内放电插座导致的故障，因此就可以断定是充配电三合一总成内部的OBC自身短路故障导致异常烧保险丝。更换新的充配电三合一总成，上电测试，仪表不再提示"EV功能受限"故障，故障排除。

故障总结： 对于保险丝异常烧断的这类故障，必须彻底排除出其烧断的原因，这样才能从根本解决故障，避免误诊断，从而提高一次性修复率，提高客户满意度。

二、全新一代比亚迪唐EV多媒体无声音

故障现象： 客户来店反映车辆多媒体无法播放音乐，蓝牙通话没有声音，智能语音无反应，只有收音机有声音。

故障诊断： 可能原因：

（1）多媒体或者外置功放版本或者本身故障。

（2）线束或者接插头故障。

（3）车辆改装或者其他干扰造成。

使用VDS扫描多媒体和外置功放版本都是最新版本，没有更新，因为收音机有声音所以判定外置功放线束到扬声器线束及扬声器本身都没有故障。与另一辆车互换外置功放与PAD测试后故障依旧，更换仪表线束后故障依旧。经过沟通，怀疑地板线束里的音频延长线出现问题，如图6-3-2和图6-3-3所示，跨接地板线束的音频延长线后测试故障排除。

故障总结： 因地板线束内的音频线束故障概率非常低，所以维修过程中忽略了此线束的可能性，给后续维修及客户满意度造成了一定的影响。因收音机的模块集成在外置功放内部，所以可以正常播放音乐，而PAD需通过音频线输出给外置功放。当音频线出现故障后，音乐播放软件（如酷我音乐）播放完一首歌曲后不会自动跳播下一首，另呼喊"你好，小迪"PAD也不会有任何响应而误判麦克风有故障。由以上两点可以理解为音频线路和控制策略中任何线路和硬件出现故障，整个系统不会应答。所以后期PAD系

统故障需要整体分析，避免故障排除出现失误。

仪表板线束上音频线与地板线束音频线对接口

图6-3-2

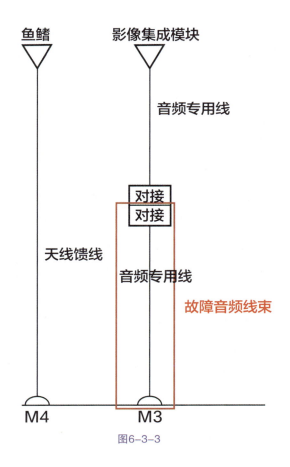

图6-3-3

三、全新一代比亚迪唐EV无法正常行驶

故障现象： 一辆全新一代比亚迪唐EV车辆，行驶里程16197km，客户反映车辆充电到99%突然跳枪，再次插枪已无法充电。于是拔枪，启动车辆后仪表报"低压供电系统故障，请安全停车并联系服务店"，如图6-3-4所示，无法正常行驶。

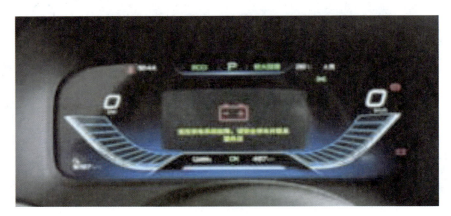

图6-3-4

故障诊断： 可能原因：

（1）程序不是最新。

（2）DC内部故障。

（3）充配电三合一总成故障。

（4）低压蓄电池故障。

（5）供电系统的低压线束故障。

首先，据客户描述得知车辆在正常情况下充电中出现的故障，一直充电到99%，突然跳枪，再次插枪充电，已无法正常充电。于是启动车辆准备行驶，仪表就报"低压供电系统故障"，无法挂挡行驶。由于无法正常行驶，于是拖车到店。使用VDS诊断仪扫描车辆，程序没有更新。读取故障码P1CA100：严重漏电故障，如图6-3-5所示。读取数据流：绝缘电阻阻值为865kΩ（异常），正常应为5000kΩ，确定为高压漏电故障。紧接着读取DC数据流：DC工作模式为关断状态，低压侧输出低压为12.6V（异常），正常应为13.8V，故判断为DC供电系统故障。于是拆解充配电三合一总成小盖，拿万用表测量OBC与DC共用的保险丝，结果发现保险丝已经熔断不导通（异常）。测量压缩机与前后PTC的保险丝均导通（正常），如图6-3-6所示。

再次拆解压缩机的保险丝，倒换到DC保险丝的位置上，扫描车辆模块故障消失。数据流中绝缘阻值瞬间恢复正常，仪表所报故障消失，充电测试也都恢复正常，同时车辆

也可以正常行驶。路试一段，故障不再出现，故判断为DC的保险丝熔断导致的故障，由于不允许单独更换保险丝，故更换充配电总成，故障排除。

图6-3-5

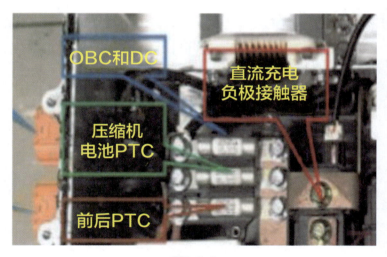

图6-3-6

故障总结：在维修车辆的过程中，对于报漏电之类的故障，仔细观察其他模块的数据是否正常，可以快速找到问题，无须再次从检测漏电的模块方面入手，这样效率更高，更能减少客户的等待时间，提高客户满意度。

第四节　比亚迪秦

一、比亚迪秦Pro EV在充电站充电后，不能正常充电，仪表提示"请检查车载充电系统和EV受限"

故障现象：一辆比亚迪秦Pro EV，客户反映在充电站充电后，不能正常充电，仪表提示"请检查车载充电系统和EV受限"。

故障诊断：可能原因：

（1）充配电三合一故障。

（2）动力电池包故障。

（3）电池管理器故障。

（4）相关线路故障。

用VDS扫描有DC-DC P1EC100 降压时高压侧电压过低、P1A3400 预充失败的故障码，如图6-4-1所示。

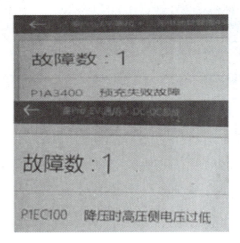

图6-4-1

读取DC数据流高压侧电压只有17V，高压侧电流为0A；而读取动力电池包数据电池组总电压449V，电池组总电流-0.2A，SOC为62%；在上电瞬间主接触器、预充接触器、分压接触器等都会吸合后断开，不能上OK电。查看其他高压部件，动力电池包都无高压电输出，测量动力电池包瞬间输出电压为0V。检测维修开关发现维修开关不导通，检查动力电池包的维修开关的正负极对地不导通。更换维修开关，可以正常行驶，但不能充电，此时报故障码P1ACB07 直流充电正极接触器烧结和P1ACC07 直流充电负极接触器烧结，如图6-4-2所示。

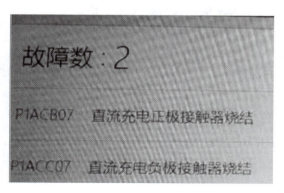

图6-4-2

故障排除：更换充配电三合一，故障排除。

故障总结：遇到有故障码的信息时，应对故障码进行仔细分析，然后再查阅数据流对应的选项；高压零部件的检查一定要做好防护措施，按照操作流程进行。

二、比亚迪秦Pro EV空调不制冷

故障现象：一辆比亚迪秦Pro EV，客户反映车辆主驾驶出风口偶尔不制冷，副驾驶出风口制冷正常。

故障诊断：可能原因：

（1）电子膨胀阀故障。

（2）空调箱体故障。

（3）空调控制器故障。

（4）其他原因。

连接VDS诊断仪，读取空调控制器故障码，未发现故障码；读取控制器数据流主驾驶吹面通道温度为22℃（异常），副驾驶吹面温度为10℃（正常），电子膨胀阀开度为6%，如图6-4-3所示，开度很小。同时发现电子膨胀阀到蒸发箱管路有结霜现象，倒换电子膨胀阀试车后故障依旧。

因为电子膨胀阀的开度变小，电子膨胀阀的开度是由空调控制器控制，倒换空调控制器，试车故障依旧。测量电子膨胀阀到空调控制器线路导通正常，对地阻值无穷大，正常。因出现故障时压力表显示低压压力明显偏低，故障消失后压力又恢复正常，怀疑蒸发箱有堵塞所致，倒换蒸发箱进行测试，故障依旧。再次检查空调控制器数据流发

现，蒸发器出口压力一直在变化，有时会变成0，有时会变成60，变化频繁。正常车辆压力是一个恒定的数据，此数据是空调P/T传感器提供，拔下插一个传感器，发现数据还是跳变的，而且在空调关闭的状态下也是跳变。检查传感器线路，如图6-4-4所示，四根线，一个5V电源，一根温度采样信号，一根压力采样信号，一根搭铁，线路检查正常，GJB05接插件检查未发现异常，进行跨线测试，故障依旧。

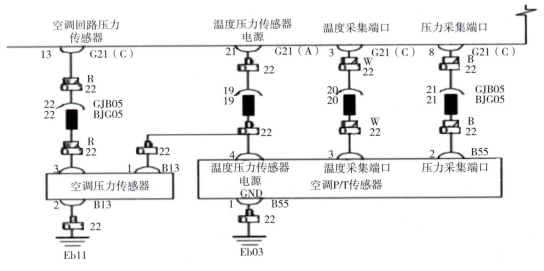

图6-4-3

图6-4-4

检查空调控制器的供电线路，未发现异常，怀疑加装造成的干扰，排查本车只加装了一个高速的ETC。无意中发现一个问题，在关闭空调的情况下散热风扇时快时慢，肯定是不正常的。拔掉风扇插头，观察蒸发器出口压力数据流稳定了，随后倒换风扇进行测试，数据流稳定，空调制冷正常，故障排除。

故障总结：故障比较特殊，风扇的不正常运行情况影响到系统压力，值得关注。

三、比亚迪秦EV行驶一段时间后无法上OK电

故障现象：一辆比亚迪秦EV，在行驶20km后或者天气热的时候启动时无法上OK电，但是仪表会点亮"请检查动力系统"，断下低压电池负极线，接上后故障消失。

故障诊断：可能原因：

（1）电池管理器故障。

（2）电池包故障。

（3）压缩机和PTC故障。

（4）充配电四合一故障。

（5）低压线路故障。

用VDS检测，报P1B9716 未定义的故障码，如图6-4-5所示，故障码的含义是动力电池总电压严重过低。读取BMS数据流在上OK电的瞬间接触器是否有吸合动作，在故障时没有吸合动作，但是显示预充完成，这是一个问题点。接触器没有吸合动作，怎么能预充完成，判断是BMS问题，更换BMS后故障再次出现。根据故障码分析也有可能是高压电控故障，准备更换。但每次故障出现并断负极线后故障可以消失。为确保故障判断准确，采集了启动、退电整个过程报文，报文分析：退电命令发送后，BOM已发送双路电继电器断电指令，但BMS仍有报文，即双路电没断开。

图6-4-5

故障时退电用VDS扫描车辆模块，可以扫到电池管理器的模块，但是连接超时。在正常情况下扫描是扫不到该模块的，说明电池管理器一直在工作，这样会记录上一次的预

充完成，经记录预充完成就不会再让接触器吸合，所以无法上OK挡，与报文解析一致。分析故障点应为OFF挡时，双路电继电器没断开。确定问题方向后结合电路图对电池管理器的供电进行检查，供电电源由双路电继电器IG3为外挂继电器，检查继电器时发现继电器表面有腐蚀物，怀疑继电器进水，发现车辆有贴膜，更换继电器后故障排除。

故障总结：在维修时要有良好的心理，遇见问题要多方面思考，可以结合电路图进行分析。注意维修中的细节，遇到怀疑的地方，可与正常车辆进行对比。

四、全新比亚迪秦EV空调偶发不制冷

故障现象：客户反映空调偶发不制冷。

故障诊断：可能原因：

（1）电动压缩机故障。

（2）电子膨胀阀故障。

（3）制冷剂不足。

（4）空调系统散热不良。

（5）空调系统相关线束故障。

开启空调，空调制冷效果非常好，VDS扫描整车无故障码，但有空调程序更新，更新后反复开启空调测试，测试出故障现象。读取故障码为B2AB41D 内部高压侧电流过大故障（当前故障）。读取空调压缩机数据流，压缩机控制状态与实际状态都为运行，压缩机目标转速为3000r/min，实际是929r/min。有时空调实际无转速，启动状态为启动失败，判定为压缩机故障。清除故障码后故障消失，空调制冷恢复正常，可以排除制冷剂不足，判断为电动压缩机故障导致。更换电动压缩机5天后，客户反映车辆空调制冷效果差，早晚天气凉时正常，中午后空调工作有时不正常。读取故障码为B2AB41D 内部高压侧电流过大故障（历史故障），测试出故障现象后连接空调压力表，测量空调系统压力，高压2.0～2.8MPa，低压0.5～0.6 MPa，此时听到压缩机反复启动多次后停止工作，冷却风扇也不工作，压缩机报故障码为B2AB41D 内部高压侧电流过大故障（为当前故障）。拔下冷却风扇插接件公端测量有12V电压，搭铁也正常，插上插接件风扇还是不工作，测量插接件母端后方线束有12V电压，搭铁也正常，排除插接件接触不良，如图6-4-6所示。手拍冷却风扇电机，风扇开始工作，空调制冷正常，更换风扇电机后故障彻底排除。

故障总结：冷却风扇偶发不工作造成空调系统内部压力，温度过高，造成电动压缩机启动困难，增加启动电流，最终造成压缩机不工作，待空调系统温度、压力降低后空调又会恢复正常。维修空调系统时不要只关注压缩机，空调系统散热不好也会造成空调

不制冷。

此处测量电源、搭铁都正常，排除插接件接触不良

图6-4-6

五、比亚迪秦Pro EV偶发性无法充电

故障现象： 比亚迪秦Pro EV使用壁挂式交流充电器及便携式充电器时，偶发性出现无法充电。此时组合仪表提示"EV功能受限"，车辆在正常行驶中也会偶发提示"EV功能受限"车辆无动力输出，故障出现时退电重启车辆正常。

故障诊断： 可能原因：

（1）系统软件程序原因。

（2）高压系统零部件故障。

（3）动力电池故障。

（4）线路故障。

车辆进店后故障未出现，使用VDS扫描电池管理器内存在"P1AC200 高压互锁2故障"历史故障码，如图6-4-7所示。扫描后有程序更新，将其全部更新后清除故障码，反复试车充电正常。怀疑系统误报，将车辆交付客户，第二天客户再次反映无法充电故障，排除软件程序问题导致该故障。

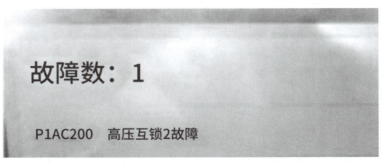

故障数：1

P1AC200　高压互锁2故障

图6-4-7

　　到达现场，检查电池管理器内再次出现"P1AC200 高压互锁2故障"，连接充电枪观察数据流发现，高压互锁2为"锁止"状态，根据电路图断开电池管理器BK45（B）接插件，测量线束端BK45（B）10号与BK45（B）11号，结果为不导通，如图6-4-8所示，确定问题为线路或互锁引起。

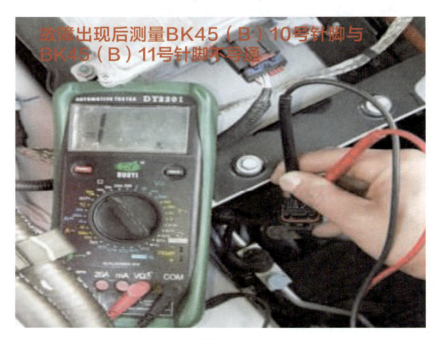

故障出现后测量BK45（B）10号针脚与BK45（B）11号针脚不导通

图6-4-8

　　报高压互锁2故障，按照以往维修经验，出现类似故障大部分都是接插件接触不良，或由于针脚退针，零部件及线束出现故障的情况很少，根据线路图优先排查所有与高压互锁2的相关接插件，检查BJK02接插件8号针脚正常。检查KB52（B）直流互锁转接1、KB52（C）直流互锁转接2及高压直流接插件正常无松动退针现象，如图6-4-9所示。检查KB52（A）交流互锁转接正常，发现交流高压接插件未插到底，如图6-4-10所示。重新插到底后，再次测量BK45（B）10号高压母针输出线与BK45（B）11号高压锁输入线，测量阻值结果正常，如图6-4-11所示。反复多次试车故障排除。

　　故障总结：高压互锁2为硬件互锁，在处理报互锁类故障时，一定要结合电气原理图，逐步排查。不要轻易怀疑软件程序问题，避免车辆出现返修。

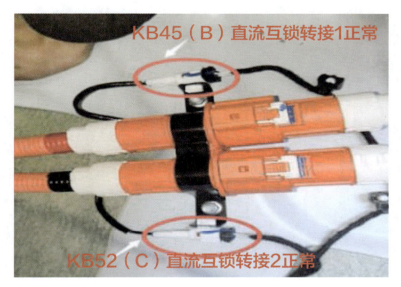

图6-4-9

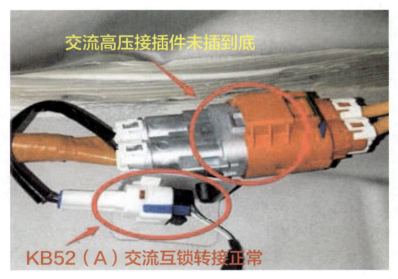

图6-4-10

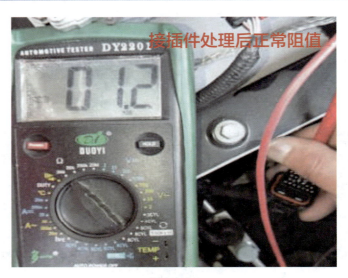

图6-4-11

六、比亚迪秦Pro EV无法充电

故障现象： 一辆比亚迪秦Pro EV，车辆可以正常上电行驶，但交流和直流都无法充电。

故障诊断： 可能原因：

（1）充配电总成故障。

（2）线路故障。

车辆进店扫描系统报故障码"P1A5100 碰撞硬线信号PWM异常告警"为当前故障，车辆上电正常，插交流充电枪测试，仪表能显示插枪信号但没进入连接状态，直接显示"请检查车载充电系统"，开到外面使用直流充电也显示同样故障，如图6-4-12所示。使用VDS扫描插交流充电枪状态时，发现电池管理器多报了故障码"P1AC200 高压互锁2故障"为当前故障，测量电池管理器的低压母线接插件B的高压互锁2的10号针脚和11针脚导通正常。考虑到只要插上交流和直流电枪就报高压互锁2故障，于是对高压互锁2的线路进行检查并测量，发现有时短路。

对高压互锁2线路和各接插件进行排查，发现在A柱下方的接插件出现了腐蚀现象，如图6-4-13所示，分析车辆贴膜导致插头进水，对各接插件进行处理后试车故障排除。

故障总结： 处理故障时要结合故障码、原理、电路图结合排查故障。

图6-4-12

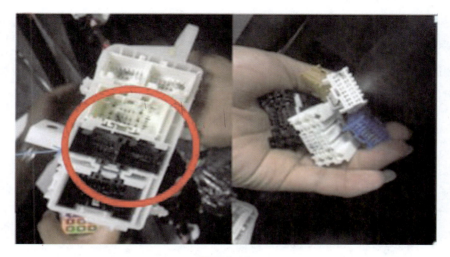

图6-4-13

七、全新比亚迪秦EV无法行驶

故障现象：客户反映行驶中突然跳到P挡，再挂D挡松开制动踏板又跳到P挡，仪表无故障码显示。

故障诊断：可能原因：

（1）电机故障。

（2）电机控制器故障。

（3）线束故障。

（4）程序问题。

现场查看此车辆是营运车，因改装过后挡广告屏，拆除加装件复位正常后，故障依旧。用VDS读取车辆版本都为最新状态，读取前驱动电机控制器故障码：P1BB000 前驱动电机过流；P1BD119 前驱动电机控制器驱动CPLD过流故障；P1BD200 前驱动电机控制器驱动CPLD检测IGBT上桥报错故障；P1BD300 前驱动电机控制器驱动CPLD检测IGBT下桥报错故障；P1BB100 前驱动电机控制器IPM故障（都是历史故障）。检查前驱动电机控制器电源、搭铁、CAN-H、CAN-L都正常，低压插头无退针，全车水管连接正常，水泵也工作，电子风扇也正常。根据维修资料，用万用表二极管挡测量前驱动电机控制器管压降，测量A、B、C三相线对直流正极（上桥）0.3V电压，正常，发现A、B、C三相线对直流负极（下桥）没有电压，异常。更换前驱动电机控制器总成维修包，清除故障码试车故障依旧，用万用表二极管挡测量前驱动电机控制器管压降，测量A、B、C三相线对直流正极（上桥）0.3V电压，正常，测量发现还是A、B、C三相线对直流负极（下桥）没有电压。分析是电机有问题，再次测量低压供电正常，用兆欧表测量三相线A、B、C对地阻值都是小于兆欧（异常），检查三相线无烧蚀现象，确定为电机故障，引起驱动电机控制下桥烧坏，更换前驱电机总成，故障排除。

故障总结： 电控系统报上桥、下桥故障，IPM故障等，必须检查电机三相线有无对地短路或阻值过低问题。

八、全新比亚迪秦EV偶发不能上EV

故障现象： 客户反映车辆仪表偶发报ESP/ABS故障，严重时报请检查动力系统故障，EV功能受限，反复启动几次后故障消失，如图6-4-14所示。

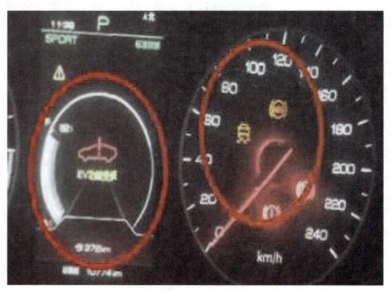

图6-4-14

故障诊断：可能原因：

（1）ESP/ABS系统故障。

（2）BMS模块与相关线束故障。

（3）动力电池包故障。

（4）低压电源供给故障。

（5）车辆网络故障。

使用VDS读取故障码，BMS报预充失败故障。BIC1～BIC10 CAN通信超时故障，网关、电子驻车、整车控制器、电子车身稳定系统报通信故障、电源电压低压故障、欠压故障。分析故障码确认它们之间存在关联，供电有问题肯定会导致通信异常。检查蓄电池、主保险未发现异常，DC发电量正常。与客户沟通故障出现的时间、地点，如何使用容易出现，客户反映启动车辆熄火10min以后再启动就会出现此故障。根据以上数据分析低压蓄电池故障概率较高，按客户所说的方法反复测试，低压蓄电池未启动时电压12.63V，启动瞬间下降到6.64V，造成各模块供电电压低，无法正常工作。更换低压蓄电池后故障排除。

第五节 比亚迪汉

一、比亚迪汉EV后排左边坐垫通风不起作用

故障现象:一辆比亚迪汉EV四驱旗舰型车辆,后排座椅左边坐垫通风不起作用,靠背及右边的坐垫靠背均正常。

故障诊断:可能原因:

(1)线路接插件故障。

(2)通风风扇电机故障。

(3)风扇扇叶与其他物体干涉卡住不动。

(4)其他故障。

首先测试故障是否存在,在后座椅控制面板上把后排左右通风都打开,检查发现左边坐垫上的电机不工作,左靠背、右边座椅的坐垫和靠背通风正常,如图6-5-1所示。

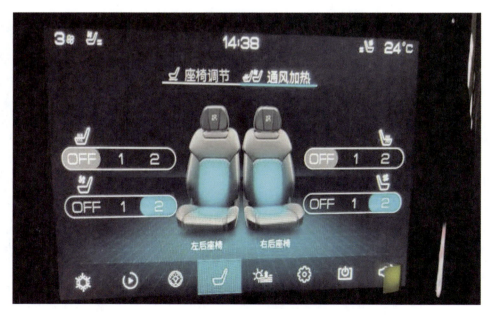

图6-5-1

怀疑是左坐垫通风电机与其他物体干涉卡住不动,或者电机自身故障导致不能工作。拆开坐垫检查,发现风扇没有与其他物体干涉,不存在卡住不动现象。将坐垫两边

的接插件插好，测量风扇供电电源，发现左边没有电，如图6-5-2所示，准备检查没有供电的原因时发现坐垫左边的接插件K68（B）上面有一个针脚退针，如图6-5-3所示，测量这个针脚就是左坐垫风扇的供电电源。

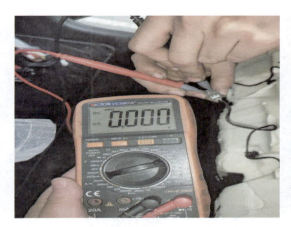

图6-5-2

图6-5-3

将此针脚处理恢复正常后，故障排除，左通风电机电源正常，电机正常工作，如图6-5-4所示。

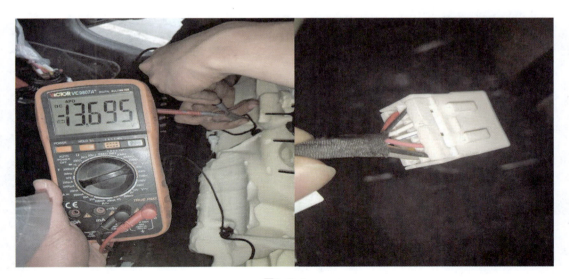

图6-5-4

故障总结：在维修过程中需要注意细节，按照控制逻辑逐步排查。

二、比亚迪汉EV行车记录仪无法使用

故障现象：客户反映行车记录仪无法使用，多媒体提示请插入存储卡，如图6-5-5所示。

图6-5-5

故障诊断：可能原因：

（1）内存卡故障。

（2）USB模块故障。

（3）干扰故障。

进店检查行车记录仪内存卡格式及容量正常，诊断仪可以正常读取，重新安装内存卡并重启多媒体，故障依旧。检查多媒体右上方以太网图标连接正常，如图6-5-6所示。多媒体及行车记录仪版本为最新版本，多媒体能显示视频提示插入内存卡，初步排查故障可能为USB模块。由于客户在USB模块上插有一个华为的无线数据终端，如图6-5-7所示。先拔掉无线数据终端，重启多媒体测试发现故障排除，再次插上无线数据终端重启确认故障再现，判断为无线数据终端干扰引起故障。

故障总结：行车记录仪数据传输过程中如果有断开就再也不会自动连接上，需要重启才会重新连接。

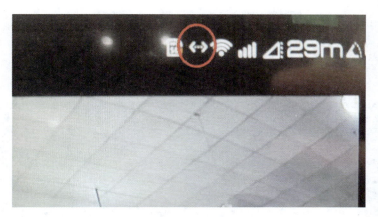

图6-5-6

图6-5-7

三、比亚迪汉EV无法直流充电

故障现象：客户反映车辆无法直流充电，如图6-5-8所示。

故障诊断：可能原因：

（1）软件故障。

（2）操作问题。

（3）充配电三合一故障。

（4）线路等其他问题。

用VDS读取车辆故障，没有任何故障码，但是车辆有很多程序升级，怀疑程序问题，将所有程序更新最新，依然无法直流充电，倒换充电桩故障依旧，排除程序、充电桩问题，车辆可以交流充电，直流充电采集数据时出现故障，整车控制器报故障码为U022887与电驱充电模块通信故障，如图6-5-9所示。

图6-5-8

图6-5-9

观察仪表充电提示灯正常且车辆有功率输出（-1.7kW），说明车辆与充电桩的通信已经完成，观察数据流充电桩已经输入470V电压，但升压侧读不到610V以上电压，只有590V的电池包电压，说明升压侧的590V电压是由电池包返来的，实际上电驱充电模块并没有完成升压。从数据流中能看到电池包的接触器已经吸合，直流充电的接触器也已经吸合，说明所有的通信都已经完成，整个充电的通道已经打开，但是没有高压输入，所以导致电池包的电向充电桩输出，才会出现–1.7kW的充电数据。根据采集数据时报出的故障结合数据流分析（如图6-5-10～图6-5-16所示），可以初步判定车辆没有完成升压为充配电三合一故障，倒换充配电三合一后故障排除。

图6-5-10

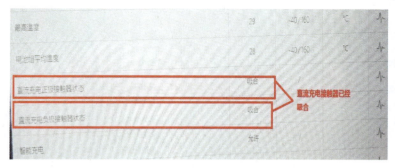

图6-5-11

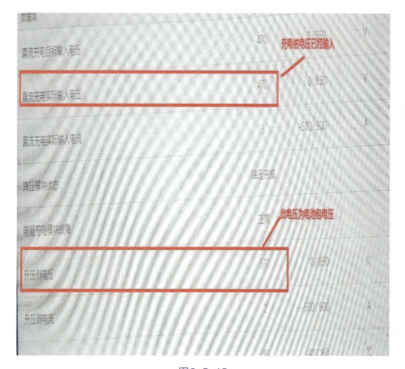

图6-5-12

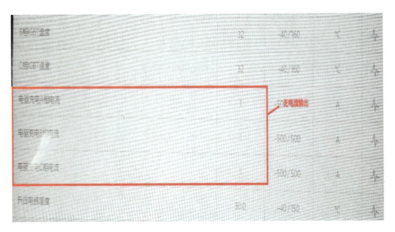

图6-5-13

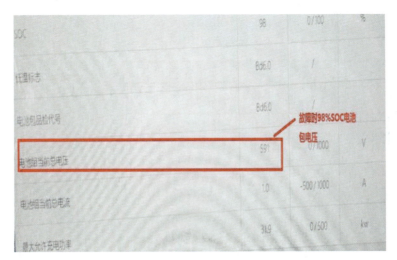

图6-5-14

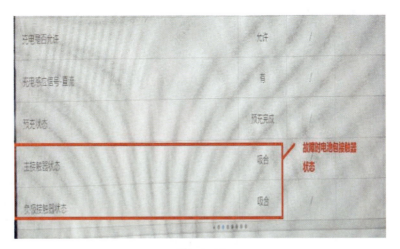

图6-5-15

图6-5-16

故障总结：对于新车型故障及时与技术指导取得联系，通过数据流快速找到问题点。

四、比亚迪汉EV驻车制动无法解除

故障现象：仪表提示请检查电子驻车系统，如图6-5-17所示，车辆不能正常行驶拖刹。

图6-5-17

故障诊断：可能原因：

（1）驻车制动没有解除。

（2）后轮制动没回位。

（3）驻车线路或电机故障。

（4）电子驻车电源或电子驻车控制器故障。

车辆故障一直存在，重新启动还是亮故障灯，驻车制动不能解除，起步行驶车辆被拖住。用诊断仪读取车辆电子驻车报故障码：C120149 右侧驱动故障、C11311C 右侧执行器供电超范围、C116006 左右电机状态模式故障，都是当前的故障码，如图6-5-18所示。

故障数：3		
C120149	右侧驱动故障	当前故障
C11311C	右侧执行器供电超范围	当前故障
C116006	左右电机状态模式故障	当前故障

图6-5-18

　　车辆举升起来释放手制动后右后轮不能释放，左后轮能正常拉起和释放。拔掉右后轮驱动电机插头拉起和释放时都有12V左右的电压，测量右后EPB电机阻值2Ω左右，左右电机互换还是右边不工作，左边可以工作，电机是正常的。最后倒换电子驻车控制器还是右后电机不工作。

　　重点检查右后电机控制线路，插上插头工作时在右后电机插头后端测量没有电压。检查电机端和控制器端插头正常，线路也是导通的。检查电子驻车供电保险丝在后备箱左侧，左右电机保险丝都是导通的，用试灯测试右电机供电有接触不良现象，晃动保险丝时试灯会闪烁。拔下保险发现保险丝上只有一个插脚有明显接触的痕迹，另外一端接触得很浅，如图6-5-19所示。检查配电盒上的端子发现间隙过大不能夹紧保险丝，如图6-5-20所示。

接触不良松动的端子

图6-5-19

右EPB保险丝供电端子间隙大松旷

图6-5-20

把后配电盒上电子驻车右电机的供电端子夹紧，插回保险丝。不管怎么晃动电源都正常了，清除故障码再次测试车辆右后电机，能工作了，仪表故障灯也熄灭了，系统也没有故障码，故障排除。

故障总结： 测电源电压应该带负载后测量，否则测的电可能是虚电压。

五、比亚迪汉EV多媒体懒人听书无法后台播放

故障现象： 比亚迪汉EV车辆多媒体（懒人听书）使用后台运行10s后，就会自动退出停止播放。其他App后台运行正常。

故障诊断： 可能原因：

（1）多媒体故障。

（2）App兼容问题。

首先操作测试，打开懒人听书进行播放，点击返回按键，按照提示点击后台播放。退回主界面之后，懒人听书大概运行了10s，便停止了播放，自动切换到了听伴。测试听伴、酷我音乐、喜马拉雅后台运行都可以正常使用。重新安装（懒人听书App），刷新多媒体程序测试，故障依旧。打开系统设置，查看权限都是为打开状态（正常）。找到同款车进行测试，发现两辆车的现象一样（都是后台运行10s停止），怀疑不是硬件故障。于是仔细翻阅多媒体，发现PAD上有一个DiLink管家，点击查看发现里面有一个白名单设置，如图6-5-21所示。上方提示：开启后，将允许该应用在后台运行。查看白名单，发现懒人听书的后台运行设置为关闭状态，打开后台运行开关后测试懒人听书App后台运行，播放正常，故障解决。

189

图6-5-21

故障总结： 比亚迪汉EV车型为新款车型，技术人员对各系统目前了解得不够透彻，新车型推出后应该第一时间熟悉相关的产品知识。这样才能够快速及时地解决顾客问题。在维修过程中难免会遇到相同问题，希望这个分享能够帮助到大家。

六、比亚迪汉EV无法启动

故障现象： 一辆比亚迪汉EV，客户反映车辆行驶时突然熄火，无法启动。询问客户车辆整车无电，怀疑车辆进入休眠，指导客户按主驾驶门把手微动开关进行唤醒，唤醒后仪表显示EV功能受限及低压供电系统故障，如图6-5-22所示。

图6-5-22

故障诊断： 可能原因：

（1）低压电池电压不足。

（2）充配电总成中的DC发电系统故障。

（3）低压电池或DC输出的低压供电回路相关保险丝及线束连接故障。

（4）其他高压等系统故障。

经诊断仪检测电池管理器故障码为P1AFC00 车载充电器高压互锁故障，P1AFD00

DC-DC 高压互锁故障。因 DC模块集成在充配电总成里，诊断仪读取充配电总成数据流发现 DC系统处于故障状态，DC工作模式处于关断状态，DC模块高压直流侧电压为0V，低压输出电压为12.8V，正常电压应该为14V左右。DC模块回路的高压保险在充配电总成内部，测量DC高压保险为断路状态，由此分析DC内部或高压线束可能存在短路等情况。结合充配电内部电气原理图分析，DC高压保险通过充配电总成分别连接至车内放电插座、交流充电口，分别测量车内插座及车外充电口高压线路无短路现象，单独测量DC保险两端与充配电总成壳体导通，正常应该是不导通的，故分析充配电总成内部故障造成DC保险丝烧蚀，更换充配电总成故障排除。

　　故障总结：维修电路故障时多结合数据流分析，可以快速缩小故障范围。遇到保险丝烧蚀故障不要直接更换保险丝测试，先排查是否存在短路情况，以免再次出现问题。

第六节　比亚迪e6

比亚迪e6无法充电

故障现象：一辆比亚迪e6出租车进店，客户反映车辆无法充电，充电时仪表显示充电界面，但充电没有电流输出，如图6-6-1所示。

图6-6-1

故障诊断：可能原因：

（1）充电器故障。

（2）驱动电机控制器故障。

（3）高压系统模块故障。

（4）低压控制线路故障。

首先确认故障，插枪后充电开始连接，连接后可以到正常的充电界面，但观察充电电流一直为0，如图6-6-2所示。然后倒换充电桩测试，与之前故障现象一致，可以排除充电桩故障。用诊断仪读取充电时的系统故障，系统无故障码，其他数据流正常。只有充电电流不会变化，正常情况充电电流会逐步变大到127A。根据充电流程分析，既然可以到充电界面，可排除车辆与充电桩的连接问题、预充问题及车辆充电时的低压系统工作异常问题。

根据以往的维修经验，怀疑驱动电机控制器故障，倒换驱动电机控制器后故障无法排除。于是怀疑高压充电系统上会不会存在虚接现象，打开高压配电箱测量高压配电箱内部的保险及接触器，测量预充保险及主保险正常。车辆退电后，测量主接触器、预充接触器、充电接触器、负极接触器，发现主接触器在车辆退电的情况下为导通状态，其他接触器不导通，正常。于是验证是否因为主接触器烧结，导致车辆无法充电，将350A主保险拆除，然后进行充电测试，故障排除。更换主接触器后故障排除。但车辆行驶2天后，客户反映故障再次出现，回店后再次测量主接触器发现主接触器再次烧结，询问客户故障出现的时间、现象。客户反映在车辆正常行驶时出现过一次整车断电现象，但过后又正常了，随后去充电发现不能充电，根据客户反映怀疑车辆正常行驶时车辆处于大电流工作状态，这时如果出现低压掉电现象，会导致主接触器异常断开，在大电流工作时断开主接触器会出现拉弧，便会导致烧结主接触器。

根据分析着重检查低压控制线路，在检查仪表盘配电盒的G2P的9针脚时，发现该处

图6-6-2

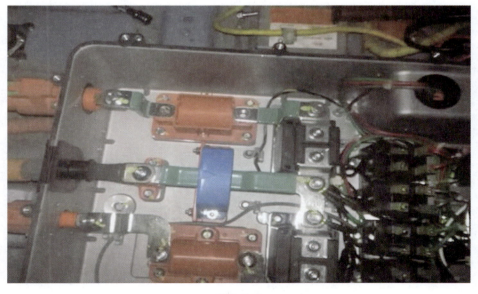

图6-6-3

有接触不良现象，如图6-6-3所示，此线路控制IG1继电器，处理该处针脚，再次更换主接触器，跟踪一周后故障彻底排除。

故障总结：日常维修中对于重复出现的故障，一定要查清故障出现的原因，不能只注重表面故障，越是简单的故障重复出现越要深入分析，才能避免不必要的损失，避免重复维修影响一次性修复率。

第七章
一汽红旗车系

第一节　一汽红旗E-HS3

一、2019年一汽红旗E-HS3车辆上电至READY挡开启空调，空调不制冷

车型： 一汽红旗E-HS3。

行驶里程： 101km。

年款： 2019年。

故障现象： 车辆上电至READY挡开启空调，空调不制冷。该车到店后对客户反映问题进行故障现象确认，在满电状态下正常启动车辆，点按中控面板的AUTO按键，指示灯点亮，调整左右温度到最低时也是同样的问题，空调出风口没有冷风而是自然风。

故障诊断： 空调正常工作必须满足以下条件：

（1）正常供电及接地。

（2）压力传感器、面板开关机控制器良好。

（3）线束与电动空调压缩机良好。

（4）足够制冷剂与压力（850±25）g。

制冷工作循环原理图如图7-1-1所示。

（1）使用诊断仪VDS读取空调系统故障码：B132200元件当前故障码2。

（2）查阅维修手册故障码含义是压缩机电压故障，如图7-1-2所示。

（3）查阅电路图（如图7-1-3所示），检查电动空调压缩机线路插座B5号针脚CAN-H电压2.5V（标准值2.5~3.5V），B2号针脚CAN-L电压2.4V（标准值1.5~2.5V），B4号针脚电源12.45V（标准值B+），都正常。整车控制单元HCU B12号针脚到电动空调压缩机的B6针脚电阻0.4Ω（标准值小于1Ω），DC/DC控制单元的7号针脚到电动压缩机的B3针脚电阻0.4Ω（标准值小于1Ω），正常。在检查测量电动空调压缩机线束没有问题情况下，怀疑是动力线束出现故障。在拆下高压保险装置停半个小时后，检查电动空调

195

压缩机的动力线束，发现内部线束底座1号针脚虚接，导致高温烧蚀，如图7-1-4所示。
在更换高压线束后装车试车，空调工作正常。

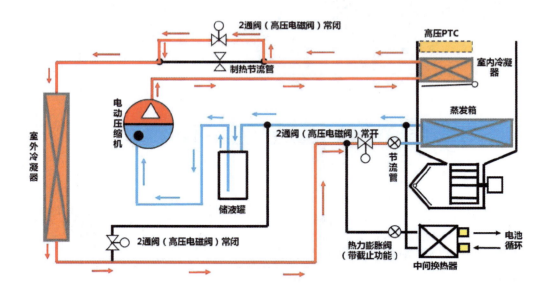

图7-1-1

DTC	B132100	压缩机短路故障
DTC	B132200	压缩机电压故障
DTC	B132300	压缩机传感器或电机故障
DTC	B132300	压缩机传感器或电机故障
DTC	B132400	逆变器温度故障
DTC	B132500	过负荷故障
DTC	B132600	通信故障

图7-1-2

故障原因：空调高压线束针脚虚接导致高温烧蚀。

故障排除：更换线束。

故障总结：在维修中对电动空调压缩机的工作原理和工作过程都要熟悉，才能有效
快速地解决问题，少走弯路。

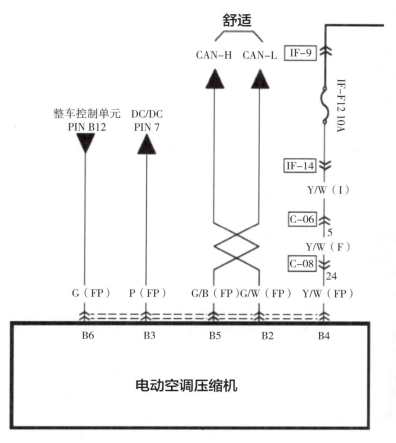

图7-1-3

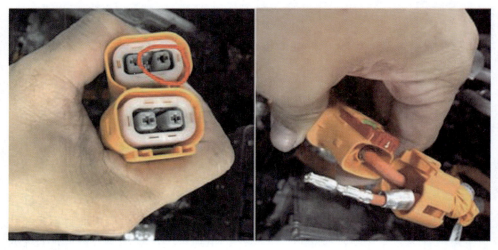

图7-1-4

二、一汽红旗E-HS3有时踩制动踏板，仪表提示HBB

车型： 一汽红旗E-HS3。

行驶里程： 16119km。

故障现象： 客户反映车辆有时踩制动踏板，仪表提示HBB，制动时制动力不足，真空泵不工作，并伴随ABS泵有"嘎嘎"声。

故障诊断： 检查发现车辆无法换挡，原地踩制动踏板时ABS泵介入工作，真空泵不工作，仪表显示HBB故障和车辆电控系统故障。与客户沟通了解车辆在市内使用偶尔出现这样故障，故障一般在激烈驾驶后出现。读取故障码如图7-1-5和图7-1-6所示。

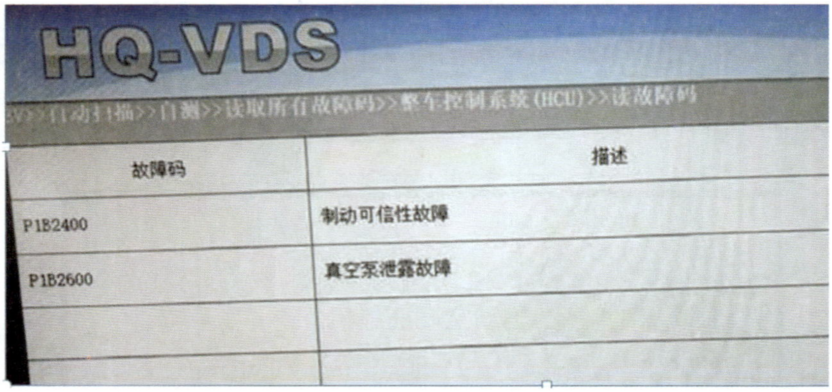

图7-1-5

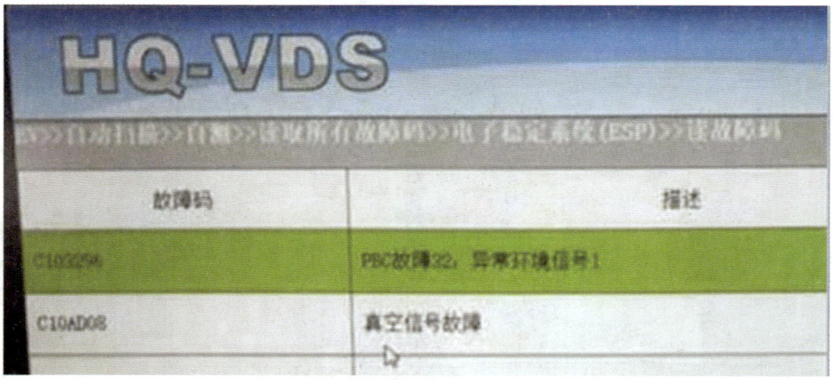

图7-1-6

根据原理分析，ABS工作是因为制动力不足介入的辅助制动，制动力不足是因为真空泵不工作，真空泵工作的信号来自HCU，HCU根据真空压力传感器反馈信号工作。首先检查真空泵工作正常，真空压力传感器工作正常。用烟雾测漏仪检查车辆真空没有漏气，检查车身线束连接正常。检查HCU，发现HCU模块26号针脚退针，如图7-1-7所示，判定HCU模块损坏。

图7-1-7

故障原因： 零件号3610610-E04的HCU针脚比较短，有时能连接，有时连接不上。

故障排除： 更换HCU。

故障总结： HCU退针，检查模块针脚和线束针脚时一定要细心，外观、针脚位置等都需要准确确认。真空泵这类需要测漏的可以使用专用工具——烟雾测漏仪。

三、一汽红旗E-HS3车辆行驶电量只有28%时无法直流充电

车型： 一汽红旗E-HS3。

行驶里程： 21693km。

年款： 2019年。

故障现象： 客户反映，车辆行驶电量只有28%时无法直流充电。

故障诊断： 车辆到店，咨询客户，车辆行驶无异常，仪表没有故障。客户反映昨天还可以正常充电，用交流充电桩给车辆充电正常，用直流充电桩无法充电，手机支付开始充电1min后就跳枪了，手机显示充电失败，仪表显示"充电计算中"车辆无法充电，试过多个充电桩也不能充电。

系统工作原理：充电系统高压电器部分由以下部件组成：直流充电口、交流充电口、车载充电机、高压电器盒、动力电池总成、高压电源线。通信管理方式采用CAN网络，以整车控制器（HCU）、动力电池管理系统（BMS）为主要控制单元，监控各执行部件的工作状态。

直流充电工作原理：直流充电插座外接直流充电机通过CAN网络通信成功后，经过高压配电盒配送给动力电池进行充电。直流充电方式的电流较大，充电速度较快。

交流充电工作原理：交流充电口外接家用交流电源或交流充电机，通过车载充电机把交流电转换为直流电，经过高压电气盒配送给动力电池进行充电。交流充电方式的充电电流相对较小，充电速度较慢。

直流电无法充电判断故障：

（1）线束或插头虚接。

（2）直流充电插座故障。

（3）线路故障。

（4）动力电池故障。

（5）电源、接地故障。

用诊断仪HQ-VDS网络测试都合格，读取故障码为动力电池管理系统（BMS）故障，P1DAC00：DCCH超时故障，历史故障，如图7-1-8所示。

图7-1-8

根据以往经验，以前红旗E-HS3直流电不能充电，经过打磨处理水槽盖板位置的9号搭铁点就可以恢复正常充电，这辆车处理了9号搭铁点，故障依旧。

运用最基础的方法检查，检查直流充电座的电源10号对地电压12V，13号搭铁对电源电压12V，正常。测量直流充电插座网络线1号对地电压0.190V（标准值2.5~3.5V）；2号对地电压0.235V（标准值1.5~2.5V），说明异常。测量BMS的网络线，如图7-1-9所示，15号CAN-H对地0.190V，16号CAN-L对地电压0.235V通信网络异常，判断为动力电池内部故障。

请求技术支援，厂家技术人员到店后检查确认为动力电池内部BMS模块15号-16号电阻受强电流击穿，更换BMS内部BCU模块后用直流充电桩可以正常充电，多次确认可以充电，车辆维修完毕，交车给客户。一个星期回访客户，车辆交直流电都可正常充电。

故障原因： BMS内部BCU内部故障。

故障排除： 更换BCU，故障排除。

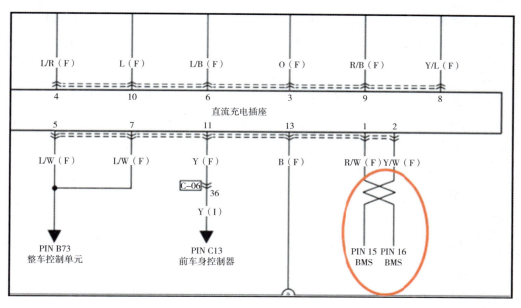

图7-1-9

四、一汽红旗E-HS3仪表显示防盗认证失败，电子驻车锁止系统故障

车型： 一汽红旗E-HS3。

行驶里程： 32421km。

年款： 2019年。

故障现象： 仪表显示防盗认证失败，电子驻车锁止系统故障。无法上电行驶。

故障诊断： 拖车回店后，打开钥匙，仪表显示防盗认证失败，电子驻车锁止系统故障，无法着车。诊断仪读取故障码：B12F200（启动请求后无启动许可），这个故障码是因为无法着车才会报。B12F100（无随机数表格）这个故障码维修手册未标明，咨询老师故障码含义，是因为前面那个故障码，多次未能成功着车引起。读取的两个故障码都跟本次维修的内容无关，只能从仪表的提示下手。首先是防盗认证失败，但是钥匙能正常开锁闭锁，打开点火和关闭点火都正常，给车辆做了一遍PEPS HCU自动配置，故障依旧，交叉验证HCU故障依旧，交叉验证PEPS故障依旧。原理图如图7-1-10所示。交叉验证点火开关，故障依旧。防盗认证方面没有头绪，只能从另一个故障显示下手了，驻车锁止系统故障，交叉验证P挡执行器，故障依旧。测量E-park控制器9号、18号和8号电源针脚电压为12.2V（正常）；4号和13号搭铁对负极电阻0.2Ω（正常），EV CAN-H 5号针脚对地电压2.7V（正常），EV CAN-L 14号针脚对地电压2.3V（正常）。交叉验证E-park控制器，故障依旧，交叉验证网关，故障依旧。发现把故障车的E-park控制器调到正常车，如果不做匹配，显示的故障现象跟故障车一模一样的现象。用诊断仪做一个E-park

匹配后，故障消失。正常车的E-park控制器在故障车上做了E-park匹配，故障依旧。此时陷入一个无从下手的状态。咨询老师这个现象，老师给予解释是：HCU未对防盗进行认证。重新对HCU进行排查，测量B7号、B29号针脚常电源为12.2V（正常）；打开点火开关测量B1号、B2号、B4号针脚工作电压，12.1V（正常）。测量A43号针脚电压为0.03V（异常），如图7-1-11所示。测量保险丝FS-F15电压为12.1V（正常）。测量A43号针脚到FS-F15电阻为无穷大（异常），判断此段线存在短路。查看线束，发现被磨断，如图7-1-12所示，修复线束，故障排除。

故障原因： 零件号3724010AE15前线束及配电盒总成线束磨断。

故障排除： 修复线束。

故障总结： 因为未能读取有用的故障码，粗心大意错过了很多细节，导致走了很大的一个弯路。对维修这种没有故障码的故障更应该用数据说话，细心，多测多量。

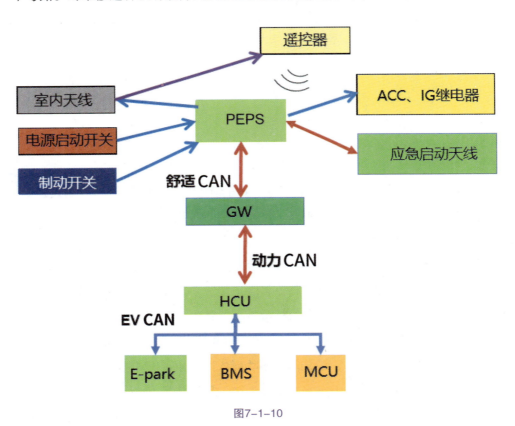

图7-1-10

图7-1-11

图7-1-12

五、一汽红旗E-HS3车辆在停车场无法启动

车型： 一汽红旗E-HS3。

行驶里程： 26300km。

年款： 2019年。

故障现象： 车辆在停车场无法启动。

故障诊断： 试车，发现车辆无法启动，点火开关打到ON时，点火开关亮绿灯，证明防盗是通过的。尝试启动车辆，仪表报电动系统故障，仪表一切功能都正常。

系统工作原理：当Charger（双向车载充电器）与整车控制单元通信异常或中断时，整车控制单元记录故障码，当DC/DC与整车控制单元通信异常或中断时，整车控制单元记录故障码。当前驱电驱动系统逆变器与整车控制单元通信异常或中断时，整车控制单元记录故障码。通过整车控制单元实时监控12V蓄电池状态（剩余电量、输出电压、电流、温度），根据车辆的不同行驶工况以及12V低压蓄电池状态，控制DC/DC的输出电压、电流，延长低压12V蓄电池使用寿命，提高高压电源使用效率。直流转换器(DC/DC)为12V低压系统提供所需的12V低压直流电。将高压电转化为低压系统所需12V低电压直流电，代替传统发电机，为低压电气供电及12V蓄电池充电，如图7-1-13所示。

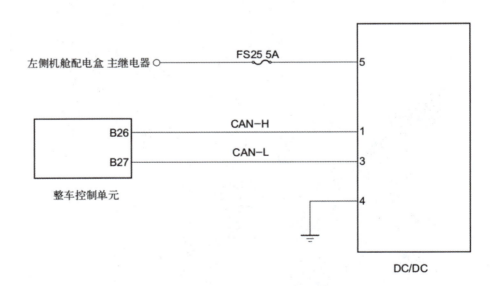

图7-1-13

诊断仪读取故障码，发现车辆报U011087、U029887、U029687故障码，分别为DC/DC丢失，MCU丢失，充电器丢失，如图7-1-14所示。根据维修手册查询发现对应模块所报

故障码是通过网络通信，内部也有报通信故障的，结合启动检查点火开关状态，当把点火开关打到ON时点火开关亮绿灯，证明防盗是通过的。

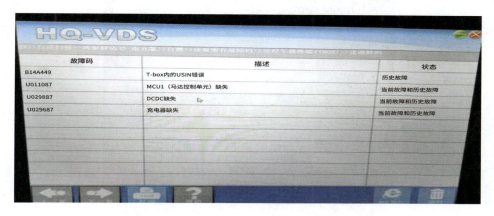

图7-1-14

尝试启动车辆，仪表报电动系统故障，几秒后自动断电仪表黑屏，如果只打开钥匙开关仪表不会断电，但是一直报电动系统故障。顺序分别是DC/DC、充电器和MCU。可能原因是Charger（双向车载充电器）、DC/DC、整车控制单元、对应线路、各模块电源搭铁和记忆电源。如果3个模块同时丢失而且模块的控制线是串联起来的，那我们就先检测第一个模块DC/DC。根据线路图提示，DC/DC的1号和3号端子与整车控制单元B26号和B27号针脚接通为CAN-H和CAN-L线，4号针脚为接地线，5号针脚为电源线，7号和8号针脚与整车控制单元的B12和B34针脚接通为高压互锁回路。假如说这个回路断开就会报高压互锁故障，所以这两个针脚可以先排除。现在车辆报模块丢失，所以要先查CAN线。用万用表检测1号针脚到B26针脚电阻为1.32kΩ，如图7-1-15所示，3号针脚到B27针脚为0Ω，4号针脚接地为0Ω，5号针脚电压为13V。根据以上数据可以判断CAN网络出现断路，排查线路发现动力线束与前部线束连接器发生退针现象，重新安装好针脚，装好连接器车辆正常启动，连接诊断仪清除故障码。试车无问题，故障排除可以交车。

故障原因：连接器退针。

故障排除：线束修复。

故障总结：首先要理解整个系统的工作原理，善于思考。

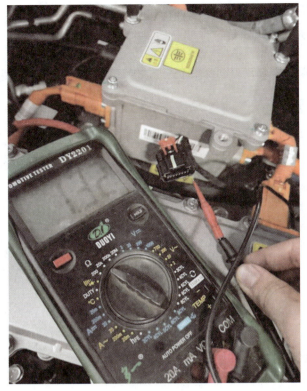

图7-1-15

六、一汽红旗E-HS3车辆无法启动，仪表显示高压互锁故障

车型：一汽红旗E-HS3。

行驶里程：32370km。

故障现象：客户反映，车辆无法启动，仪表显示高压互锁故障，如图7-1-16所示。

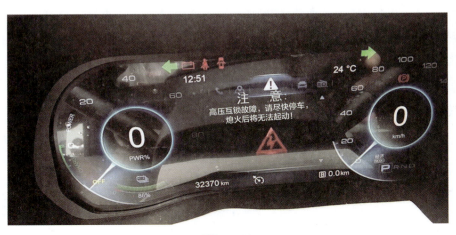

图7-1-16

故障诊断：车辆无法READY，仪表显示高压互锁故障，双闪灯一直闪烁。

系统原理：高压互锁是指使用低压信号来检查电动汽车上所有与高压母线相连的各分路，包括整个动力电池系统、导线、DC/DC等系统回路的电气连接完整性，如图7-1-17所示。E-HS3的高压互锁是通过HCU输出一个5V电压经过空调压缩机、DC/DC、车载充电机、PDU、前MCU、水暖PTC、BMS、风暖PTC、后MCU、低压维修开关回到HCU，并将整个回路电压拉低到0.85V，从而检测整个高压系统连接的完整性。如果某个电器元件或导线断路、短路，整个系统将报高压互锁故障，车辆将无法READY。

红旗EV四驱北方版车型互锁串联顺序

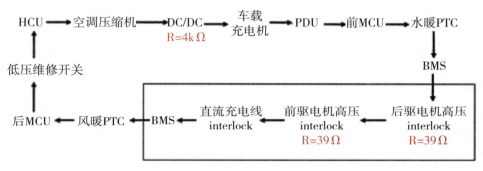

图7-1-17

（1）根据维修手册指导从HCU的B12和B34两个针脚这里测量整个高压互锁回路的电阻值，标准值是小于等于4.1kΩ，实际测量值是4.05kΩ，证明整个高压互锁回路是正常的。

（2）测量低压维修开关3号、4号针脚对地的电压为7.93V，而正常值应该是0.85V，电压异常。

（3）断开低压维修开关，测量低压维修开关3号针脚电压为11.5V，由此可以判定是HCU输出的电压高或者线路对电源短路。

（4）分段测量，断开PDU，测量PDU的1号针脚电压为5V，2号针脚电压为11.5V，证明HCU输出电压正常。

（5）断开动力电池低压插头，测量低压维修开关，依然有11.5V电压。这款车没有后MCU和风暖PTC，因此可以判定是动力电池低压插头到低压维修开关这段线对电源短路了。

（6）拔掉C02插头，测量C02插头到低压维修开关这段电压为0V，测量C02插头35号针脚到动力电池这段电压为11.5V，断开C11插头后测量C02插头35号针脚电压为0V。查看

电路图线路走向是从C02插头35号针脚出来经过C11插头6号针脚再从C11插头5号针脚回到C02插头10号针脚然后到动力电池。在检查插头的时候发现C02和C11插头都有进水的痕迹，清洗干净后故障依旧。拆开C02到C11这段线束没有发现短路，怀疑是插头内部短路，挑出C11插头5号针脚与6号针脚短接后故障排除。修复C11插头后试车，故障没有出现。

故障原因： C11插头内部进水短路。

故障排除： 修复C11插头。

故障总结： 线路电压不正常一定仔细查找导致电压高或电压低的原因。维修手册内容太简单，只指导测量互锁回路总电阻，没有说明其他电气元件里面哪个元件有电阻，阻值是多少。

七、一汽红旗E-HS3暖风不热

车型： 一汽红旗E-HS3。

行驶里程： 588km。

故障现象： 客户反映暖风不热。

故障诊断： 车辆进站检测，开启暖风，温度调30℃，车外温度1℃，出风口吹风温度手感为自然风。连接诊断仪检测空调系统报故障码为压缩机传感器或电机故障。

红旗E-HS3空调系统组成及原理：

（1）电动压缩机：压缩制冷剂。

（2）室外冷凝器：制冷时向环境中散热，制热时从环境中吸热。

（3）室内冷凝器：采暖时向环境中散热。

（4）两通阀：制冷、制热时循环切换。

（5）吸（排）气温度传感器：监测压缩机吸（排）气温度。

（6）制冷，制热节流管：节流降压（作用同膨胀阀）。

（7）中间换热器总成：制冷剂和电池冷却液的热交换部件，通过制冷剂给冷却液降温，从而给动力电池组进行冷却，如图7-1-18所示。

诊断过程：

（1）客户首次进店检测空调无暖风时发现系统中没有制冷剂，因为此车购车后很少使用，里程数较少，所以未怀疑系统会有泄漏情况，所以并未进行打压测试。抽真空加注制冷剂后，暖风使用正常。试车观察一会儿后发现电动压缩机工作时发出异响噪音，分析后得出结论，电动压缩机内部故障，需更换。

（2）客户第二次进店是收到通知电动压缩机到货了，可以进行更换，电动压缩机换好后空调暖风使用正常。客户把车取走，第二天客户来店表示空调又没有暖风了，开到车间连接诊断仪检测，空调系统无相关故障码，所以就换方向来查。连接制冷剂压力表检测系统压力低，然后抽出制冷剂发现确实少了。进行打压测试，经检查发现高压加注口处泄漏，重新紧固阀芯故障依旧，需要更换高压管总成。

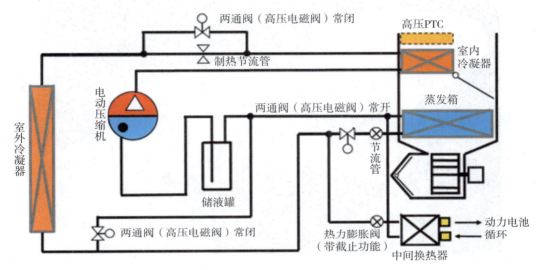

图7-1-18

（3）新件到货后通知客户进店更换，更换后试车发现还是没有暖风。连接诊断仪检测，空调系统中报故障码：压缩机传感器或电机故障。

查询维修手册，根据指导检测空调控制器、线束及连接器和电动压缩机。电动压缩机已换过所以排除它有问题，与店内试驾车互换空调控制器同时检测电动压缩机12V线束都没有异常。此时有些头疼，为什么还是没有暖风，再次连接制冷剂压力表，检测压缩机工作情况时发现，压缩机工作时低压侧压力一直下降，直到负压。想到系统中有堵塞可能会出现这种现象，结合E-HS3车型暖风工作时制冷剂流向对系统中的部件进行测试排查，断开室内冷凝器出口到室内冷凝器管路，吹气测试不通。根据此车原理看到这段管路中有一个电控两通阀和一段节流管，电控两通阀正常就属于关闭状态，所以故障就锁定在了这段节流管上了。当断开节流管处接头时发现有好多金属碎屑，如图7-1-19所示。拔出管路中的节流阀确实是被大量金属碎屑堵住了，如图7-1-20和图7-1-21所示。电动压缩机工作要在低压侧吸回制冷剂，因此处节流阀被堵住，制冷剂不能通过，导致低压侧形成负压，空调不能制热。清洁干净安装好后加制冷剂试车，空调暖风工作正常。

故障原因：电动压缩机内部故障。带高压加注口管路质量问题。制冷剂节流管压缩机异常磨损产生碎屑堵住节流阀。

故障排除：更换电动压缩机，更换带高压加注口管路，清洗节流阀。

故障总结：在检测制冷剂泄漏时要注意加注口气门芯处是否正常，电动压缩机异响，内部故障要考虑一下管路中是否有磨损下来的杂质或铁屑。

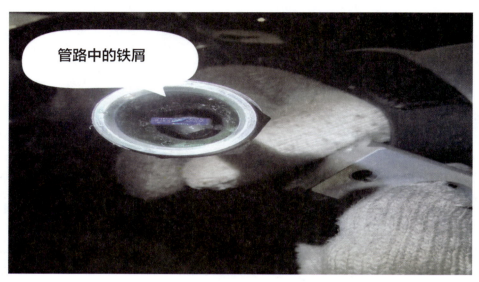

图7-1-19

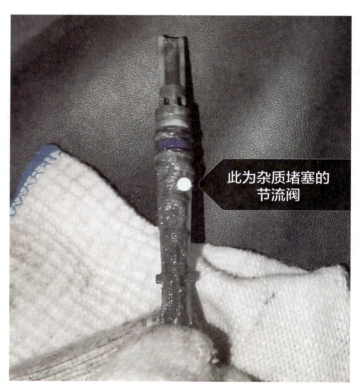

图7-1-20

图7-1-21

八、一汽红旗E-HS3充电时显示车辆没有充上电且仪表上显示"电池加热中"

车型：一汽红旗E-HS3。

行驶里程：10277km。

年款：2019年。

故障现象：早上在充电站使用直流充电桩对车辆进行充电，28min之后查看车辆时充电桩显示车辆没有充上电的信息且仪表上显示"电池加热中"，充电指示为红色不充电状态，如图7-1-22所示。

图7-1-22

故障诊断：客户进店后仪表没有任何报警，动力电池电量显示28%左右。由于店里没有直流快充，所以使用交流慢充为车辆进行充电，结果车辆仍然无法充电，仪表显示的故障现象与客户反映的故障情况一致（注：当天北京的环境温度为-13℃）。

系统工作原理：

（1）BMS的充电管理功能主要包括：满足直流充电要求；满足交流充电要求；计算充电剩余时间。

（2）BMS的热管理功能主要包括：通过EV CAN总线上报电池的加热需求和电池最低温度、平均温度、最高温度，如图7-1-23所示。

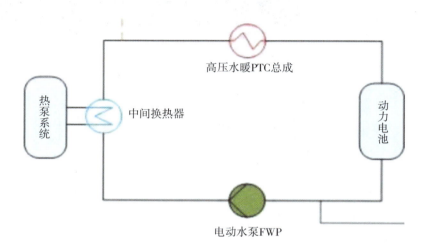

图7-1-23

（3）水暖PTC控制HCU管理电池循环水的加热，为避免水暖PTC报故障码，PTC的高压供电完成后，HCU发出PWM控制信号，如图7-1-24所示。

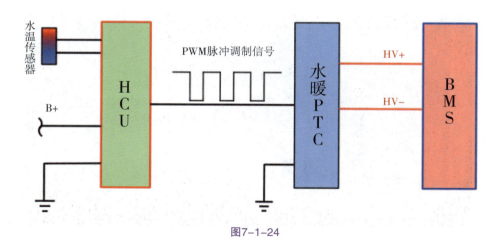

图7-1-24

诊断过程：

（1）车辆进店后，由于仪表上驾驶员信息没有显示任何故障报警，在听取客户描述及查看客户提供的故障现象照片后，决定对车辆故障现象进行确认。由于本店没有直流充电桩，所以采用交流慢充进行验证来排除可能的外部充电设备的影响。充电后车辆仪表上的充电状态显示"电池加热中"，充电状态显示无法充电（此时慢充桩显示充电正常）。

（2）确认故障现象后对相关系统读取故障码，此时读取的故障码都是历史故障且与车辆的故障现象关联度不大，参考意义不大，如图7-1-25所示。

图7-1-25

（3）通过上述检查及故障现象分析，有必要从工作原理及控制逻辑进行分析，应是BMS测得动力电池温度无法满足充电安全策略所致。经与技术老师请教得知动力电池的温度控制策略为：①当动力电池温度低于3℃时，车辆通过水暖PTC对动力电池进行加热，此时只加热不充电；②动力电池温度3～15℃之间时边加热边充电；③动力电池温度15～45℃时正常充电；④当动力电池温度达到45℃以上时需进行散热。

（4）读取BMS及HCU的数据流综合分析：①两个控制单元内显示电池状态正常，证明非电池本身原因；②充电连接显示正常证明非充电线路问题；③HCU内显示水暖PTC控制PWM为92%，可以证明相关控制单元信号接收及动作指令发出正常，如图7-1-26所示；④电池温度低于3℃，证明动力电池不能充电的原因为内部温度没有达到安全充电要求。

（5）诊断方向明确后在车辆充电且仪表上显示电池加热过程中进行检查，此时能够听到电动水泵的循环声音，但此时水暖PTC的进出水管温度基本与环境温度一致，通过这种现象证明水泵循环正常，只是水暖PTC没有加热。

（6）根据原理、线路图及数据流综合进行分析，BMS内加热请求为"请求"，证明请求信号正常，如图7-1-27所示。HCU水暖PTC控制PWM 92%，证明指令信号正常。所以故障可能为：①水暖PTC；②控制线路；③HCU。虽然数据显示发出PWM指令信号，但有可能实际没发出。

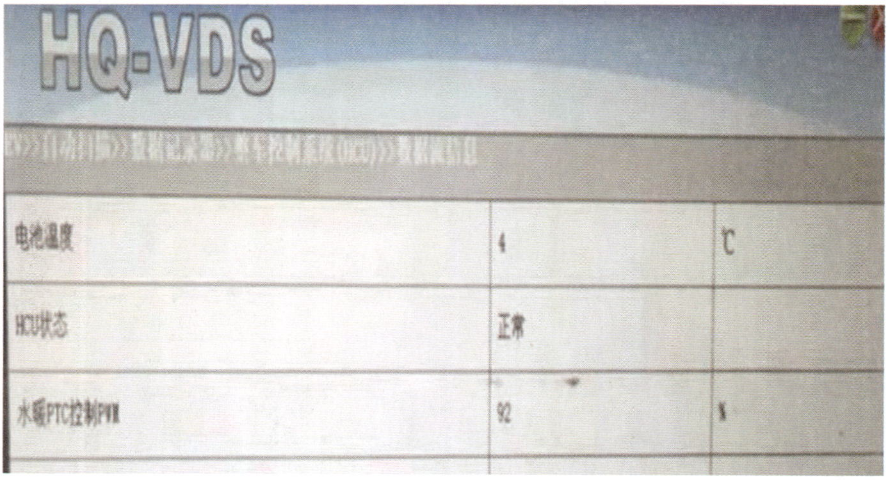

图7-1-26

(EV) 自动扫描 >> 数据记录器 >> 整车控制系统(HCU) >> 数据流项目		
电池温度	4	℃
HCU状态	正常	
水暖PTC控制PWM	92	%

(EV) 自动扫描 >> 数据记录器 >> 电池管理系统(BMS) >> 数据流信息		
电池状态	正常	
电池温度	1	℃
BMS加热请求	请求	
进水口温度	2	℃
充电加热允许	允许	
充电连接状态	交流充电连接	
充电允许	未激活	

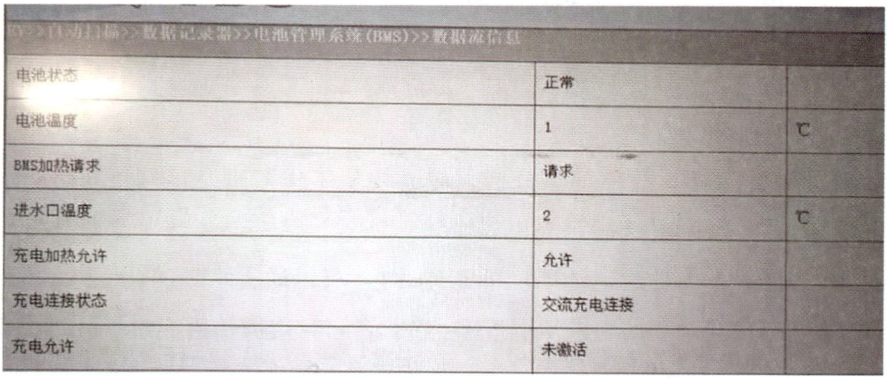

图7-1-27

（7）根据线路图对线路进行测量：①测量水暖PTC A1供电为12.5V左右（标准值低于系统电压），正常；②A3对地电阻为0.1Ω（标准值小于1Ω），正常；③当HCU显示水暖PTC控制PWM 92%时对A2进行对地电压测量，为0.76V（标准值0.7~0.8V），正常，当HCU显示水暖PTC控制PWM 0%时对A2进行对地电压测量，为12.5V左右（标准值低于系统电压），证明控制信号正常；④由于原理上描述"PTC的高压供电完成后，HCU发出PWM控制信号"基本可以推断出高压供电正常，但为保险起见还是在断掉高压电的情况下测量水暖PTC高压保险丝，正常。

（8）通过上述测量分析，确定故障原因为水暖PTC，如图7-1-28所示，更换后测试车辆低温环境下充电工作正常。

　　故障原因：零件号9246815E16水暖PTC内部故障，其内部结构如图7-1-29所示。

图7-1-28

图7-1-29

　　故障排除：更换水暖PTC。

　　故障总结：当遇到没有修理过的故障时，不要急于动手，首先理清工作原理及控制逻辑，这样诊断会更有目的性，并且提高故障诊断准确率。

第二节　一汽红旗E-QM5

一、一汽红旗E-QM5滴滴出行版，客户反映车辆无法充电

行驶里程：101km。

年款：2021年。

故障现象：客户反映车辆无法充电。

故障诊断：车辆进店后，仪表显示剩余电池电量2%，使用店内直流充电桩进行充电测试，检查直流充电口无水迹，充电插孔无异物，将直流充电枪插入车辆直流充电口后，车辆充电指示灯蓝色灯点亮，此时进车内观察仪表窗口提示充电系统故障请检修，相应充电桩侧提示车辆充电失败（失败原因：车充通信异常终止），故障现象一直存在，与客户描述一致。

系统工作原理：快充充电又称为直流充电，即非车载充电机（快充桩）将电气系统交流电转化为高压直流电给电池包充电，功率较大，可高效快速地在短时间内为电动汽车充满电。快充系统组成：直流充电桩-直流充电口-高压配电盒-动力电池包（内含电池控制器BMS）。

直流快充桩将交流电转化为直流电通过直流充电枪与快充充电口插接，进行CAN通信协议传输与充电连接确认后，输入高压直流电，通过高压导线到达高压配电盒快充主正继电器及快充主负继电器，通过电池控制器（BMS）控制快充主正及主负继电器吸合后，将高压直流电送入动力电池包内。动力电池配电盒总成原理图如图7-2-1所示。

通过使用诊断仪读取故障码，电池控制器（BMS）报P1D9A00快充正接触器无法吸合和P1DA700快充正接触器线圈故障（对地短路、对电源短路、断路），如图7-2-2所示。

通过使用维修手册查询故障可能的原因为当电池控制器检测到正、负接触器故障时，电池控制器记录如表7-2-1所示故障码。

秉承由简到繁的原则检查顺序：

（1）线束及连接器。

①检查线束及连接器是否连接紧。

②检查线束及连接器是否短路断路。

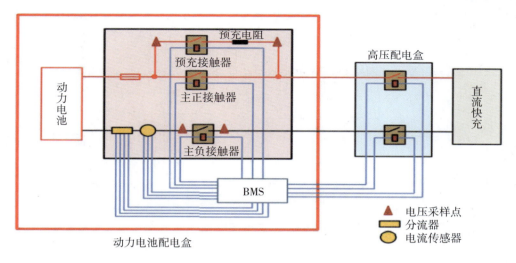

图7-2-1

故障码	描述	状态
P1D9A00	快充正接触器无法吸合	当前故障和历史故障
P1DA700	快充正接触器线圈故障（对地短路、对电源短路、断路）	当前故障和历史故障

图7-2-2

表7-2-1

故障码编号	故障码检测条件	故障部位
P1DA700	（a）检测到快充正接触器线圈故障（对地短路，对电源短路，断路）	电池控制器（BMS） 线束及连接器 整车高压配电盒
P1DA800	（a）检测到快充负接触器线圈故障（对地短路，对电源短路，断路）	电池控制器（BMS） 线束及连接器 整车高压配电盒

（2）整车高压配电盒（在发动机舱内部）。

（3）电池控制器（BMS）（在动力电池内部）。

通过电路图（如图7-2-3所示）查询插头线路及针脚定义。首先通过系统查询，此车装配的动力电池为比亚迪版，查询培训课件，电池控制器（BMS）输出到高压配电盒有4根硬线，查询针脚定义可知31号端子为直流充电负极接触器控制-低边，28号端子为直流充电负极接触器控制-高边，24号端子为直流充电正极接触器控制-低边，12号端子为直流充电正极接触器控制-高边。电池控制器（BMS）到直流充电插座有2根硬线，查询针脚定义可知26号端子为直流充电辅助电源A+，33号端子为直流充电辅助电源A-。找到针

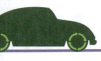

脚定义后进行数据测量。

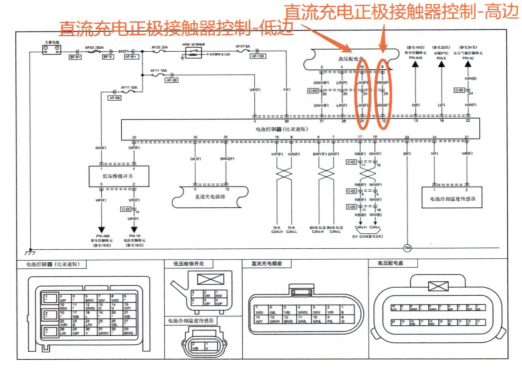

图7-2-3

（4）断开高压配电盒连接器插头，发现插头无松动，针脚无退针，正常。

（5）打开点火开关，连接万用表至高压配电盒插头4号端子与6号端子，电压4.1V左右，标准值是4.1V左右，与正常车对比，正常。

（6）打开点火开关，连接万用表至高压配电盒插头8号端子与10号端子，电压0V，标准值4.4V左右，与正常车对比，异常。

（7）查询布置图（如图7-2-4所示），高压配电盒至电池控制器(BMS)中间有C-03连接器在前舱配电盒中，检查C-03连接器插头，插头无松动，针脚无退针，说明正常。

（8）拔下C-03插头，测量23号端子到高压配电盒插头8号端子电阻及对正对地是否正常，0.1Ω/无对正对地短路，标准是小于1Ω/无对正对地短路，说明正常。

（9）拔下C-03插头，测量24号端子到高压配电盒插头10号端子电阻及对正对地是否正常，0.2Ω/无对正对地短路，标准是小于1Ω/无对正对地短路，说明正常。

（10）测量动力线束，线束无异常，准备测量前部线束到动力电池连接器处，断开动力电池侧连接器插头，插头无松动，针脚无退针，说明正常。

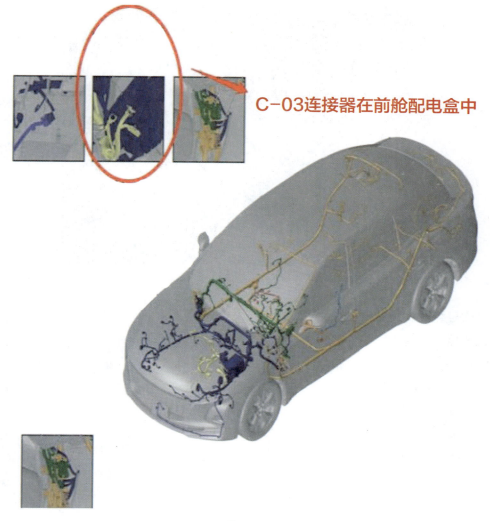

C-03连接器在前舱配电盒中

图7-2-4

（11）拔下C-03插头，测量从前部线束23号端子到动力电池侧12号端子电阻及对正对地是否正常，0.1Ω/无对正对地短路，标准是小于1Ω/无对正对地短路，说明正常。

（12）拔下C-03插头，测量从前部线束24号端子到动力电池侧24号端子电阻及对正对地是否正常，0.2Ω/无对正对地短路，标准是小于1Ω/无对正对地短路，说明正常。

（13）检查动力电池侧公端插口，24号及26号针脚弯曲变形，如图7-2-5所示，说明异常。

故障排除：使用小一字螺丝刀，小心地将针脚进行修复。

故障原因：可能是动力电池线束在下线出厂时存在针脚弯曲的可能，或在装配前部线束连接器时，由于操作不当造成插针弯曲变形。此动力电池总成（BYD）配件号9201010XB26A。

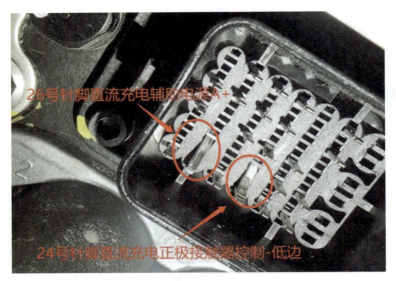

图7-2-5

故障总结：由于电池控制器（BMS）线束公端插口24号插针弯曲，直流快充主正控制线路断路，使得主正继电器无法吸合，导致直流充电过程中断。此车故障现象一直存在，且有相关故障信息提供帮助，使得故障可以有方向性地去维修，对于没有故障码提示且仍然无法充电可以参见表7-2-2去对应排查。

表7-2-2

故障现象	可能原因	解决方式
不能启动充电	动力电池温度过高、过低、温差过大	通过组合仪表提示信息判断动力电池是否温度过高、过低、温差过大，若组合仪表出现相应提示信息，充电不可启动。待动力电池温度正常后方可启动充电
	动力电池电量充足	动力电池电量充足时充电不可启动
	12V蓄电池电量不足	12V蓄电池电量不足时，车辆控制系统不能启动，请联系中国一汽授权红旗经销商
	车辆故障	车辆发生故障时，充电不可启动，确认组合仪表上是否有提示信息，若组合仪表出现相应提示信息，请立即停止充电并联系中国一汽授权红旗经销商
	充电枪未可靠连接	确保充电枪与直流充电插座可靠连接。确认组合仪表上的充电连接指示灯点亮
	直流充电设备与车辆充电参数不匹配	若组合仪表提示直流充电设备与车辆不匹配，请更换其他直流充电桩进行充电
	直流充电设备未供电	确认直流充电设备供电状态。确认按照直流充电设备说明书启动充电（参见直流充电设备说明书）
直流充电过程中充电停止	直流充电设备与车辆通信故障	若组合仪表提示直流充电设备与车辆通信故障，请重新连接充电插头再次启动充电，若多次出现该通信故障，请更换其他充电桩进行充电

续表

故障现象	可能原因	解决方式
直流充电过程中充电停止	直流充电设备停止供电	直流充电设备供电中断，充电将停止。当直流充电设备恢复供电时，需重新启动充电
	车辆故障	车辆发生故障时，充电将中断，确认组合仪表上是否有提示信息，若组合仪表出现相应提示信息，请立即停止充电并联系中国一汽授权红旗经销商

二、一汽红旗E-QM5仪表故障灯报警，挂挡不走车

行驶里程：61km。

年款：2021年。

故障现象：客户拨打救援电话反映仪表故障灯报警，挂挡不走车。

故障诊断：拖车进店后，踩下制动踏板车辆可以上电，仪表故障灯提示"电池系统故障，行驶受限请立即到4S店维修""动力系统严重故障请在安全地带停车并联系4S店）"，并且蓄电池充电指示灯点亮，无法挂挡到D或R，故障一直存在。

系统工作原理：驱动电机、电控系统、动力电池是电动汽车的核心部分，称为"三电"。E-QM5动力电池有换电版、自主版、比亚迪版、宁德时代版。系统工作原理图如图7-2-6所示。

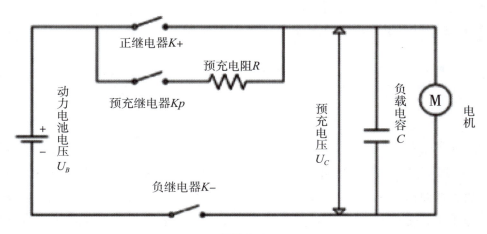

图7-2-6

电动汽车如何上高压电？首先踩下制动踏板上电，整车控制器HCU会发送控制主负继电器及预充继电器闭合指令，通过BMS控制主负及预充继电器吸合，通过预充电阻缓慢将高压回路负载电容充电，整车控制器HCU判定BMS和MCU的电压差值，如果预充回路与动力电池电压相近，判定预充完成，这个时候HCU发送主正继电器吸合指令，BMS控制

主正继电器闭合，随之预充继电器断开。预充电路保护管理是电动汽车必不可少的重要环节，电动汽车预充电路的主要作用是给电机控制器（即逆变器）的大电容进行充电，以减少接触器接触时的火花拉弧，降低冲击，增加各高压部件的安全性。

主动放电：

（1）HCU识别车况（在车辆发生碰撞后、动力电池与高压回路断开后或者高压系统正常下电后），将主动放电指令发给MCU。

（2）MCU可以在5s内将高压回路的电压降到60V以下。

通过使用诊断仪读取故障码：读取电池管理系统（BMS）P1D9300（主负接触器烧结）历史故障，P1DE500（暂无故障内容）当前故障，如图7-2-7所示。

故障码	描述	状态
P1D9300	主负接触器烧结	历史故障
U119887	T-BOX报文丢失	历史故障
P1DE500	暂无[0,1d,e5,0]故障码内容，请将信息反馈售后服务中心以便查询及改善。	当前故障和历史故障

图7-2-7

通过使用维修手册查询故障可能的原因：当BCU检测到电流AD采样故障时，BCU记录故障码，如图7-2-8所示。

故障码编号	故障码检测条件	故障部位
P1DE500	(a) Cur AD=0 Or Cur AD不变。	• 动力电池内部

图7-2-8

检查程序：

（1）故障部位指向为动力电池内部故障，首先将动力电池包的低压插头拔下进行检查，针脚无弯曲退针现象，通过备件查询比亚迪版本电池只提供电池包总成。由于动力电池需要再次确认是否为真正故障，联系了技术支持老师，建了一个分析群，比亚迪厂家老师首先让清除故障码，然后整车下电，断开蓄电池负极5min后再上电，仪表依然报警。读取故障码和冻结帧数据，读取电池管理系统(BMS)只有P1DE500（电流AD采样故障）当前故障；读取冻结帧，电池故障状态为故障，无法放电，如图7-2-9所示，故障没有排除。接下来厂家人员进店进行动力电池测试分析，为动力电池包内部故障，比亚迪厂家处理方式为免费发一块新的动力电池包总成过来，进行更换。

图7-2-9

（2）等新配件到店后，检查外观无损伤变形等情况就准备开始装车了，本以为更换完全新的动力电池总成故障就可以排除了，结果车辆上电后仪表依旧报警"动力系统严重故障请在安全地带停车并联系4S店"，提示3s左右自动消失且蓄电池灯点亮，无法挂挡，这个时候使用诊断仪检测故障码，整车控制单元（HCU）报预充超时故障（历史故障）。其余高压控制器部件均无相关故障码，以为是BMS没有进行自动配置导致的问题，就对电池管理系统（BMS）进行自动配置，结果显示的是与汽车ECU通信故障。这个时候就不知道如何下手了，随后联系了群里的老师帮忙分析是什么原因，比亚迪厂家老师说之前也更换过动力电池总成没有出现过此问题，而且读取电池管理系统（BMS）也无相关故障码，读取数据流：电池故障状态为正常，而且仪表也不再提示电池系统故障的报警信息，所以比亚迪厂家老师说动力电池没有问题，是不是你们自动配置导致参数初始化了，一时没了方向。

（3）技术支持老师帮忙联系研发的相关技术人员帮忙分析是什么原因导致的自动配置通信失败，以及无法上高压的原因。经过截取HQ-VDS（log）让软件研发老师帮忙解析：自动配置主要工作是写入VIN、配置码，报文里看已经写入成功了。提示通信不上是因为复位后立即请求了清除故障码，此时BMS还未完成重启，所以没有响应。诊断仪更新加个延时就好了，这个车的问题和诊断仪自动配置提示ECU通信不上无关。

（4）到了这里所有人都在疑惑为什么高压不上电还不报故障记录，经过研发老师与比亚迪厂家老师相互交涉给出方案：

①高压上电过程中失败，然后HCU会报预充超时，因为是换了电池包，分析大概率是电池包内部继电器或者预充回路有问题导致，但比亚迪厂家老师说新电池在出厂时都会做一遍测试，问题应该不在动力电池总成，需要排查整车控制系统。

②HCU（整车控制单元）判断BMS（电池管理系统）和MCU（电机控制单元）或DC/DC（变换器总成）的电压差值判定预充是否完成，然后BMS还会再加个继电器前后电压的差值判断，这种情况下除非MCU或者DC/DC报的是假电压，否则应该没有问题。

（5）通过读取MCU和DC/DC的数据流，从中找到了问题的所在，DC/DC输入的电压为0V，而MCU逆变器输入的电压上电与下电的电压值为102.2V，如图7-2-10所示。明显MCU报的是个假电压，与正常车辆对比MCU逆变器输入的电压为车辆下电，电压降至5V左右，如图7-2-11所示，而车辆上电电压可以升至400V以上。

（6）由于想验证MCU逆变器102.2V电压是否真实存在，高压配电盒存在气密要求无法打开，只能断开高压连接器进行验证。将动力电池输入端到高压配电盒连接器断开，从高压配电盒到MCU高压连接器端断开，如图7-2-12所示。断开12V蓄电池10min后，进行数据流读取，结果MCU依旧显示102.2V。经群里研发老师分析判断为MCU内部存在故障，更换新的动力电机总成故障排除。

图7-2-10

图7-2-11

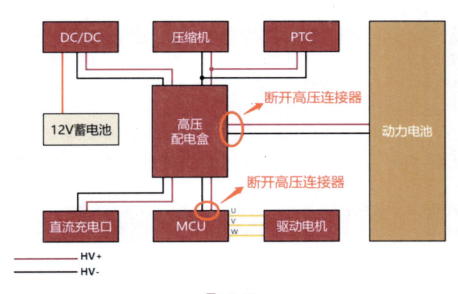

图7-2-12

故障原因：零件号9201010XB26的动力电池总成（BYD）总电压采样断线，动力电池内部故障。零件号9100310YH30的驱动电机总成（T3版本、滴滴版本）逆变器电压值异常，驱动电机内部故障。

故障排除：更换动力电池总成、驱动电机总成。

故障总结：动力电池内部故障和驱动电机逆变器电压差值异常故障导致车辆无法上

225

电，对预充电路工作的状态以及车辆在何时进行主动放电的原理有了更深入的了解。更换驱动电机总成需要注意：内部无减速器油，需要定量加注（1.62±0.1）L，型号是ATF 660指定减速器油。查找备件目录零件号有两种减速器油，需要订购GXDEXVI10减速器润滑油（红色）。

更换动力电池总成需要注意：动力电池编码通过T-BOX上传到国家新能源汽车监控平台更换新动力电池后，通过对BMS进行自动配置将新电池编码刷入T-BOX中（BMS自动配置流程嵌入了T-BOX写电池编码操作）。

三、一汽红旗E-QM5（公务版）玻璃升降故障

行驶里程：71km。

年款：2021年。

故障现象：商品车到店PDI检查时发现右前门玻璃升降器可以控制主驾驶控制开关，无法控制右前门升降器开关，右前门锁无法上锁。

故障诊断：再次确认故障，商品车到店PDI检查右前门控制异常，右前门升降器开关无法控制玻璃升降，整车上锁后右前门还可以通过外拉手开启车门（右前门无法上锁）。

系统工作原理：红旗E-QM5采用的是车门控制模块对车门相关功能的控制，车门模块之间采用CAN线进行数据通信。车门模块可以实现中控门锁控制、电动车窗控制、电动后外视镜控制功能。前期生产的E-QM5车辆由4个门控模块分别控制4个门相关功能，2021年11月5日后生产的E-QM5，取消左后及右后车门控制器，由左前车门控制器驱动左前及左后车门负载，右侧原理相同。硬件完全借用HS5一拖二方案，软件适配性更改。

车辆确认故障后进行维修检测，PDI检查时首先发现右前门升降器开关无法控制右前门玻璃升降，左前门可以正常控制。因为主控可以正常控制右前门玻璃升降器的升降，所以可以判定左前门与右前门模块之间通信是正常的，也可以排除掉左前门控制器及右前门玻璃升降器本身的原因导致故障。通过故障现象可以列出几个可能出现的故障点：

（1）右前门升降器开关故障。

（2）右前门线路故障。

（3）右前门模块故障。

通过先易后难的方法开始进行检修，首先考虑是右前门升降器开关供电及接地和元件是否良好，通过开启小灯后观察升降器开关的背景光可以正常点亮，由此可以判断升

降器开关插头正常，插接良好，既然插接器是插接良好的，那下一步就是排查升降器开关供电、接地及元件。

红旗E-QM5升降器开关使用的是双电位负触发开关，模块加载初始信号电压到开关内置电阻通过电阻接地，门控模块通过电位差识别操控指令，从而实现玻璃升降器的4种动作形态的控制。根据电路图找到开关的控制线路，确认了过车门线束C29插接器的1~3针脚分别对应：开关模拟地、开关背景光输出、副驾驶右前窗开关。将万用表转到电压挡，表笔分别连接1号针脚与3号针脚，在不按动开关时有12V左右的电压。在按动右前门升降器开关4个挡位时电压表测量得出4个不同的电压值，正电、模拟接地都有，测量开关电阻也都正常，说明开关是正常的。此时就考虑是右前门模块的问题，随后取了试驾车的右前门控（实物码一致）来测试，试驾车的右前门模块装到故障车上，故障依旧，故障也不随更换配件转移。既然开关与门控都确认了没问题，那问题又回到了电路上，想到是不是模块接收不到开关动作信号？按照电路图核对了门控插接器上所属升降器开关输出和模拟接地针脚的位置，发现实物上门控B插接器B15针脚在电路图上针脚标注的是B16针脚。当时就认为是线束在生产时将针脚插错位了，将针脚按照电路图标注的位置调整了一下，右前门升降器开关就可以正常控制升降了。原以为故障就这样解决了，但是在完工自检过程中发现右前门无法上锁，其他3个门可以正常上锁。读码有两个故障码：B114C18 中控锁电机解锁电流过小；B114D18 中控锁电机闭锁电流过小。根据故障码及故障现象测量了电机电阻及线路，发现电路图与门控插接器A插头有差异，此时就陷入了困惑，线束出厂出现相邻针脚插错可以理解，但是右前门控A插接器的针脚与电路图标注的针脚定义相差太远，右前门控B插接器也多了两根右后门升降器控制线路。这时就发现我们拥有的电路图与故障车电路图不符。随后寻求技术支持老师的帮助，拿到了最新的电路图，也了解到了E-QM5四门门控分一拖一控制和一拖二控制，门控控制器零件号为3610320-HA01-A的是一拖二控制，不带A的为一拖一控制。经过诊断仪读取的门控信息与实物码对比，此车明显为一拖一控制，可右前门线束又对应了一拖二的电路图，这明显对不上，问题点就出现在线束上。最后将右前门线束及门控实物码与其他门的做了对比，右前门出厂安装线束编码后面带A（如图7-2-13所示），其他门均不带A（如图7-2-14所示），由此可以判断导致故障的原因是车门线束不匹配。至此故障排查完成。

故障原因：零件号为3610320-HA01-A的右前门线束总成出厂装配错误。

故障排除：更换对应编码3610320-HA01右前门线束总成。

故障总结：此车在2021年11月份生产，门控由原来的一拖一控制策略改为一拖二控制策略也在11月份，门控及门线束有所变更，工厂生产将一拖二线束误安装到一拖一车辆上。后期车辆进行维修更换相关备件时注意按照对应控制策略订购对应编码备件。最

编码带-A

图7-2-13

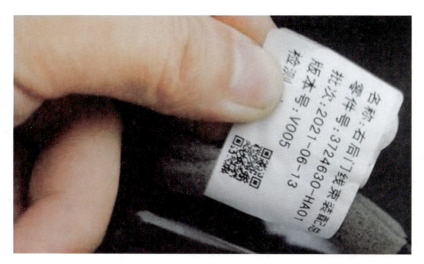

图7-2-14

后通过此次故障检测维修深刻了解到了E-QM5以及HS5门控一拖一、一拖二控制策略及遇到故障时多留意相关部件是否也存在故障，将故障现象结合思考会有助于我们更好地处理故障的。

四、一汽红旗E-QM5启动不了

行驶里程： 2319km。

年款： 2021年。

故障现象： 客户反映车辆停在地下车库启动不了，仪表上显示高压互锁故障，停车自动熄火，打电话要求救援。第一时间赶到现场进行处理，在现场处理不了必须拖车到店检查。

故障诊断： 2022年6月9号晚上拖到店，对当时车辆用VDS诊断仪读取故障码P1B1100高压互锁故障；U011087前MCU节点丢失故障；U011087电机控制单元1节点丢失。网络测试只有MCU通信失败。

根据VDS读出的故障码分析最关键的两个故障码为P1B1100和U011087，并着重开始检查。

（1）蓄电池到整车控制单元的供电是否正常，检查BF-03-200A的保险丝，接着检查AF-26-15A保险丝及AF-60插头的A12和A13针脚，打开电源测量这两个针脚电压都为12.5V，电压正常。再测量HCU继电器（AR03）控制继电器86号、85号到HCU A51针脚，正常。打开电源，继电器30号、87号到A39与A52，正常。然后查AF-26-25A，保险丝正常，IG继电器打开，AF-48-5A保险丝正常，到HCU A50针脚测量也是正常，说明供电没问题。

（2）根据高压互锁框架图（如图7-2-15所示）进行分析，其由HCU、BMS、水暖PTC、DC/DC、高压配电盒、驱动电机和低压维修开关来组合完成。针对故障码首先用最简便办法，对驱动电机10号和1号针脚从插头后用针进行短接，上电后看仪表上故障变了只有P1B1100。用诊断仪读出网络通信已通，说明驱动电机没问题，还是互锁故障。

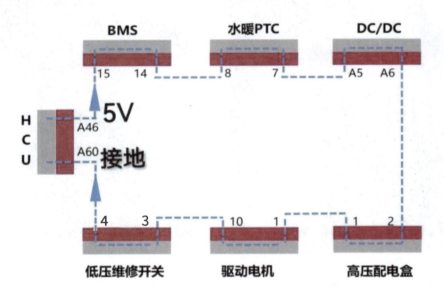

图7-2-15

（3）打开电源对HCU A46针脚插头后用万用表测量A46针脚没有5V电，于是断电后对BMS的15号、14号针脚，水暖PTC的8号、7号针脚，DC/DC的A5号、A6号针脚，高压配电盒的2号、1号针脚，驱动电机的1号、10号针脚，低压维修开关的3号线紫/红、4号线紫/粉进行短接，打开电源看仪表上还是显示互锁故障。判断此高压互锁为非常见的断路导致高压互锁，猜测短路导致的分压异常，造成高压互锁。

（4）用排除法进行排查，检查线路是否有问题。进行分段排查，断开蓄电池负极，打开低压维修开关，测量HCU A46到BMS 15号针脚电阻为0.2Ω；测量BMS 14号针脚到水暖PTC 8号针脚电阻为0.2Ω；水暖PTC 7号针脚到DC/DC A5针脚电阻为0.2Ω；DC/DC A6针脚到高压配电盒2号针脚电阻为0.2Ω；高压配电盒1号针脚和驱动电机1号针脚电阻为0.2Ω；驱动电机10号针脚到低压维修开关3号针脚电阻为0.2Ω；低压维修开关4号针脚与HCU A60针脚电阻为0.2Ω，电阻小于1Ω，在标准值范围内，说明线路正常。

（5）断开蓄电池负极，打开低压维修开关对BMS 15号针脚对地测量电阻，无穷大；BMS 14号针脚对地测量电阻，无穷大；水暖PTC 8号针脚对地测量电阻，无穷大；水暖PTC 7号针脚对地测量电阻，无穷大；DC/DC A5号针脚对地测量电阻，0.2Ω，如图7-2-16所示；A6针脚对地测量电阻，0.3Ω，如图7-2-17所示；其他针脚对地电阻无穷大。很明显A5和A6测量出的电阻不对，对地短路。按常规来说此情况下任何一个针脚对地应无电阻，于是把DC/DC A5和A6针脚挑出，不通过DC/DC直接短接，如图7-2-18所示。

图7-2-16 　　　　　　　　　　　　　　图7-2-17

（6）打开电源看仪表上故障消除，测量了HCU A46针脚，有5V左右电压正常，判定A6对地内部短路，即DC/DC内部故障。

故障原因： 零件号9333020HA01的DC/DC变换器总成的A6针脚对地内部短路。

故障排除： 更换DC/DC，如图7-2-19所示。

故障总结： 基于上述情况，如果出现此类故障，直接采用处理短路故障的隔离法可以一并检修断路和虚接情况，然后使用飞线来确定故障点。

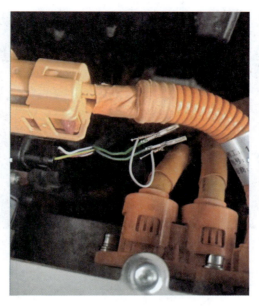

图7-2-18

图7-2-19

五、一汽红旗E-QM5滴滴版B散热风扇有时低速有时高速，仪表提示车辆高压上电，蓄电池补电时散热风扇停止运转

行驶里程： 55km。

年款： 2021年。

故障现象： 新车到店PDI后锁车停在库中，下班发现前面散热风扇有时低速有时高速运转，然后仪表提示车辆高压上电，蓄电池补电时散热风扇停止运转，如图7-2-20所示。

图7-2-20

故障诊断：正常车辆长按下电开关5s或在2s内按压下电开关3次（共有4种下电方式），车辆下电关门锁车仪表显示红色蓄电池指示灯，驻车开关点亮指示灯，换挡杆上SKA上P指示灯和照明灯亮，等5min左右仪表蓄电池指示灯和换挡杆上SKA上P指示和照明灯、驻车开关指示灯熄灭，进入休眠模式。如果蓄电池亏电会进入补电模式同时仪表提示车辆上高压电，蓄电池补电中。该车进入休眠几秒后出现仪表中间显示红旗重启界面，仪表上蓄电池指示灯和驻车开关指示灯一起亮起，然后挡位杆上的灯和驻车开关指示灯亮起后，再快速重启休眠，反复这过程几次后散热器风扇开始有时低速有时高速运转，中间音响显示屏正常熄灭状态。解锁打开车门，仪表中间显示亮起，但还是会出现重启现象，这时散热器风扇停止运转，诊断仪检测故障码C101009 EBR（IB外部制动请求）降级当前故障。踩下制动踏板车辆启动，该故障码变为历史故障可以清除，试车一切正常。使用蓄电池检测仪检查小蓄电池电压正常，车辆不是进入补电模式。考虑采用车辆不休眠排查方法，重新打开车门和发动机盖，同时把机械锁手动锁住，用遥控器进行锁车，故障再现，仪表重启，发现机舱内继电器不断有工作声音且发烫，发现AR03、AR04、AR05、AR06、AR17鼓风机继电器不停工作，散热器风扇有时低速有时高速运转，踩下制动踏板，启动后，车辆一切恢复正常。一汽红旗E-QM5网络拓扑图如图7-2-21所示。

系统工作原理：

休眠策略：正常车辆锁车，仪表显示红色蓄电池指示灯、驻车开关上指示灯、换挡杆上SKA P指示灯和照明灯，等5min左右后仪表蓄电池指示灯、换挡杆上SKA P指示灯、照明灯和驻车开关指示灯熄灭，进入休眠模式，如果蓄电池亏电会进入补电模式，同时仪表提示车辆上高压，蓄电池补电中。

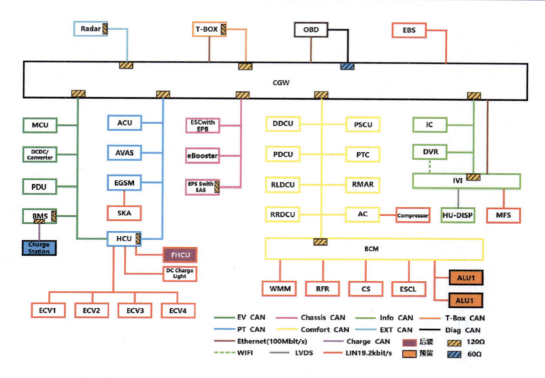

图7-2-21（图注省略）

异常吸合继电器：其中AR03、AR05、AR04和AR06直接或间接通过HCU控制，协调电机水冷系统循环及风扇运行，AR17由空调控制器接地控制，控制空调系统压缩机鼓风机等供电。其中HCU和空调控制器有常电源供应，可通过网关CAN唤醒。该车相关继电器工作可能其他模块唤醒或可能执行补电模式或动力电池温度有关。

故障码：C101009 EBR（IB外部制动请求）降级，当制动控制系统液压部分出现故障时ESC报故障码，可能发生的原因包括管路泄漏、ESC识别到I-booster故障伴生报故障码、ESC内部故障或自检失败。其中自检失败可以通过完全熄火后，重新踩下制动踏板启动车辆或将车辆加速到40km/h以上执行中低强度制动，进行重新自检消故障码为历史故障。但此车锁车休眠后马上反复唤醒休眠，说明有某个部件无法休眠唤醒了其他模块，造成散热器风扇高速运转。在对系统检测时ESC又有故障码生成：C101009 EBR（IB外部制动请求）降级，说明同时唤醒有HCU和AR03 ACU继电器、AR04电机水泵继电器、AR05温控继电器、AR06暖风水泵继电器、AR17鼓风机继电器和ESC、IC、AC单元等。此故障码可能是在唤醒ESC和其他模块进行自检时又马上休眠，造成自检失败从而造成故障码。因为不知道是哪个模块造成唤醒先按故障码进行检查，如表7-2-3所示。

表7-2-3

故障码编号	故障码检测条件	故障部位
C101009	（a）EBR（IB外部制动请求）降级	线束及连接器 电子稳定控制单元 制动管路 I-booster控制单元

（1）使用万用表检查制动灯开关，制动灯开关为霍尔式开关输出电压0V和12V，踩下相反变化，不踩制动踏板，白线为12V，踩下为0V，绿粉线不踩为0V，踩下为12V，电压变化是正常。

（2）检查线路和A、B柱插头未发现问题。

（3）和正常车对换ESC和I-booster控制单元（助力器），试车故障依旧，说明这两个部件正常。

（4）既然继电器和散热风扇都是HCU控制，拔下副驾驶脚踏位置地板下HCU插头进行试车，这时继电器和散热风扇不工作了，但仪表、挡位显示和驻车灯故障现象还是一样，说明HCU正常，可能其他模块原因。

（5）拔下娱乐主机所有插头，试车仪表还会重启，说明娱乐主机正常。

（6）拔下仪表DF10和DF23保险丝，仪表不亮了，但依旧唤醒，说明仪表正常。

（7）对换正常车BCM故障现象还是一样，说明BCM正常。BCM供电保险太多，边上有正常车BCM，更换过来后使用正常车钥匙就可以试车了，不拔这类保险丝原因是每次试车都要等到5min休眠后。

（8）断开右驾驶室内部保险盒主线，故障现象消失，判断是此保险盒内某个模块引起自唤醒，如图7-2-22所示。

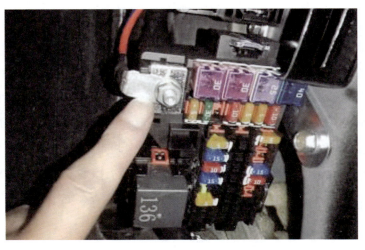

图7-2-22

（9）安装主线，怀疑可能是T-BOX问题，拔下驾驶室保险盒DF22、副驾驶室保险盒EF07和EF14保险丝，试车故障依旧。

（10）拔下副驾驶室保险盒EF10保险丝，行车记录仪和摄像头照明正常，试车故障消失。

（11）往后查，拆下行车记录仪，试车正常，说明是它的问题。

（12）连接行车记录仪锁车等休眠故障再现时，测量其4号脚B+为12V、3号脚IG为0V、1号脚和5号脚为CAN-H和CAN-L，当出现重启时电压CAN-H为2.5～2.7V、CAN-L为2.3～2.5V变化，说明行车记录仪DVR通过信息CAN线唤醒其他模块工作，快速休眠反复工作，造成ESC中产生故障码。

故障原因：零件号3785310-HA01的行车记录仪内部故障通过信息CAN线唤醒车辆，如图7-2-23所示。

图7-2-23

故障排除：更换行车记录仪。

故障总结：此车辆是纯电车辆，机舱内部保险盒里面继电器反复工作，散热风扇又会不停或低速或高速运转，怀疑是高压控制部分功能问题，比如温度高唤醒。在诊断仪中又读到故障码，就从故障码入手发现无法找到问题。当断开HCU后除继电器和散热风扇不工作外，故障还是再现，说明基本不会是高压模块内部问题。然后对换相关模块后，故障依旧情况下，通过断开其他模块电源方法来缩小故障范围。确定故障件，然后分析到底是哪根线电压变化造成这种故障现象，有故障码原因是在唤醒ESC和其他模块进行自检时马上休眠造成自检失败，更换行车记录仪后正常。

第三节　一汽红旗E-HS9

一、一汽红旗E-HS9车辆停放一天后，右前车身下沉

车型： 一汽红旗E-HS9（旗尊）。

行驶里程： 21km。

年款： 2021年。

故障现象： 车辆停放一天后，右前车身下沉。

故障诊断： 车辆停放10h左右，发现车身右前侧明显低于左前侧，用尺子测量（左侧46.5cm，右侧42.5cm），上电后车身高度可以恢复正常。等自动充气停放10h后，故障再次出现，如图7-3-1所示。

左侧车身高度 46.5cm　　右侧车身高度 42.5cm

图7-3-1

车辆在行驶过程中感觉车身忽高忽低，仪表显示底盘升降一直处于工作状态，仪表没有故障提示。

E-HS9旗尊车型采用空气悬架系统，该系统由以下组成（位置如图7-3-2所示）：

该系统使用空气弹簧代替普通的螺旋弹簧，满足车辆停放或行驶过程中ECAS通过接收3个重力加速度传感器及4个车身高度传感器检测到车身高度的变化，控制相应的电磁阀工作，从而实现调整四轮空气弹簧内的压力来改变车身高度，提高乘坐人员的舒适

度。根据上述确认，分析两个故障现象，怀疑可能原因为右前侧漏气导致。因为不但漏气可以使车辆在静止一段时间后车身高度发生变化，而且行驶中四轮空气悬架内压力不均会造成车身高度难以保持在合理位置，才导致车身高度一直处于调节的状态。根据系统工作原理分析，该故障原因可能有两种情况（电控系统控制的放气和机械漏气），根据这两种情况分析以下原因：

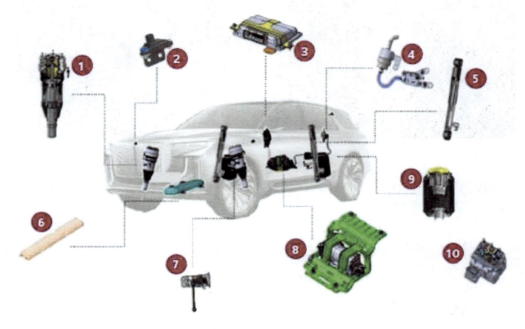

1.前空气弹簧及减震器　2.重力加速度传感器　3.空气悬架控制单元　4.空气滤清器　5.连续可变阻尼控制减震器　6.储气筒　7.车身高度传感器　8.压缩机总成　9.空气弹簧　10.空气悬架电磁阀单元

图7-3-2

（1）空气悬架控制单元（ECAS）。

（2）右侧重力加速度和车身高度传感器。

（3）空气悬架电磁阀单元故障。

（4）右前侧空气管路漏气。

将车辆上电，连接VDS诊断仪，读取空气悬架系统没有故障码，等到空气弹簧充气后，用肥皂水测试电磁阀控制单元的右前侧管路和空气弹簧接口处，没有发现漏气现象，如图7-3-3所示，继续停放测试。

第二天，问题依然存在，用诊断仪读取数据流，右前侧与正常高度偏差-54mm，右前空气弹簧压力280kPa，如图7-3-4所示。为了排除电控系统导致的车身高度下降。我们断开小电池，切断相应的控制电源，继续停放测试。

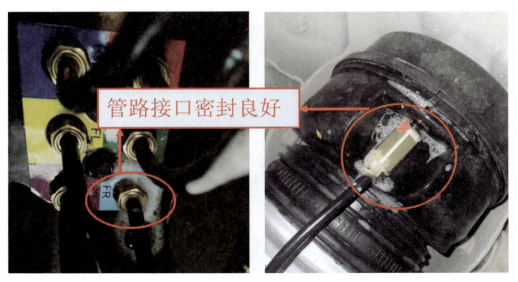

图7-3-3

图7-3-4

　　第三天，车辆故障再次出现且左右两侧的高度和之前一样（测量左侧46.5cm，右侧42.5cm），这时已经排除电子系统故障。分析该车为商品车，在PDI时发现的问题，怀疑右前管路或空气弹簧在工厂装配时失误导致本体漏气。目前店内只有一辆，不能交叉验证，且更换管路工程量也比较大。我们决定想办法进行分段保压测试。将系统排气后，拆解空气弹簧处的连接管路，发现该管路与空气弹簧本体有一个单向阀式的连接器，仔细观察该连接器的原理，发现该连接器是依靠管路的安装位置来实现单项导通，在管路没有与连接器安装的情况下，连接器处于单项密封状态，如图7-3-5所示。根据此单向阀的工作原理，我们此时可以对空气弹簧本体进行保压测试，我们拆卸空气软管后，给空气弹簧充气，使其保持单项密封保压的状态。

管路断开，单向阀闭合，系统处于保压状态。为了便于检查，此时给空气弹簧人为充气，检查弹簧是否漏气

管路正确安装，单向阀打开

图7-3-5

第四天，发现车身左右两侧的高度一样，车辆正常了。这就充分说明右前空气弹簧内部泄漏。但是没找到具体的泄漏点。提报质量反馈单，经厂家老师分析，让我们拆卸发动机上护板，检查空气弹簧顶盖是否有泄漏点，我们向不凹陷区域灌水，并打压测试，发现空气弹簧顶盖位置有气泡冒出，如图7-3-6所示，说明此处漏气导致。更换右前空气弹簧后，车辆高度已经正常。进行路试，发现在行驶过程中还存在忽高忽低、车身上下调节的情况。读取系统信息，此时有故障码C123200高度传感器未标定，先用诊断仪进行自动配置，但在配置的过程中出现"开始标定例程由于检查到车辆高度提升而终止"的字样提示。根据该提示分析空气悬架的匹配逻辑，车辆在匹配ECAS的时候，ECAS会通过车身高度传感器而判断车身的平稳程度和四轮数据进行对比。系统读取有差值后，ECAS控制器控制分配阀充气或者放气，此时高度传感器的数值也会产生变化，并将数值传送到ECAS控制单元。如果高度传感器数值没有产生变化，这时ECAS控制单元会认为系统有故障，从而自动配置会终止进行。诊断仪提示"开始标定例程由于检查到车辆

高度提升而终止"，如图7-3-7所示。

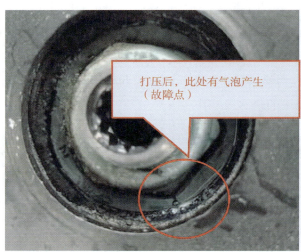

打压后，此处有气泡产生（故障点）

图7-3-6

诊断仪自动配置失败

图7-3-7

通过分析后可能原因有：

（1）空气悬架电磁阀卡滞。

（2）高度传感器故障。

（3）某一个减震器故障。

（4）空气悬架控制单元（ECAS）故障。

首先用诊断仪读取车身高度传感器的信息，电压5.03V，正常。又对其进行动作测试，发现左前轮放气时系统测量的压力一直保持在1030kPa无变化，其他3个轮正常。我们对左前轮减震器到管路仔细进行检查，发现左前轮空气软管和右前轮空气软管的安装位置略有不同，感觉没有安装到位。将左前轮空气软管拆卸后，测量软管的安装深度大约5mm，将右前轮拆卸后，测量安装深度大约8mm，如图7-3-8所示。根据单向阀工作原理，怀疑左前轮空气软管由于安装深度不够，导致单向阀无法打开，不能实时根据车身的变化进行高度调节。按照右前轮软管的安装深度重新安装左前轮空气软管。然后对ECAS重新自动配置，系统提示配置成功，试车确认故障排除。

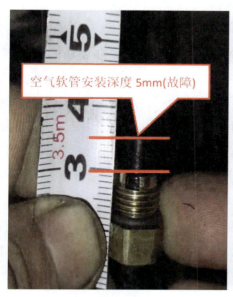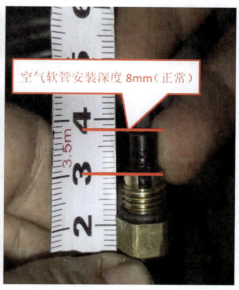

图7-3-8

故障排除： 更换右前侧空气弹簧。重新安装左前侧空气软管。

故障总结： 通过本次故障的排查，有两点作业内容请大家注意。

（1）空气弹簧总成件包含单向阀，与单向阀的接口处是塑料材质，拆卸安装时极易发生滑丝漏气的情况，如果安装不当可导致弹簧本体的损坏，厂家老师不允许拆卸此单向阀进行作业。

（2）安装空气软管和空气弹簧连接处时一定要注意安装的深度，否则可能发生故障。

二、一汽红旗E-HS9仪表显示手机无线充电指示灯故障，方向盘左右按键不起作用

车型： 一汽红旗E-HS9。

行驶里程： 4270km。

年款： 2021年。

故障现象： 仪表显示手机无线充电指示灯故障，方向盘左右按键不起作用。

故障诊断：手机无线充电指示灯亮，操作方向盘按键和滚轮、音响、语音、仪表设置等所有功能都不能使用。

系统工作原理：

娱乐主机通过LIN网络控制时钟弹簧和前排手机无线充电模块的信息传输，娱乐主机是LIN1网络的主模块，时钟弹簧和前排手机无线充电模块是从模块。

首先诊断仪检测，娱乐主机模块有3个故障码（U110687手机无线充电器节点丢失、U02FA87多功能方向盘节点丢失、U102488 LIN1物理总线错误），都属于当前故障，并且也使用了断电、自动配置等方法，故障无法清除。根据故障分析，两个从模块同时出现故障，问题一般在主模块或主线路上，点火开关打到ON挡，测量娱乐主机C12插头9号针脚LIN线输出，电压为0V（对比其他正常车测量为7.8V），LIN线无电压，有两种情况，一种是娱乐主机的问题，一种是线路对地短路。首先互换了娱乐主机，LIN线电压还是0V，说明娱乐主机正常，拔下娱乐主机C12插接器，测量9号针脚对地电阻为0Ω（标准值为无穷大），说明LIN线对地短路。

对地短路也是从两方面考虑，一是元件本身对地短路，二是线路对地短路。先断开手机无线充电模块，测量9号针脚对地电阻为0Ω（标准值为无穷大），说明模块正常；接着断开多功能方向盘，测量的电阻值还是0Ω（标准值为无穷大）。确认故障原因为线路有对地短路的地方。参照电路图分析，此线路属于仪表线束，中间没有任何插接件，只能分段与手机无线充电模块连接，检查线束，先拆副仪表台，全部拆除后检查线束，发现在副仪表台铝支架右侧中部，线束外皮有破损，并且有3根线的铜丝外露，如图7-3-9和图7-3-10所示。通过测量，确认其中一根黑黄线为LIN1，将线束修复，再次测量娱乐主机C12插接器9号针脚，电阻为无穷大，至此说明故障排除。

故障原因：线束磨破。

故障排除：修复线束。

故障总结：这次故障的排除，首先通过维修手册分析工作原理和系统结构，确定诊断思路，再按照LIN网络的工作原理和测量方法，进行诊断。通过对LIN网络工作电压的测量、对地短路的测量以及排除法和对比法的使用，逐步缩小故障范围，最终找出故障点。

图7-3-9

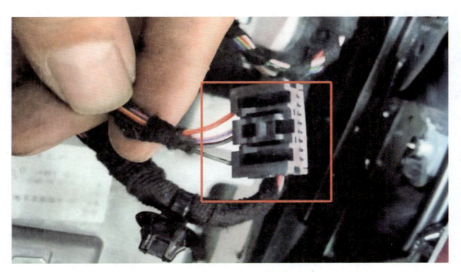

图7-3-10

三、一汽红旗E-HS9大灯、转向灯、雨刮无法使用且不工作，前排左右脚窝灯不亮

车型：一汽红旗E-HS9。

行驶里程：25km。

故障现象：新车PDI时发现大灯、转向灯、雨刮无法使用且不工作，前排左右脚窝灯不亮。

故障诊断：新车到店检查时发现组合开关上所有功能都无法使用（包括灯光、雨刮、巡航开关），仪表无故障灯，前排左右脚窝灯不亮。

系统工作原理：

组合开关控制由4根线组成1根常电、1根IG1电、1根地线、1根LIN线，组合开关控制经LIN线传送给BCM模块控制灯光、雨刮的开启与关闭，如图7-3-11和图7-3-12所示。

（1）诊断仪读取故障码为U011B87组合开关节点丢失，如图7-3-13所示。

（2）根据故障码参照维修手册及电路图分析测量线束，断开组合开关插接件测量组合开关5号IG1电压为12.9V（正常为蓄电池电压），检查结果为正常。

（3）断开组合开关插接件，测量组合开关8号接地与车身电阻为0.5Ω（正常为小于1Ω），检查结果为正常。

（4）断开组合开关插接件，测量组合开关10号LIN线电压为7.8V（正常为8V左右），检查结果为正常。

（5）断开组合开关插接件，测量组合开关2号常电源为0V（正常为蓄电池电压），检查结果为异常。

（6）检查BF10组合开关保险丝电压和通断电阻为12.7V和0.6Ω（正常值为蓄电池电压和小于1Ω），检查结果为正常。

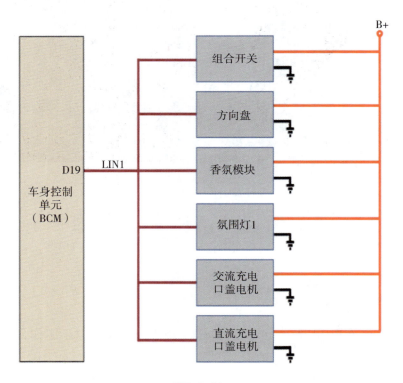

图7-3-11

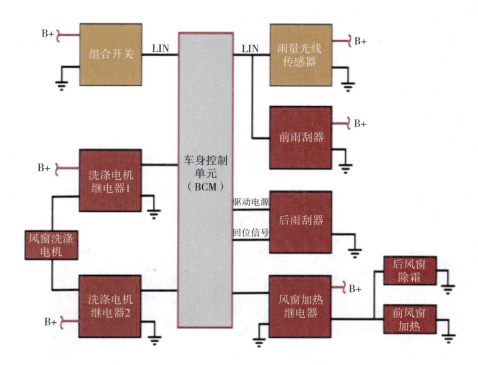

图7-3-12

故障码	描述	状态
U011B87	组合开关节点丢失	当前故障和历史故障
B100814	左前门把手天线故障	当前故障和历史故障

图7-3-13

（7）测量组合开关2号至左前脚窝灯1号、右前脚窝灯1号之间线束电阻为0.6Ω（正常值为小于1Ω），检查结果为正常。

（8）测量组合开关2号、左前脚窝灯1号、右前脚窝灯1号至保险丝BF10（拔掉保险丝）之间线束电阻为无穷大（正常值为小于1Ω），检查结果为异常。

（9）查看组合开关2号至保险丝BF10之间线束颜色为白紫色（正常为棕红色），检查结果为异常。

（10）查看组合开关2号线束去向，为到保险丝BF14（正常应到保险丝BF10），检查

BF14保险丝时发现（烧断），检查结果为异常。

（11）查看保险丝BF10线束去向，为到诊断插座16号针脚，正常应到组合开关2号针脚，检查结果为异常。

（12）从此可以判断为保险丝位置错误，如图7-3-14和图7-3-15所示。

故障原因：保险丝烧断。

故障排除：更换保险丝。

故障总结：经过排查发现实车保险丝位置与电路图不符。BF10保险丝控制诊断插座16号针脚；BF11保险丝控制网关控制器电源A20针脚；BF14保险丝控制组合开关2号针脚电源、左和右前脚窝灯1号电源、左外后视镜、USB1、USB2电源。

图7-3-14

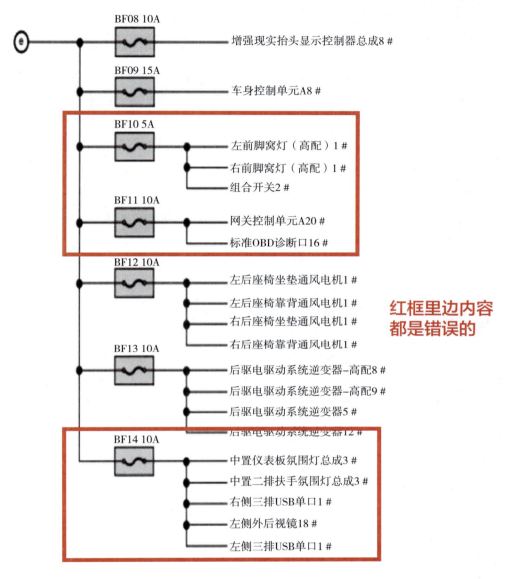

图7-3-15

四、一汽红旗E-HS9仪表气囊灯亮，SOS故障

车型： 一汽红旗E-HS9。

行驶里程： 8km。

故障现象： 仪表气囊灯亮，SOS故障。

故障诊断： 车门控制器通过CAN和硬线双路与安全气囊控制通信，当车辆发生碰撞时，安全气囊控制器发送碰撞信息，车门控制门锁开锁。

连接诊断仪，读取故障码，安全气囊里有故障码B1A101F碰撞输出故障（当前故障）；T-BOX里有故障码B14A264 crash碰撞检出故障（当前故障），如图7-3-16和图7-3-17所示。

HQ-VDS

E-HS9>>自动扫描>>自测>>读取所有故障码>>安全气囊控制单元(ACU)>>读故障码

故障码	描述	状态
B1A101F	碰撞输出故障	当前故障和历史故障

图7-3-16

HQ-VDS

E-HS9>>自动扫描>>自测>>读取所有故障码>>车载远程通信终端(T-Box)>>读故障码

故障码	描述	状态
B14A264	Crash碰撞检出故障	当前故障和历史故障

图7-3-17

根据故障码查阅维修手册。B1A101F的故障部位：

安全气囊控制单元。

线束及连接器。

电池控制单元。

左前车门控制单元。

右前车门控制单元。

左后车门控制单元。

右后车门控制单元。

智能天线（T-BOX）。

前动力/后动力电机控制单元。

B14A264可能的故障部位：

安全气囊控制单元。

线束及连接器。

智能天线（T-BOX）。

网络测试都正常，控制内部问题造成该故障的可能性比较小，测量ACU的供电保险丝为14.03V（标准值12～16V），正常。测量舒适CAN-H 2.785V，CAN-L 2.221V也没什么问题，检查安全气囊控制单元46号针脚对地电压值为0V（标准值为8～12V），判断该线路对地短路。查找短路点，拆开四门护板去检查是否由短路点，未见异常。依次断开左前门控制器插头，右前门控制器插头，左后门控制器插头，右后门控制器插头，故障依旧。检查连接器，ACU的46号经过C-02、C-03、C-14、C-15、C-16和C-17这几个插头到其他控制器的，检查到C-16插头时发现1号插针歪了，如图7-3-18所示，与2号针脚短路了，通过电路图发现2号针脚是门把手的电容开关接地，处理插接器的插针，故障排除。

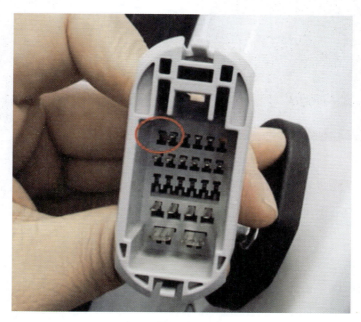

图7-3-18

故障原因： 插针歪斜，导致1号针脚与2号针脚短路。

故障排除： 修复插针。

故障总结： 气囊控制单元的碰撞信息是通过双路进行传递的，一路是CAN线，一路是硬线。当车辆发生碰撞时，安全气囊控制器硬线输出一个低电位信号，同时CAN线发送碰撞信息，为了车内人员及车辆安全，动力电池控制器切断高压输出，四门控制门锁打开。如果是燃油车辆，该信息还会发给EMS，用以切断燃油。该车的故障原因是车辆并没有碰撞，但是其他控制器却接收到ACU发出的硬线低电位碰撞信息，CAN线并没有发出碰撞信息，这是一个错误信号。根据维修手册的指示，一个硬线与多个控制器相关。着重检查相关插接器，从而快速确定故障点。

五、一汽红旗E-HS9空调不出热风，仪表亮故障灯

车型： 一汽红旗E-HS9。

行驶里程： 3800km。

年款： 2021年。

故障现象： 客户反映空调不出热风，仪表亮故障灯，如图7-3-19所示。

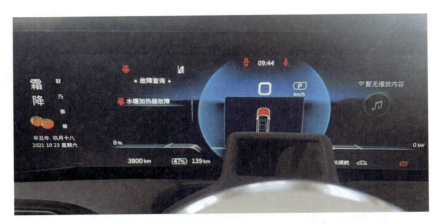

图7-3-19

故障诊断： 车辆进站检查确认故障，仪表显示水暖加热器故障，开启空调后调节两边温度在28℃后，室外温度在17℃且出风口吹出来温度在18℃。使用诊断仪读取相关系统无故障码。

系统工作原理：

E-HS9采暖系统：由热泵、高电压水暖PTC、三通水阀、电子水泵、暖风水阀、暖风芯体、鼓风机等组成，如图7-3-20所示。

E-HS9有三种制热模式：（1）当温度高于0℃以上的时候，只有热泵单独工作，水暖PTC不参与工作；（2）当温度在-20℃～0℃之间，热泵和水暖PTC可能会同时工作；（3）当室外温度低于-20℃的时候，热泵不再工作，由水暖PTC单独供暖。

由于使用诊断仪读取相关系统无故障码，不好判断什么地方出现的问题，只能使用传统的维修方法监测：

（1）冷却液液位是否正常。

（2）暖风水管是否有温度。

（3）手感有没有水的流动迹象。

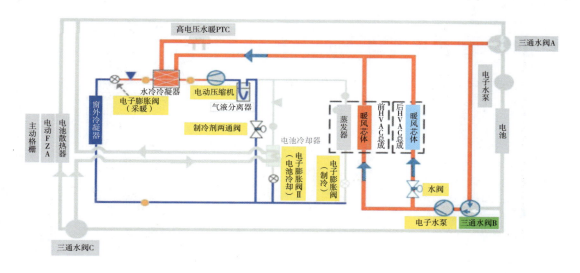

● 温度传感器　注：系统需求采暖时，如果环境温度高于0℃，将由热泵单独采暖，高
▼ 压力传感器　电压水暖PTC不开启

图7-3-20

（4）读取数据流观察传感器及执行器的工作状态。

首先发现电池膨胀水壶一直冒白色泡沫，证明冷却系统里面有堵塞，之前有别的店遇到过两个三通水阀装错的案例，正常车是三通水阀C在前，水阀A在后。对比后发现三通水阀水路确实安装错了，互换两个三通水阀后试车发现有暖风了。但是仪表还是报水暖加热器故障，车辆暖风开启一会后发现又不出暖风了。连接VDS读取故障车辆数据流，PTC入口温度在63℃，水泵反馈转速0r/min，与正常车对比发现电子水泵没有反馈信号。查阅维修电路图测量电子水泵3的1号针脚电压在12V（标准值为B+）、2号针脚电压9.5V、3号针脚接地阻值0.4Ω（标准值小于1Ω），在测量数据没有异常情况下直接倒换电子水泵3后测试空调暖风正常了，仪表在着车后还是显示水暖加热器故障，电池膨胀水壶内还是有少量的白色泡沫。因为按当时的温度从空调制热原理分析这个时候的制热只有热泵工作，水暖PTC不参与工作。联系厂家老师，分析故障车辆数据流，得出结果是数据流中的PTC工作状态永久锁定属于不正常现象，是PTC内部存在故障，如图7-3-21所示。读取正常车辆对比空调数据流中的PTC工作状态是关闭，如图7-3-22所示。直接更换PTC后试车暖风工作正常，电池膨胀水阀出水正常。

故障原因：高电压水暖PTC总成内部故障。

故障排除：更换高电压水暖PTC总成和电动水泵Ⅲ总成。

故障总结：在没有故障码情况维修暖风时，需要按照空调的工作原理分析和排查步骤，通过数据流与正常车辆分析故障。

水阀目标位置	0	%
水泵目标转速	0	r/min
水泵动作要求	关闭	
水泵反馈转速	0	r/min
水泵工作状态	关闭	
PTC动作要求	关闭	
PTC目标水温	0	℃
PTC电力消耗限制	7000	%
PTC控制用外气温	19	℃
PTC工作状态	永久锁定	
PTC入口水温	61	℃

> 故障车辆空调控制单元数据 PTC

图7-3-21

E-HS9>>自动扫描>>数据记录器>>自动空调控制单元(ATC)>>数据流信息

水阀目标位置	0	%
水泵目标转速	3000	r/min
水泵动作要求	打开	
水泵反馈转速	3000	r/min
水泵工作状态	打开	
PTC动作要求	关闭	
PTC目标水温	52	℃
PTC电力消耗限制	7000	%
PTC控制用外气温	22	℃
PTC工作状态	关闭	
PTC入口水温	63	℃

> 正常车辆空调控制单元数据 PTC

图7-3-22

六、一汽红旗E-HS9高速行驶中动力电池电量显示从40%突降至9%，12V蓄电池电量耗尽后抛锚

车型： 一汽红旗E-HS9。

行驶里程： 8029km。

年款： 2021年。

故障现象： 一汽红旗E-HS9高速行驶中动力电池电量显示从40%突降至9%，12V蓄电池电量耗尽后抛锚。

故障诊断： 拖车到店确认现象，车辆快慢充电系统异常，无法启动车辆验电充电，仪表报蓄电池状态异常，无法开启智能驾驶功能，蓄电池灯亮起。12V蓄电池电量耗尽后导致车辆在路上抛锚。断开两个蓄电池（E-HS9前机舱装配有两个12V蓄电池）负极4h，

并在断电期间对蓄电池进行充电。主副12V蓄电池充电后测量电压为12.3V，蓄电池检测器检测小蓄电池显示良好。主副小蓄电池充满电测试上电，可以上电行驶，测试车辆对小蓄电池充电量不足12.0V（充电异常）。空调不制冷，空调系统内电动空调压缩机不工作。连接诊断仪后读取到多个当前故障码。诊断仪读取故障码：P1E6616 DC/DC输入硬件UVP；F1DB900 SOC跳变故障，内置电池电压异常；P1E4016 AC电压欠压，空调压缩机节点丢失等多个故障码。

按车辆现场数据及到店诊断分析：

（1）车辆充电异常导致12V蓄电池电量耗尽。

（2）电动空调压缩机不工作。

（3）多个诊断故障码的指向可能为车辆DC/DC或高压分配位置点故障类型。

测量DC/DC和OBC及整车高压配电盒（PDU）阻抗、低压控制线性电压，未见异常。排查整车低压配电盒内部保险，未见烧蚀。按车辆安全操作流程对车辆进行下电，等待10min后拆开前机舱高压配电盒上盖并验电无异常后，测量蓄电池、电驱、空调、DC/DC和OBC、PTC、PDU、高压线束之间线束的通断（短路）等情况均未见异常。考虑到该车辆故障类型的共同性，前机舱高压分配盒内部有3个保险丝，为动力电池输出到压缩机、DC/DC（车载充电机）、水暖PTC，正好对应车辆故障现象充电异常和电动空调压缩机不工作。用万用表测量前机舱内3个保险丝，均未见熔断异常。按车辆安全操作流程重新上电，并用专用绝缘工具干涉位于高压分配盒上盖的互锁开关状态，测量上电状态，测量机舱高压配电盒内3个保险丝电压，测试结果为0V（异常）。按维修思路寻找上端，查询维修手册发现动力电池内部正极高压配电盒输出高压到前机舱高压分配盒，需要拆卸动力电池并验证动力电池内正极高压配电盒高压输出异常。由于是新车型，按工厂流程上报车辆发生故障情况，提交现场资料申请远程指导。经工厂同意后对动力电池进行拆卸检测验证，发现动力电池内部高压配电盒（BDU）熔断器异常，如图7-3-23所示。对动力电池内正极高压分配盒进行拆卸测量怀疑点，内部熔断器断路（已熔断），如图7-3-24所示。

按正常索赔流程建议工厂给予索赔更换并上报远程指导小组，小组给出建议更换BDU、PDU进行测试。更换BDU、PDU，动力电池气密性检测无异常后安装测试，车辆交流充电故障消除，可以正常充电。但空调故障依旧，无法制冷。读取故障码为U02EA87电动空调压缩机节点丢失。对压缩机件检测，发现高压导通电压异常为0.8272V（标准为0.39～0.73V），判定为压缩机内部逆变器故障，具体原因需要供应商（电装）拆解确认。更换新的电动空调压缩机，更换好电动空调压缩机并加注制冷剂后上电测试，故障排除。确定排除所有故障项目后路试83km，无异常。

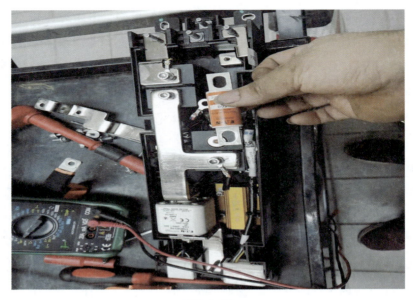

图7-3-23

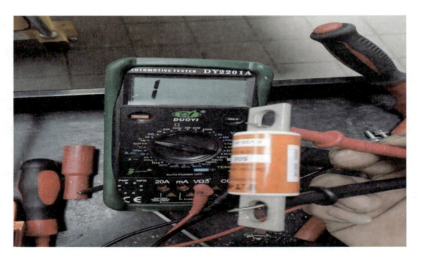

图7-3-24

　　故障原因：动力电池内部高压配电盒（BDU）熔断器熔断和电动空调压缩机内部逆变器故障。

　　故障排除：更换新的电动空调压缩机，更换好电动空调压缩机并加注制冷剂后上电测试，故障排除。

　　故障总结：初步锁定电动空调压缩机内部逆变器故障导致动力电池内正极高压配电盒熔断器熔断，造成动力电池高压输出到前机舱分配盒电压异常，无充电等。

七、一汽红旗E-HS9大灯自动熄灭，仪表亮故障灯，制动踩不动

车型： 一汽红旗E-HS9。

行驶里程： 18500km。

年款： 2021年。

故障现象： 大灯自动熄灭，仪表亮故障灯，制动踏板踩不动。

故障诊断： 实车确认故障现象为大灯无法打开，仪表提示"无线充电故障，电子稳定系统故障，ABS故障"，踩制动踏板无助力，车辆无法正常下电。通过诊断仪检测，网关报故障码U012187电子稳定系统集成电子驻车制动控制单元节点丢失（当前故障），多个模块报电子稳定系统节点丢失故障，做网络测试发现，电子稳定系统不在线。故障出现时，客户夜间正常行驶在市区铺装路面，发生故障时路面情况良好，无坑洼颠簸。

系统工作原理：

电子控制系统主要组成可分为信号输入装置、电子控制单元和执行元件三大部分。电子控制单元正常工作需要几个必要的基础条件——电源、接地和网络通信，该车同时出现多个系统故障，极大可能是其控制单元的公共电源、接地或CAN总线故障导致。

通过诊断仪检测发现电子稳定系统不能正常通信，从而查询电路图后检测了电子稳定系统控制单元的电源、接地及CAN线。测量5号脚CAN-H 2.65V（标准值2.5～3.5V），11号脚CAN-L 2.35V（1.5～2.5V），正常。测量46号脚接地，对车身电阻小于1Ω（断电后），正常。测量30号与1号脚电压5.6V（正常应为蓄电池电压），异常。通过查询电路图得知，车身稳定系统控制单元的30号与1号脚为常电源，由车辆副蓄电池供电，从而测量了车辆副蓄电池电压，测量结果也为5.6V（标准值11.5～14.5V）。此时车辆处于上电状态，主蓄电池电压为14.3V，说明副蓄电池电压异常。该车辆配备两个蓄电池，车辆上电后由蓄电池连接继电器闭合后实现两个蓄电池并连，继电器闭合后车辆才能正常对副蓄电池充电。该继电器由BCM控制电源实现继电器通断，从而测量了继电器由BCM过来的控制线电压，测量结果为0.39V（标准值为11.5～14.5V），如图7-3-25所示，异常。继电器无法闭合，仪表及诊断仪无任何相关提示及故障码。由于测得蓄电池连接继电器控制线电压异常，怀疑故障原因为BCM到继电器线路异常导致，测量了BCM的C12号脚到继电器的1号脚电阻，测得结果为0.3Ω（标准值小于1Ω），正常。两端插头断开后测量了该线无对地或对电源短路现象。由于检测BCM到继电器线路未发现异常，从而怀疑为BCM内部故障导致。用诊断仪对BCM进行自动配置后继电器控制线电压正常，继电器能正常闭合，车辆上电后副蓄电池电压正常，车辆能正常对副蓄电池充电。车身稳定

系统，大灯无法打开等故障消失。将车辆下电锁车几小时后上电测量，继电器仍然无法打开，故障再现。再次自动配置BCM后故障可以短暂排除，将车辆锁车休眠后，再次上电故障会再次出现，多次验证还是相同结果。由于每次自动配置BCM后故障都能短暂消失，从而判断为BCM故障，更换了新BCM，试车故障依旧。因为相关线路无异常，BCM更换后故障依旧，所以没有了其他维修思路，便咨询了技术支持老师协助检查。因为E-HS9车型有双蓄电池和单蓄电池两种不同配置，技术支持老师怀疑是车辆配置码错误，导致系统误认为此车辆为单蓄电池版本，所有BCM不输出信号控制继电器闭合。在查看网关配置码时发现，该车网关配置码为"000200000000"，如图7-3-26所示，实际该车型网关配置码应该是"D7FEFFFFFFFF"，如图7-3-27所示。将网关重新自动配置后配置码变为正常，继电器能正常打开，蓄电池电压正常，车辆稳定系统、大灯等故障消失。陆续试车几天后故障未再现，故障排除。

故障原因：零件号3630015-QR01网关配置码错误。

故障排除：更改网关配置码。

故障总结：我们在实际维修中往往会更多地考虑硬件方面的故障，涉及参数配置、软件版本等往往会被我们所忽略。现在汽车电器方面高度集成化、智能化，我们需要不断拓宽自己的视野，提升自己的技术水平，才能更好地服务客户。

图7-3-25

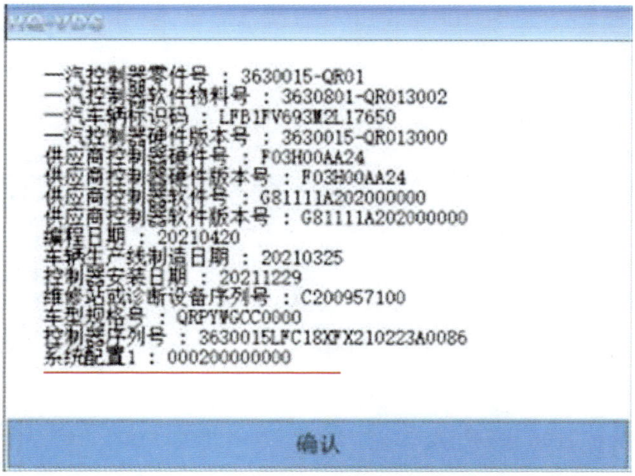

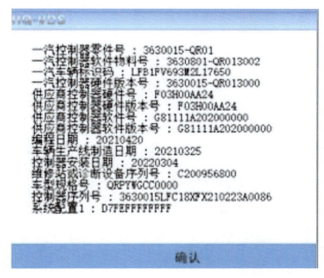

图7-3-26

图7-3-27

八、一汽红旗E-HS9旗畅充电口盖打不开，指导客户使用应急拉环也打不开

车型： 一汽红旗E-HS9旗畅（六座）。

行驶里程： 4686km。

故障现象： 客户描述充电口盖打不开，指导客户使用应急拉环也打不开。

故障诊断： 救援人员快速到达现场后，发现直流及交流充电口盖打不开，按压解锁开关充电口盖无动作，使用应急拉环也打不开。用VDS读取有充电口盖及组合开关节点丢失等的故障码。与客户沟通后将车辆拖回店内处理。车辆回店后再次确认，充电口盖打

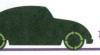

不开，通过VDS读取有故障码U100A88 LIN1物理总线错误、U011B87组合开关节点丢失、U013487智能方向盘节点丢失、U013587交流充电口盖节点丢失和U013387直流充电口盖节点丢失，如图7-3-28所示。

HQ-VDS

E-HS9>>自动扫描>>自测>>读取所有故障码>>车身控制模块(BCM1)>>读故障码

故障码	描述	状态
U100A88	LIN1物理总线错误	当前故障和历史故障
U011B87	组合开关节点丢失	当前故障和历史故障
U013487	智能方向盘节点丢失	当前故障和历史故障
U013587	交流充电口盖节点丢失	当前故障和历史故障
U013387	直流充电口盖节点丢失	当前故障和历史故障
B105487	BLE_1 FV 校验失败	当前故障和历史故障

图7-3-28

系统原理分析：

当车身控制单元与组合开关、时钟弹簧、香氛模块、氛围灯、直流充电口盖电机、交流充电口盖电机、主显示屏（双屏）通信异常或中断时，车身控制单元记录该故障码。经过试车测试，故障时，充电口盖打不开，组合开关功能失效，前后灯光及左右转向灯打不开，双闪开关及灯光正常，雨刷开关功能失效。方向盘开关及功能失效。车门氛围灯不亮，路试车辆，巡航功能失效。车身控制单元主要控制车身电器，具有高速CAN总线和LIN线通信及自诊断监测控制功能，可以和各电控系统进行CAN高速通信，还可以和光线雨量传感器、氛围灯、天窗电机、前刮水器、组合开关、射频发射器等进行LIN线通信，如前防盗喇叭、室内照明灯、脚窝灯、氛围灯、胎压监控、风窗清洗泵、充电口盖开关等部分车身电器的开关信号输入，同时通过LIN总线与光线雨量传感器、天窗电机、前刮水器、组合开关、氛围灯及射频发射器进行通信。自诊断监测控制功能可以通过VDS诊断系统快速锁定故障。经过查阅维修资料，车身控制单元分为四路LIN线，分别对上述车身电气系统进行控制，如图7-3-29和图7-3-30所示。

根据上述分析，故障点应为LIN1线路故障引起。点火开关打开，测量交流充电口盖电机2号脚电压0.04V（故障），如图7-3-31所示，测量4号脚电源电压14.84V。将车辆下电，断开蓄电池，测量交流充电口盖电机2号脚LIN线接地电阻0.4Ω，测量交流充电口盖电机1号脚接地阻值0.3Ω，判断为LIN线对地短路所致。

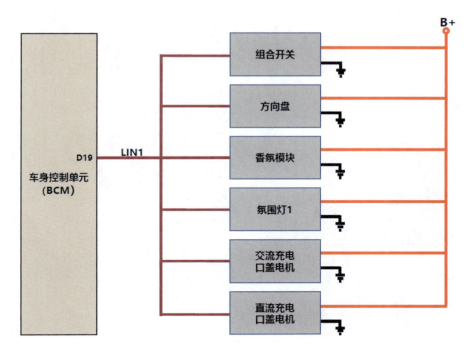

图7-3-29

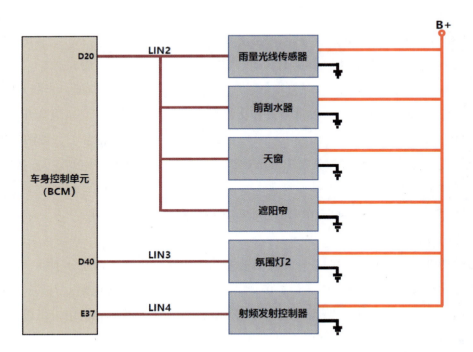

图7-3-30

测量交流充电口盖电机2号脚电压
0.04V（故障）

图7-3-31

查阅维修资料，该LIN线为BCM D19号针脚发出的控制组合开关、方向盘、氛围灯1、交流和直流充电口等功能。为了快速查找故障点，查阅电路图发现上述功能LIN线采用并联的方式，分别断开C13（组合开关）、C04（中置二排扶手氛围灯总成）、C16（左后门氛围灯总成）、C14（左前门氛围灯总成）连接器等进行逐一验证，当断开C14（左前门氛围灯总成）连接器时，故障消失，交流充电口盖可以正常打开，组合开关和其他故障功能已正常使用。测量交流充电口盖电机2号脚电压7.87V（正常），如图7-3-32所示。拆掉左前门护板，仔细检查氛围灯LIN线，发现左前门氛围灯1（流光）连接器LIN线和接地线被挤压短路，如图7-3-33所示。重新包扎线束后故障排除。

故障原因： 零件号3724605QR01的左前门线束装配总成挤压破损。

故障排除： 重新包扎。

故障总结： 关于此类问题，首先要对故障相关的功能控制逻辑充分了解，现在的电控系统中大部分采用CAN或LIN通信，多个不相关的功能会有并联现象，当某一功能通信有故障时数据传递就会发生错误或干扰，直接导致所有功能都不能使用，可以查找方便拆解的部位采用逐一切断功能的方法来解决问题。

测量交流充电口盖电机2号脚电压
7.87V（正常）

图7-3-32

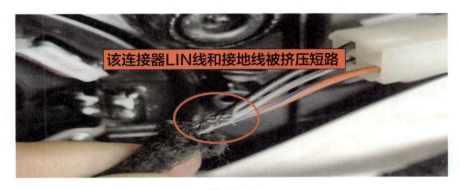

该连接器LIN线和接地线被挤压短路

图7-3-33

九、一汽红旗E-HS9锁车一段时间后遥控器失灵，需要机械钥匙开启车门

车型：一汽红旗E-HS9。

行驶里程：7800km。

年款：2021年。

故障现象：车辆锁车一段时间后遥控器失灵，需要机械钥匙开启车门。

故障诊断：锁车测试，当车辆锁车休眠后遥控器就不能遥控车辆，无钥匙进入也不能使用。但用机械钥匙开锁后，遥控器就可以恢复正常。

系统工作原理：遥控钥匙智能进入原理框图如图7-3-34所示。

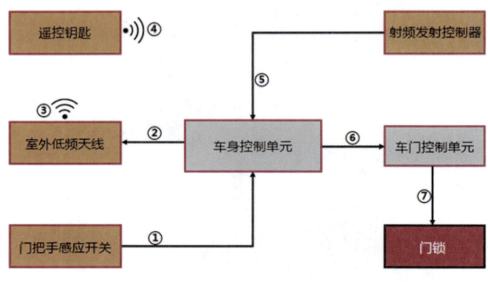

图7-3-34

遥控器工作原理：按压遥控器，遥控器发出高频信号，高频信号被射频收发器接收，射频收发器接收到高频信号后传递给BCM，BCM确定遥控器合法后，把解锁或闭锁信号传递给各个车门控制器。

一键启动工作原理：

（1）无钥匙启动。当踩制动踏板或按下虚拟点火开关时，BCM会激活室内低频天线，低频天线发出低频信号。如果遥控器在有效范围内，遥控器接收到低频天线发出的低频信号后触发遥控器发出一个高频信号。高频信号被RFR天线接收后，把信息通过LIN线传递给BCM。如果是合法的钥匙，BCM就会控制IG1和IG2继电器吸合。同时BCM通过GW与HCU交换信息。HCU内如果没有故障信息，就会把信息传递给BMS，BMS控制主正接触器和主负接触器吸合。

（2）应急启动。当遥控器没电或外界有干扰时，可以使用应急启动。应急启动与无钥匙启动区别在于，应急启动遥控器不发高频信号，信号传递不会经过RFR天线。信号有应急天线传递给BCM。

双蓄电池系统原理（如图7-3-35所示）：旗动和旗畅车型为单蓄电池45Ah，旗劲和旗尊车型为双蓄电池36Ah+36Ah。双蓄电池系统的目的是为实现车辆的智能驾驶功能。双蓄电池系统原理就是车身控制单元（BCM）通过继电器控制副蓄电池。蓄电池继电器位于发动机舱的左前部，配电盒的正下方。车辆在锁车休眠后继电器断开，主蓄电池单独供给前舱配电盒、行李舱配电盒、仪表左侧配电盒常电源；副蓄电池单独供给仪表右侧配电盒常电。在BCM唤醒后就会控制蓄电池继电器闭合，继电器吸合以后主副蓄电池并联，共同为车辆供电。根据原理分析遥控器失灵原因：

（1）遥控器。

（2）BCM。

（3）射频收发器RFR。

（4）线路。

（5）信号干扰。

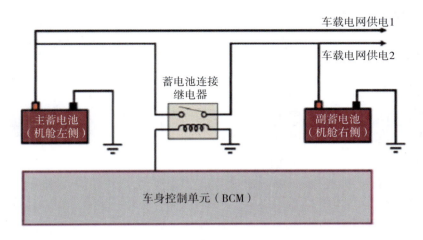

图7-3-35

车辆进店后，用遥控器锁车开锁没有任何问题，无钥匙进入也正常。但锁车一会，等待车辆休眠后（锁车后230s后休眠），遥控器失灵，使用另一把遥控器也是一样。用万用表检测遥控器电池电压在3.05V，遥控电池正常。对遥控器重新匹配后，故障依旧。用VDS检测车辆，存在U129387整车控制器报文丢失、U114087车身控制单元1报文丢失等多个故障码，如图7-3-36所示，都是通信故障，而且都是历史故障，感觉没有应用价值。

检查BCM的供电和搭铁正常（一共有BF29、BF26、BF21、BF09和BF37五个供电保险和一个29a搭铁），无虚接情况。交叉验证BCM，故障依旧。检查RFR天线线路正常（包含供电LIN线和搭铁），更换新的RFR天线后故障依旧。厂家帮忙分析这个问题，当时BCM厂家老师怀疑是干扰导致。车辆没有任何改装，车内没有什么应用设备，基本上可以排除干扰。反复测试，发现一个规律，车辆锁车休眠遥控器失灵。即使不用机械开锁，只要唤醒BCM，遥控器就恢复正常（在车辆休眠的情况下，用手按压后备箱外部开启开关，可以唤醒BCM）。没检查出异常，再次分析无钥匙启动原理。坐在车内等待车辆休眠后，按遥控器车辆无响应，踩制动踏板，车辆无法上电。但把遥控器放到应急天线处（应急天线在副仪表板后部的扶手盒内），可以上电。无钥匙进入，无钥匙启动，

遥控车辆用到同一个RFR天线，而应急启动不需要RFR天线的参与。RFR天线及线路都检查过，没有发现异常。当时老师给的意见让测量休眠以后的数据，突然想到，当时测量的数据都是下电以后数据，没有故障现象，当然都是正常的。该故障是出现在休眠以后，可以测试一下休眠以后的RFR天线线路。测量RFR天线插接器2号针脚的搭铁，下电和休眠后无变化。测量3号针脚LIN线下电后6.7V，休眠后11.1V。测量1号针脚供电，下电后12.56V，休眠以后电压慢慢下降至12.28V、10.49V、9.9V、8.96，最后到6.24V，如图7-3-37和图7-3-38所示。

HQ-VDS

故障码	描述	状态
U129387	整车控制器报文丢失	历史故障
U124387	全自动泊车报文/自动驾驶控制单元报文丢失	历史故障
U112187	ABS/ESP/ESPwithAPB报文丢失	历史故障
U013287	空气悬架节点丢失	历史故障
U124587	IVI报文丢失（可选）	历史故障
U114087	车身控制单元1报文丢失	历史故障
U123087	行李箱举升电机/后背门控制单元报文丢失(可选)	历史故障

图7-3-36

图7-3-37

图7-3-38

问题点找到了，下一步查找电压下降的原因。顺着线路向前查找，查阅电路图，检查CF14号保险，没有虚接情况，检查保险两侧的电压都是6.54V。再次检查整排保险都是6.54V，发现右侧A柱保险盒电压由副蓄电池提供。检查副蓄电池电压，发现只有6.6V。拆下蓄电池，发现蓄电池故障，如图7-3-39所示。

图7-3-39

故障原因：副蓄电池内部故障。

故障排除：更换副蓄电池。

故障总结：RFR天线的供电是由副蓄电池提供，在车辆休眠后，蓄电池继电器断开，主蓄电池不能给副蓄电池供电。由于副蓄电池内部故障，导致RFR天线在车辆休眠后供电电压低于正常电压，导致遥控器失灵。在BCM唤醒后，蓄电池继电器吸合，主蓄电池给副蓄电池供电，RFR天线就会恢复正常供电电压。当时在VDS中读取的大量故障码也是由于副蓄电池参与这几个模块的供电，故障码可以消除，只要休眠后再上电，故障码就会复现。

十、一汽红旗E–HS9无暖风以及出现热管理系统故障灯偶发闪烁

车型： 一汽红旗E–HS9。

行驶里程： 13555km。

年款： 2021年。

故障现象： 客户反映E–HS9无暖风以及出现热管理系统故障灯偶发闪烁，如图7–3–40所示。

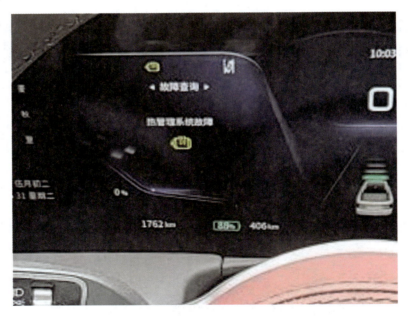

图7–3–40

故障诊断： 客户反映下雨天使用空调无暖风，对空调温度进行调节，空调温度设置到HI最高，10min后依旧没有暖风，另外热管理故障灯偶发闪烁。系统相关部件：电动水泵、暖风阀体、高电压水暖PTC、电子膨胀阀、电动压缩机、电子膨胀阀、两通阀、空调控制单元空调面板、相关线路以及冷却液。

根据E–HS9的加热方式分三种：

第一种是低于–20℃，PTC单独工作。

第二种是0℃～20℃之间两者共同工作。

第三种是0℃以上热泵单独采暖。

根据现在室外温度10℃左右，着重分析第三种0℃以上热泵采暖。当温度设定为暖风高温度时，空调面板给空调控制单元控制信号控制温度，当空调控制单元接收到高温度信号后，控制电动压缩机工作，电动压缩机出来的高温高压的气态制冷剂进入水冷冷凝器后散热（散出的热量由电动水泵驱动水冷冷凝器里面的冷却液循环，从而达到相应的暖风温度），气态制冷剂在水冷冷凝器内由于散热器变为液态，液态制冷剂再经过电子膨胀阀变为气液混合体，在通过室外冷凝器吸热，最后进入电动压缩机完成一个循环，如图7-3-41所示。

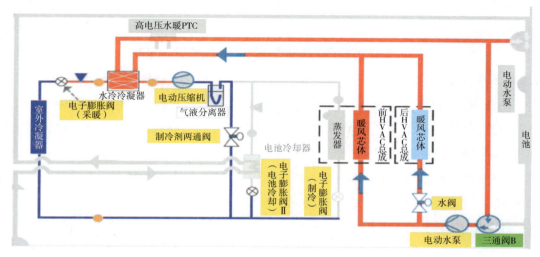

图7-3-41

诊断仪诊断无故障码，操作空调面板制热，发现压缩机有工作的声音，观看数据流压缩机工作，又对电动水泵进行线路测量，分别测量数据电源12V，搭铁0.2Ω，信号线10.5V电压。电动水泵进行交叉验证，空调调整高温度3min左右温度正常上升至正常暖风，车辆正常。客户行驶大约一星期，空调又没有暖风，这次故障提示灯热管理系统故障灯偶发闪烁，熄火后重新着车，故障灯消失。客户开店进行维修，发现电子水泵已经不工作，读取故障码为B131C15，PTC高低边IGBT短路断路故障，如图7-3-42所示。

根据故障码涉及相关故障包括：

（1）电动水泵。

（2）水暖PTC。

（3）相关线路。

首先对电动水泵进行交叉验证，温度调整最高，5min温度上升，故障消失。电动水

图7-3-42

泵会工作，是因为之前那个损坏，还是因为电路相关控制有问题而不工作？后又将水泵交叉验证，之前的水泵也能工作了？这是为什么？根据维修手册相关故障，又对水暖PTC的4根线进行检查。1号线为12V电源，7号线为高压电池模块控制信号线（根据外界温度，电池控制单元不会让水暖PTC进行加热），5号线为高压互锁开关，拔掉5V插入2.5V，6号为LIN线控制线，从自动空调到电动水泵，到第三排面板，到水暖PTC的控制线。电压为10V，正常。又将电动水泵、第三排面板、水暖PTC、空调控制单元、模块全都拔掉只测量线束，对空调A5到电动水泵2号插针、A5到PTC的6号插针和A5到第三排面板的6号插针进行电阻测量，都是0.2Ω（标准值0.2Ω），线路之间正常。又对空调控制单元5号线进行接地测试，无穷大。考虑到如果水暖PTC出现故障也会造成整个加热管理系统故障报警，但是一般PTC损坏会同时报水暖PTC报警灯故障，但是PTC本身也会损坏，还是把PTC进行交叉验证，这时暖风已经正常可以使用。想到故障是偶发性出现的，把车留到店里进行路试，跑了几十千米后故障一直没有出现。第二天准备交车又去试了一次，突然热管理故障灯又闪烁，准备开回店里，路上故障灯又熄灭了。用诊断仪进行检测，还是之前的故障码PTC高低边IGBT短路断路故障。根据这次的故障发现，只要行驶稍微颠簸的路段时，会出现故障灯闪烁，感觉还是线路的问题，考虑可能是线路因为颠簸后来回晃动所造成的虚接，也可能是在测量线束的时候，线束当时是好的，经过颠簸后摩擦到哪里出现的故障，之后故障又消失。这时测试空调高温，又没有暖风。对线路重新排查，这次测量线路的时候同时对线路进行晃动，当测量右前A柱的时候，发现故障灯点亮。重点对此线束进行排查，发现此插头内插针有轻微虚接的现象，如图7-3-43所示，来回晃动插头后重新测量有的时候是1Ω以内，有的时候是64kΩ，如图7-3-44和图7-3-45所示。

故障原因：线束接触不良。

故障排除：插针修复。

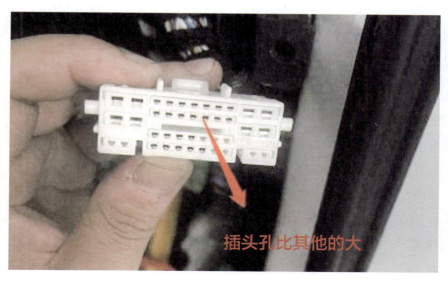

插头孔比其他的大

图7-3-43

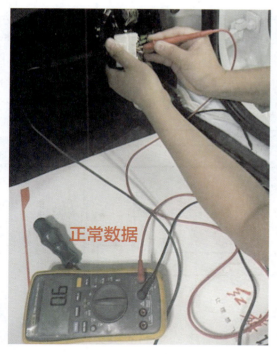

正常数据

图7-3-44

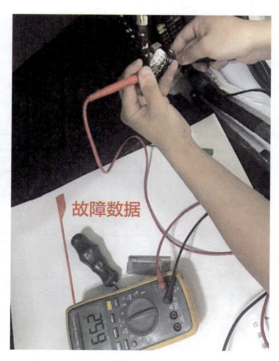

故障数据

图7-3-45

故障总结：维修故障很多时候会用惯性思维，测量过一遍就认为没问题，很多偶发性的故障往往不是一两次能测量出来的，很多的时候需要附加些路况条件，再详细的测量为好。

十一、一汽红旗E-HS9夜间充电，第二天早上发现电池没有充满，充电机已经停止充电。有时候充到70%，有时候充到80%，没有规律

车型：一汽红旗E-HS9。

行驶里程：22500km。

故障现象：客户反映车辆夜间充电，第二天早上发现电池没有充满，充电机已经停止充电。有时候充到70%，有时候充到80%，没有规律。

故障诊断：通过客户拍摄的故障视频观察发现，车辆充电枪停止充电时，充电桩上充电提示灯，有时候是绿色灯常亮，有时候红灯常亮，仪表提示"供电异常，请检查电源和充电线缆"。在不充电时，如果再次拔下充电枪，等待几分钟会再次连接充电枪，会继续充电，但充上一段时间后又自动停止。

系统工作原理：新能源汽车慢充系统使用220V单相交流电作为供电电源，通过车载充电机，将交流电变换为高压直流电给动力电池进行供电，其电流路径是：交流充电桩→车辆交流充电口→车载充电机→动力电池，如图7-3-46所示。

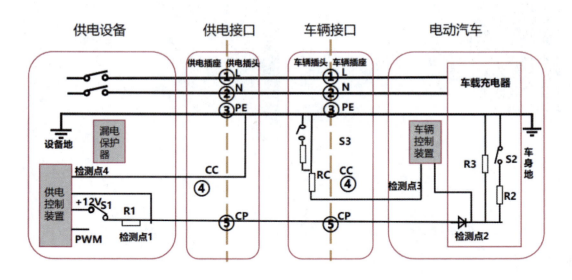

图7-3-46

完成充电大致会有几个工作过程：

（1）连接确认。车辆控制装置通过检测PE和监测点3之间的电阻值来确认车辆插头和车辆插座是否连接。充电桩侧的供电控制装置通过检测监测点4或检测点1的电压值来判断供电插头和供电插座是否连接。

（2）控制确认。供电控制装置通过检测点1→接触的CP端子→R3与车身相连，检测

点1的电压被拉低，以此控制开关S1由+12V拨到PWM位置，供电控制装置向车辆控制装置提供脉冲信号，路径为供电控制装置PWM端→S1→R1→CP→D1→检测点2→车辆控制装置，充电设备进入准备就绪状态。当充电枪插到位后，松开机械锁按键S3闭合，R4短路，此时连接到CC和PE端的电阻只剩下RC，电阻变小，检测点3的电压由U1变成U2，车辆控制装置由此判断充电枪已插好，并通过车载网络（CAN网）确认动力电池的充电需求、动力电池无故障、车载充电机无故障后，闭合S2继电器开关，表示车辆已准备就绪，请求充电。S2闭合后，R2并入R3电路，检测点1的脉冲信号发生改变，供电控制装置据此确认车辆已准备就绪，控制K1、K2闭合，给车辆端供电。

（3）充电检测。在充电过程中，充电桩对检测点进行周期性检测，以确认充电连接装置的连接状态和车辆是否处于可充电状态，检测周期不大于50ms。

①在充电过程中，充电控制装置不断检测检测点4和检测点1，如果检测到供电接口断开，则供电控制装置开关S1切换到12V并断开交流供电回路。

②在充电过程中，车辆控制装置不断检测检测点2和检测点3，如果判断车辆接口断开，则车辆控制装置控制车载充电机停止充电，并断开开关S2。

当然充电口相线和零线处设有温度传感器，如果充电连接口温度过高，会把温度信号传递给HCU，HCU做出停止充电的指令。经过分析可以判断，出现停止充电的原因：

a.充电桩故障。

b.交流充电口及线缆故障。

c.线路故障。

d.车载充电机故障。

e.动力电池。

客户第一次反馈充电故障时，由于客户离店较远，让客户拍摄停止充电的故障视频。视频中显示停止充电时，交流充电桩指示灯为红色常亮，仪表提示"供电异常"，如图7-3-47所示。电话指导客户拔插充电枪后，可以恢复充电。起初以为客户没有插接好充电枪，但是充电一段时间后故障再现。首先，怀疑是充电桩故障，给充电桩售后师傅看故障视频，他判断有可能是充电桩故障。安排上门更换了新的充电桩。换了后，客户表示问题解决了。

过了两周，客户反馈充电桩又出现了问题，充电过程中出现停止充电故障，但这次客户拍摄的视频中，交流充电桩指示灯绿灯常亮。还有一个比较奇怪的现象，在停止充电的时候，解锁一下车门，又会继续充电。充电桩再次出现问题的概率比较小。与客户沟通进店检查，用公司的交流充电桩充电测试。交流充电一小时后，车辆停止了充电，充电桩指示灯绿灯常亮，仪表提示"供电异常，请检查电源和充电线缆"。在这里可以排除充电桩故障了，根据仪表提示可能是交流充电口到DC/DC的线缆故障。更换了交流充电口及线缆后，充电测试故障依旧。排除线缆故障，进一步从交流充电原理分析，交流充电需要进行连接确认和控制确认。停止充电时，交流充电口指示灯是蓝色，充电枪确认正常。而控制确认需要CP线路正常，通过万用表检测线路正常。还需要通过车载网络(CAN网)确认动力电池的充电需求、动力电池无故障、车载充电机无故障后，闭合S2继电器开关。客户反馈直流充电正常，可以排除动力电池故障。从而初步断定DC/DC存在故障。当出现停止充电时，用诊断仪检测，发现DC/DC内有多个故障码，如P1E4516 PFC/逆变起机失败，P1E63F充电/放电ACDCHWPro，如图7-3-48所示。

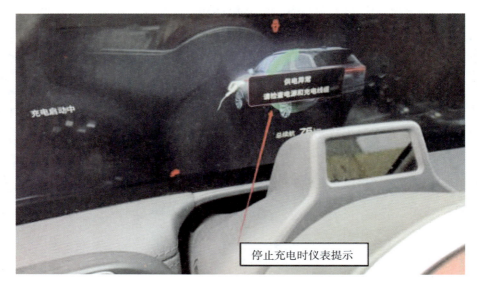

停止充电时仪表提示

图7-3-47

故障码	描述	状态
P1E4516	PFC/逆变 起机失败	历史故障
U112187	ABS/ESP/ESPwithAPB报文丢失	历史故障
U115587	仪表控制单元报文丢失	历史故障
P1E631F	充电/放电ACDCHWPro	历史故障
U114007	车身控制单元1报文丢失	历史故障

图7-3-48

根据P1E4516故障码查询维修手册，当输出和输入电流异常、采样偏差过大或车载充电器集成DC/DC控制单元内部电路异常时，车载充电器集成DC/DC控制单元记录故障码。

综上分析，判断DC/DC故障（如图7-3-49所示），更换后故障排除。

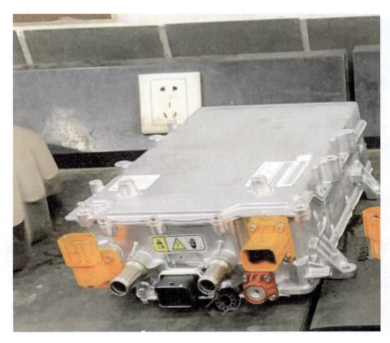

图7-3-49

故障原因：DC/DC内部故障。

故障排除：更换DC/DC，故障排除。

故障总结：需要对交流充电的原理过程有充分的了解，交流充电的完成需要多个控制单元的参与。CC控制端是HCU，CP的控制端是DC/DC，交流充电盖控制端是BCM。

第八章
特斯拉车系

第一节　特斯拉Model 3

一、特斯拉Model 3更换车顶饰板总成后操作功能失效

车型： 特斯拉Model 3。

年款： 2021年1月。

行驶里程： 30000km。

故障现象： 天窗玻璃破裂后造成车顶饰板刮伤，更换车顶内饰板总成后应急灯开关、前后阅读灯开关等功能失效，应急灯开关指示灯常亮。

故障诊断： 测试车顶内饰板上的应急灯、阅读灯开关功能失效，阅读灯无法点亮，转向灯功能正常，应急指示灯按下后，应急灯无法工作。与备件管理人员沟通，备件号是通过VIN锁定的。

由于车顶内饰板上有电子部件，如图8-1-1所示，第一时间先对车辆系统进行升级，可是升级后，现象依旧。回想在安装前已经对线路插头进行对比，线的颜色和直径无异常，如图8-1-2和图8-1-3所示。

图8-1-1

图8-1-2　　　　　　　　　　　　　　　　　图8-1-3

　　车身线路连接部分线路正常，问题只能出在线路上的用电器，对比前部应急灯外观时发现有些小的差异，具体如图8-1-4所示。

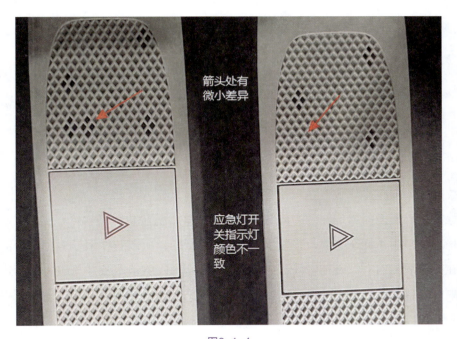

箭头处有微小差异

应急灯开关指示灯颜色不一致

图8-1-4

　　找到备件号对比后，发现不一致：P 109 2573 –00-L和P150 0237-00-E，如图8-1-5所示。

　　登录EPC系统查询，发现配件配置功能不同，如图8-1-6所示。

　　仔细查阅VIN锁定信息，发现锁定的备件序列号从3直接跳到了8，也就是说不包括4～7之间的几个备件，总成上有，但不一定和锁定车架号相符。更换相同型号的开关总

图8-1-5

| 4 | OHC，前
要替换 91-H 和以前的版本，线束
1067970-00-E 需要替换为
2067970-02-A。不包括 Ecall 按钮 | 1092573-00-L ^S |
| 4 | HL ASY、OHC ASY | 1500237-00-H ^S |

图8-1-6

成后，故障现象彻底排除。

故障排除：更换同样备件号的前部顶灯开关总成，故障排除。

故障总结：由于此车顶部灯光是受LIN总线控制的，所以备件型号不对并直接影响了功能。在排除故障时，又在EPC系统中学到，即便使用VIN锁定备件总成信息一致，但总成件内单个的备件号也要逐一确定，才不会出现意外情况。

二、特斯拉Model 3地毯下有积水

车型：特斯拉Model 3。

年款：2020 年。

行驶里程：30000km。

故障现象：客户反映车辆停放在室外停车位，暴雨过后，车厢后部地毯有积水。

故障诊断：将车辆地毯拆除后，从车辆前风挡玻璃中间位置用水管淋水，3min后，

在大电池前部固定螺栓附近的夹层中有水渗出，如图8-1-7所示。外部淋水量加大后，内部渗水量也增加。在前风挡玻璃处模拟暴雨场景用水管淋水，积水会从前风挡玻璃下方的导水板收集后向车辆的两侧排。由于排水口上有减震器上隔板遮挡，取下后发现，水流的方向是直接对着流向前轮上托臂，然后顺着向下及向内流淌，一部分落在地面，还有一部分顺着前纵梁及前塔台交汇处向下，由于纵梁和车身之间有一定的倾斜角，水流就顺着纵梁下方流淌直至落地。此时就发现室内大电池固定螺栓处两侧有明显积水。

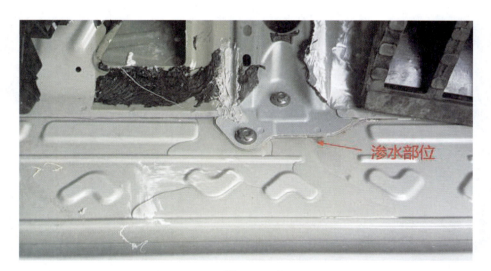

图8-1-7

通过图8-1-8中的密封胶可以看出，此车已经是第二次进店维修，前一次把怀疑有漏水可能的地方用胶已经做了密封处理，甚至是见缝就密封。

图8-1-8

仔细观察渗水部位,是通过大电池固定螺栓处的加强版和前纵梁及车辆地板缝隙渗出。找到配件EPC中结构件的组成图,发现渗水的通道在纵梁内部,具体如图8-1-9所示。

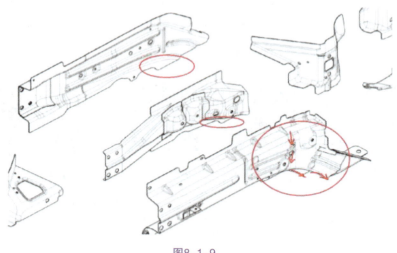

图8-1-9

为了进一步验证,直接用水管向右侧纵梁和减震塔座交汇处淋水,此时发现大电池固定螺栓位置渗水更加严重,如图8-1-10所示。

图8-1-10

此时水流只能通过前纵梁向下排水,索性就大胆用水直接淋在大梁下部,发现车厢内依然渗水,到此,基本锁定此车渗水是由于三层纵梁下部焊接缝隙密封不良引起。

故障排除: 对前纵梁减震塔座处上部和下部进行防水密封。再次测试故障彻底排除。

　　故障总结：在解决车辆故障时，一定要找到问题的根源，从根源上制定解决方案，不能在怀疑的故障点都贴上狗皮膏药。解决室内渗漏水故障一般要掌握以下几点：①分析渗水是动态运动中，还是静态停放时出现；②一定要通过实验验证渗水部位后，再制定维修方案；③维修时一定要解决上游渗水点问题，不能在下游封堵渗水部位，如果只密封下游，上游依然有水渗入可能会有大麻烦；④处理后一定要再次测试，验证故障彻底解决。此时水流只能通过前纵梁向下排水，索性就大胆用水直接淋在大梁下部，发现车厢内依然渗水，到此，基本锁定此车渗水是由于三层纵梁下部焊接缝隙密封不良引起。

第二节　特斯拉Model S

特斯拉Model S空调不制冷

故障现象：维修高压电池后空调不制冷。

故障诊断：测试空调送风各功能正常，设置温度调节正常，但是出风口一直是自然风。空调压缩机、电子扇均不工作。

特斯拉Model S的空调系统由制冷管路和送风系统组成，通过验证故障现象可以推出以下结论，此车空调送风系统、控制按键功能正常，制冷系统功能存在异常。制冷系统管路示意图如图8-2-1所示。

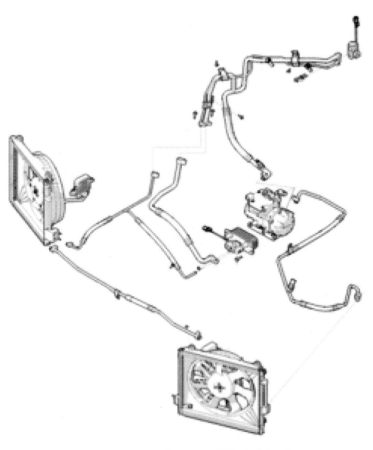

图8-2-1（图注省略）

首先对制冷管路系统压力进行测量，静态时压力500kPa左右，启动空调，压力没有任何变化，说明压缩机不启动。接着查找压缩机不启动的原因，先从外观着手，观察压力温度传感器及插头没有发现明显异常。查阅相关资料，测量线路，供电电压为蓄电池电压及搭铁正常。压力和温度传感器线路如图8-2-2所示。

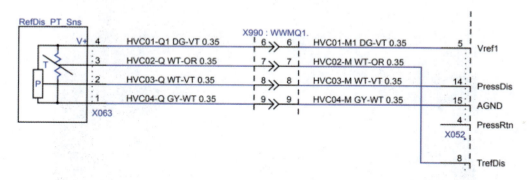

图8-2-2

接着对压缩机低压控制线路进行测量，通过电路图可以发现压缩机为网络总线控制，测量供电及搭铁，发现也正常，网络信号也有电压显示。压缩机线路图如图8-2-3所示。

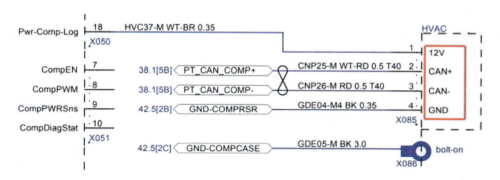

图8-2-3

接着对膨胀电磁阀线路进行检测，调出线路图，膨胀电磁阀线路图如图8-2-4所示。

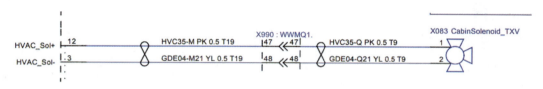

图8-2-4

在检查时没有发现线路，用手电照明后发现线路被老鼠咬断分成了几段，如图8-2-5
所示。对线路进行修复后，故障排除。

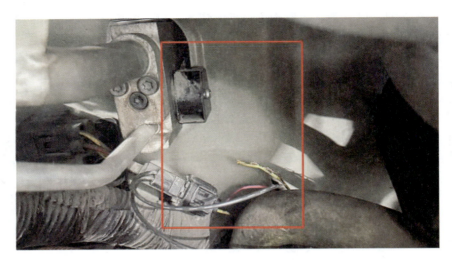

图8-2-5

故障排除：对老鼠咬断的线路进行修复。

故障总结：此款车型的压缩机会受膨胀电磁阀工作状态影响，系统监测到断路故障
时（仪表中不显示故障信息）压缩机被禁用，不能工作，管路系统压力及温度识别信号
不会变化，控制单元就不启动电子扇工作，这才是故障的根源。另外由于高压电池修复
耗时比较长，车辆存放时一定要注意防鼠防潮防雨淋等意外伤害。

第九章
蔚来车系

一、2021年蔚来ES8车外警示音故障

车型：蔚来ES8。

年款：2021年。

车机版本号：3.12CN。

行驶里程：24525km。

故障现象：车辆行车提示音不工作，仪表提示车外噪音发生器故障。

故障诊断：询问客户得知车辆无加装改装，无事故，正常在店内保养，两天之前无意间发现车外噪音喇叭不响，仪表上总会提示让检修车外噪音发声器，车内没有装过潮湿的东西，也没在后备箱洒过水。客户一周前和几个朋友开车在野外露营，嫌天气闷热就开着空调和后尾门在车后面唱了2个小时的歌，当时车子都是好好的。上车后在ISC上播放音乐及调节音量大小，都正常。设置车外噪音发生器打开及关闭功能正常，打开该功能后试车，仪表上车速显示正常，5～30km/h行驶的时候车外噪音喇叭不响，仪表及ICS上提示车外警示提示音故障，功能关闭，如图9-1和图9-2所示，确定故障存在。

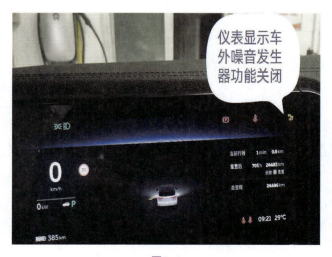

图9-1

图9-2

BD2快速测试，在AMP模块内有"B242401 发动机噪音发生器故障"且为当前存在，如图9-3所示。

图9-3

查阅TIS得到发动机噪音发生器的操作说明及电路图（如图9-4所示）如下：

系统默认该功能为开启，可通过显示屏设置开启/关闭，被关闭后，在显示屏上会有警告灯显示系统被关闭。

挡位在D/R挡，车速在0～30km/h，系统功能开启，D挡时：

（1）当0≤车速≤20km/h，报警音量随车速的增加而增大。

（2）当20≤车速≤30km/h，报警音量随车速的增加而减小。

（3）当车速由30km/h降低至25km/h，报警声音启动。

（4）初始音量为40dB，最高音量不高于70dB。

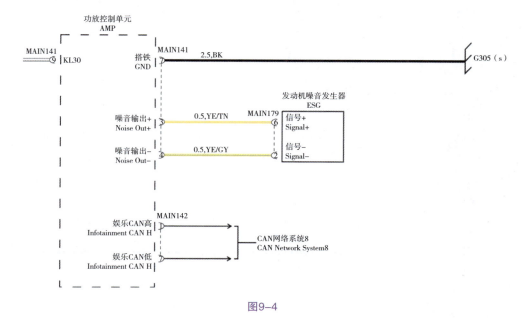

图9-4

查阅维修查询系统TIS得到低噪音发生器控制原理图及关键信号采集方式，如图9-5所示。

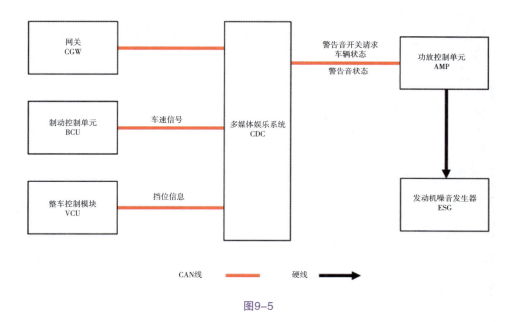

图9-5

（1）AMP接收VCU经CGW传输过来的挡位信号。

（2）BCU经CGW传输的车速信号。

（3）ICS经CGW传输的设置信号（开启/关闭）。

（4）CGW发送的车辆状态信号，用来控制低噪音发生器工作。

（5）ESG工作/失效后，会将工作状态信号经过CGW发送给IC，点亮指示灯。

导致故障可能的故障原因：

（1）AMP模块。

（2）AMP模块到噪音发生器之间线路。

（3）低噪音发声器。

接上示波器，低速试车，测得如下波形，测得MAIN179的2号针脚和6号针脚的波形重叠，电路图如图9-6所示。示波器测得故障波形如图9-7所示。

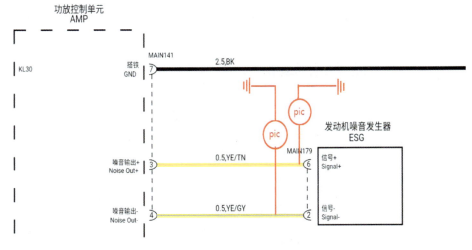

图9-6

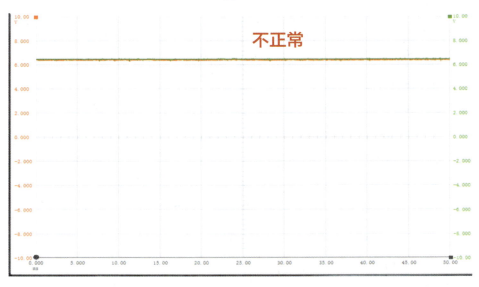

图9-7

把MAIN179从ESG上拔下，重新低速试车测的如图9-8所示波形。

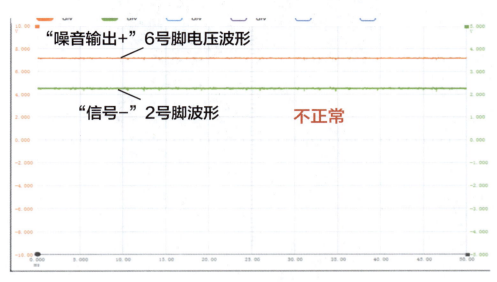

图9-8

将车辆下电，从ESG上拔掉插头MAIN179，用万用表测量ESG内阻为3.7Ω，正常。短接MAIN179的2号和6号针脚，从MAIN141处测的两根导线内阻为0.2Ω，正常，如图9-9和图9-10所示。

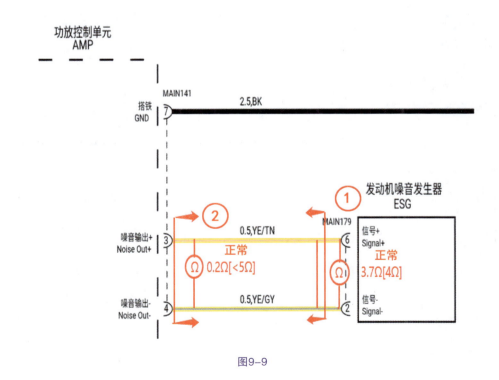

图9-9

图9-10

    找到一辆正常的同款ES8，接上示波器，如图9-11所示，低速试车，测得正常车辆车外噪音喇叭电压波形如图9-12所示。

    在正常车辆上把MAIN179从ESG上拔下，如图9-13所示，重新低速试车，测得正常车辆车外噪音喇叭电压波形如图9-14所示。

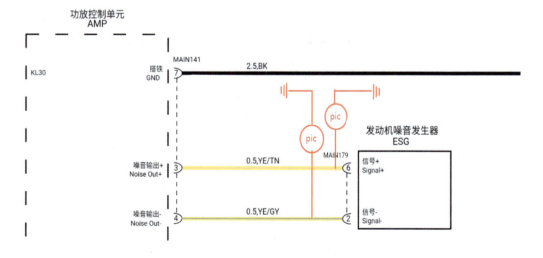

图9-11

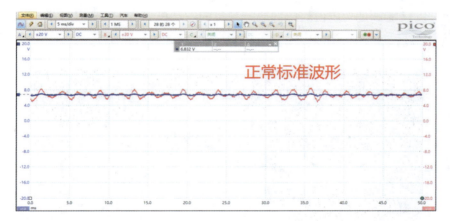

图9-12

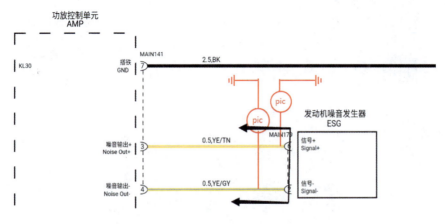

图9-13

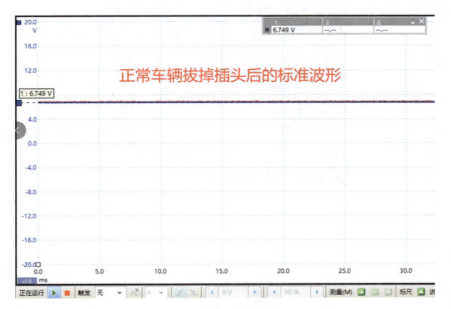

图9-14

到此可以确定，是功放模块内部故障导致的发动机噪音发生器不工作。从车上拆下功放模块，目视检查有明显进水腐蚀痕迹，如图9-15和图9-16所示。

图9-15

图9-16

那么下一步要找到导致该故障的根本原因，即模块进水的原因。因为功放模块安装在车辆右后地板上，所以重点检查车辆右后部。反复用淋水法测试，仔细查找车辆天窗及后部，无漏水痕迹。第二天刚好下大雨，为了排除车辆动态情况下漏水的可能，专门在下雨的时候进行路试，试车1h后回来检查，车内依然没有漏水痕迹，到此可以确定，车辆密封性完好，排除外部水流进车内的可能。在与客户沟通的过程中客户多次强调，车子是他自己一个人开的，没有别的人使用过，也不存在后备箱有水或者其他液体洒落流出来的可能，车内后备箱也没放过潮湿的东西。查看相关技术通报，检查后空调蒸发箱附件及右后天窗下水管均无漏水现象，一切正常。到此，诊断陷入了僵局，车辆不漏水，也排除了人为原因，那么这模块上的水到底是从哪里来的呢？

再次整理思路，与客户沟通的时候发现，一周之前的一个傍晚，客户和朋友一起到野外湖边露营，打开所有车门及后尾门，用车上的话筒及功放系统K歌，大概唱了2个半小时，因为当时天气闷热，所以K歌全程前后空调都一直开着制冷。我们就再现当时情景，四门及后尾门全开，前后空调都打开，温度调最低，风量调最大，果然，半个小时后，出现了异常情况，后蒸发箱外壳及后PTC外壳上有大量冷凝水聚集且有3处明显聚水点，如图9-17所示。

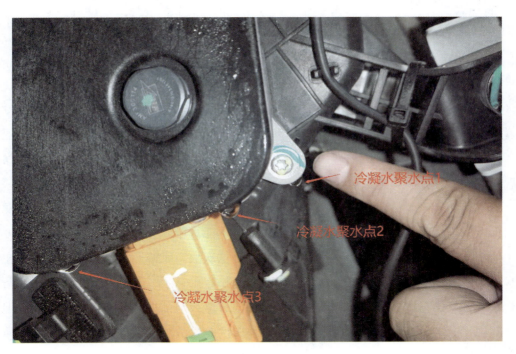

图9-17

经过继续测试观察发现，当冷凝水从以上3个聚水点滴下来的时候，刚好滴在以下3个滴水点的位置，如图9-18所示。这些冷凝水是外界空气中的水蒸气，遇上温度比较低的后蒸发箱外壳及后PTC外壳，然后在上面液化形成的，因为空气闷热潮湿的缘故，冷凝水珠形成得非常快且量也不小。到此可以确定，导致功放模块进水的真正原因就是这个了。

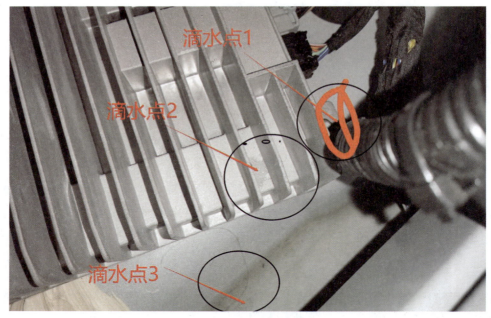

图9-18

故障排除： 更换新的AMP模块，对模块进行程序刷写，全车版本对齐，并对AMP模块进行加高处理。告知客户，以后尽量不要在车门全开的情况下长时间使用空调制冷。维修后把车辆装复，仪表无故障灯显示。试车，发动机噪音发生器正常工作，BD2快速测试，故障码消除。一周后电话回访客户，客户反映车况良好，功能一切正常，故障没有再现。

故障总结： 该车故障是由于功放模块进水导致的，但是我们在了解发动机噪音发生器的工作原理，找到功放模块这个故障点以后，不能算维修完成，一定要找到导致故障发生的根本原因，把根本原因解决掉，才能算是这次故障维修圆满结束。这个案例在找进水原因的时候，我们各种办法都试过了，也都检查确认了，车辆确实不漏水，诊断也一度进入僵局。最终还是再次和客户联系，询问车辆故障前期的使用历史才找到原因。所以我们平时在维修故障的时候一定要尽可能多的收集故障相关证据信息，尽可能使故障可以重现，从而百分百定位故障，从根本上解决故障。

二、2018年蔚来ES8空调系统不制冷故障

车型： 蔚来ES8。

年款： 2018年。

行驶里程： 220000km。

故障现象： 客户反映开空调没有制冷效果，出风口出热风。

故障诊断：车辆来店时，客户反映天热，开空调没有制冷，出风口出热风。试车打开空调制冷没有冷风，如客户描述出热风，空调系统不制冷。

首先连接空调压力表检测，空调静态压力为700kPa，空调压力正常，从低压空调口处正常放出制冷剂，基本排除制冷剂问题。打开AC空调制冷，观察空调高压表、空调低压表均无变化，空调压缩机不工作。

连接诊断仪，读取该车故障码，在整车控制器VCU报故障码，如图9-19所示。

故障码信息　　　　　　　　　　　　　　　　　　　故障码状态掩码：0F

ECU／故障码	描述	状态
VCU -- 车辆控制器 -- 2 个故障码		
P10A900	风扇内部错误直到警告	当前的
P103800	冷却风扇总成内部故障	当前的

图9-19

首先利用诊断仪对冷却风扇进行动作测试，没有反应。结合车辆故障码分析，是由于冷却风扇故障导致空调压缩机工作不正常，导致空调系统不制冷。查询资料该车电子扇总成分为电子扇、电子扇PWM控制器两部分。结合系统电路图分析冷却风扇不工作原因大致以下几点：

（1）冷却风扇总成供电保险丝或供电继电器损坏。

（2）冷却风扇总成供电线或搭铁线问题。

（3）冷却风扇总成中PWM风扇模块损坏。

（4）冷却风扇电机损坏不工作。

（5）整车控制器VCU故障。

首先查询冷却风扇总成保险丝和继电器位置，经检查保险丝和继电器均正常。拔下冷却风扇总成插头，结合电路图查询，插头为3线，供电线、搭铁线、占空比信号线（通过控制电压输出比例控制风扇转速）。打开空调制冷，冷却风扇处于正常工作状态，测量供电线为12V，可点亮试灯，电压正常，如图9-20所示。测量搭铁线正常。信号线占空比信号线测量电压为2.8V左右。用诊断仪执行促动风扇工作，数据流有占空比信号变化，用功率试灯测量，试灯闪烁变化，证明整车控制器VCU有信号输出。整车控制器VCU到PWM风扇模块信号线有占空比控制信号。排除占空比信号线本身问题及整车控制器VCU故障。

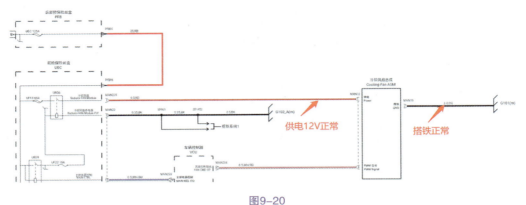

图9-20

　　PWM风扇模块控制输出端为两线端，通过输入端占空比信号线的变化，输出端电压有不同的变化，对风扇进行不同转速的控制。用诊断仪对冷却风扇进不同挡位的控制，测量输出端有电压的变化，证明PWM风扇模块对冷却风扇的电压输出正常。最后，对冷却风扇电机进行检测，最实用的方法是拔下电机插头，直接用12V蓄电池短接供电，观察冷却风扇运转情况。经测试冷却风扇无法正常运转，冷却风扇电机损坏。冷却风扇电机内部整体为线圈回路，正常情况下应该是导通状态，用万用表进行测量，发现冷却风扇电阻无穷大，断路状态，如图9-21所示。新冷却风扇到货以后测量进行了对比，新冷却风扇为0.05Ω，导通，如图9-22所示。

　　故障排除：更换冷却风扇。

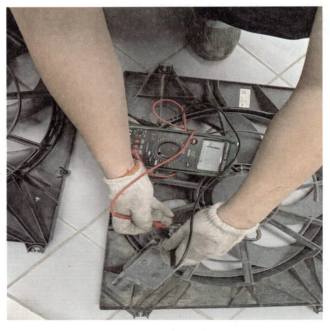

图9-21

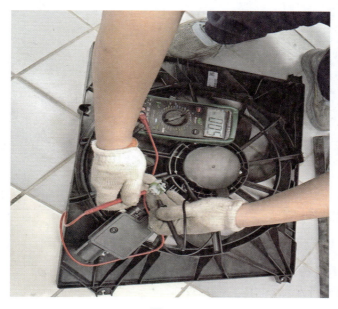

图9-22

故障总结： 对于车辆故障，要综合分析仔细检查，本着先易后难的原则，才能少走弯路。

三、蔚来ES8/ES6/EC6颠簸路面行驶时前部底盘异响

车型： ES8/ES6/EC6。

故障现象： 车辆在低速（40km/h以下速度）通过搓板路或水泥路面时，前部底盘有连续"嗒嗒"声音。

故障诊断： 装配了空气弹簧减震器车辆的用户，会反映车辆在低速（40km/h以下速度）通过搓板路或水泥路面时，前部底盘有连续"嗒嗒"声音。声响对于较敏感用户可能会被识别，与新车有一定差异，此声音会让用户觉得底盘过于松散，整体感不强（正常车辆也存在此响声但不连续，偶有发生）。拔掉减震器上端的CDC线束插头，响声会更明显。

故障原因： 减震器在颠簸路面行驶时，受到来自路面垂直方向的冲击力，导致减震器内部产生工作声音，此声音没有被隔振元件很好过滤。

故障排除： 更换前空气悬挂减震器总成上衬套。注：如参照以上技术提示更换了改进后的Top mount配件后异响仍不能消除，切勿在原空气弹簧减震器上二次拆装或更换Top mount。如在更换时拆卸的顶盖螺纹有损伤，请务必在安装顶盖时涂抹蔚来推荐的车身结构胶，否则可能导致Top mount在车辆行驶中脱出。

第十章
小鹏车系

VIN：LMVHFEFZ3KA×××××。

整车型号：HMA7000S68BEV。

驱动电机型号：TZ220XS518。

故障现象：一辆2019年小鹏G3，在快充过程中车辆突然出现断电的情况，仪表报故障，车辆无法行驶。

故障诊断：接车后，首先着车检查仪表提示，发现仪表已经显示故障灯，并且车辆已无法进入"READY"模式，如图10-1所示。

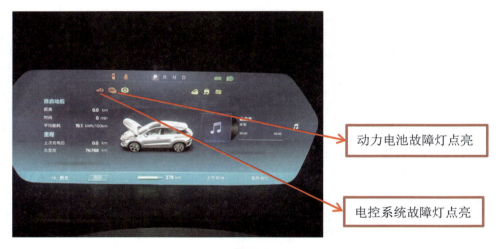

动力电池故障灯点亮

电控系统故障灯点亮

图10-1

使用故障诊断仪读取整车系统故障，如图10-2所示。

从测试的故障码可以看出，此车的故障等级处于3级，对于三电系统的故障等级三级来说，代表此车无法进入"READY"模式，车辆无法上高压，无法行驶。而在BMS系统中"P112672 总负继电器无法吸合"的故障码并不能准确说明故障点，我们读取BMS系统的数据流，如图10-3所示。

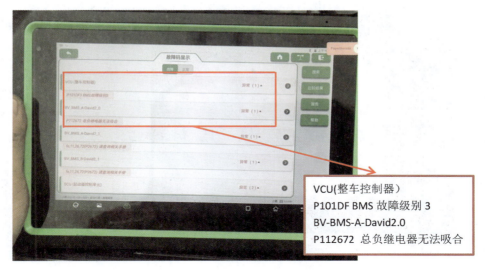

VCU(整车控制器）
P101DF BMS 故障级别 3
BV-BMS-A-David2.0
P112672 总负继电器无法吸合

图10-2

故障等级：三级故障

图10-3

从图10-3数据流看，电池包内部处于三级故障等级，也就是说，电池包内部存在故障，我们继续看数据流，如图10-4所示。

从图10-4的数据流可以看出，电池包内部BDU部分出了问题，这一部分出了问题就会表现为内外侧的电压不一致的现象，这就需要拆解电池包进行确认故障。与客户协商后，我们开始拆包，在拆包前，需要断开维修开关，如图10-5所示。

在断开维修开关后，还需要断开12V蓄电池负极，在等待30min后，我们拆下电池包并打开。当我们打开电池包后，就闻到一股刺鼻的味道，发现在BDU外盖板处有烟熏的痕迹，如图10-6所示。

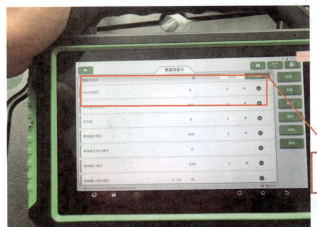

PACK 总电压：8V
继电器内侧电压：417V

图10-4

维修开关断开

图10-5

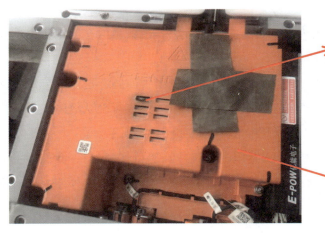

烟熏痕迹

BDU 上盖

图10-6

在拆BDU时需要注意，电池包内部还是带电状态，我们需要对电池包内部进行断电操作，找到电池包内部的主保险，并带好1000V的绝缘手套，将保险拆掉，如图10-7所示。

从图10-7我们也可以看出，模组从板与模组集成在一块儿，模组从板我们有时候也叫"从控"。断开主路保险后，拆开BDU上盖，发现内部烧蚀特别严重，如图10-8所示。

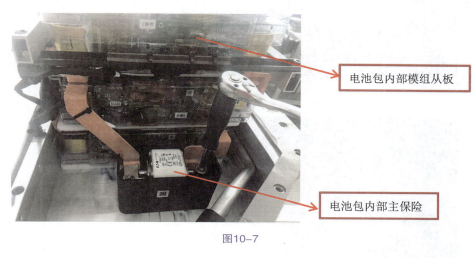

电池包内部模组从板

电池包内部主保险

图10-7

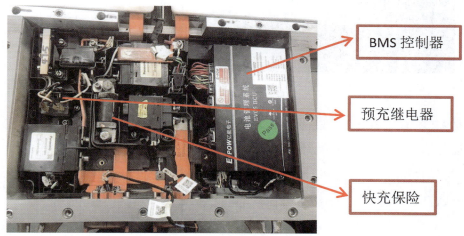

BMS 控制器

预充继电器

快充保险

图10-8

BDU内部的快充保险丝直接烧爆，内部的主正与主负接触器烧蚀严重，这个没有单独的部件更换，只能更换BDU总成，我们定购一新的BDU，如图10-9所示。

更换好后，安装电池包上盖，对电池包做气密与水密，这个工序一定要做，非常重要，装车测试，车辆顺利进入"READY"状态，如图10-10所示。

全新的 BDU 总成

烧蚀的 BDU 总成

图10-9

车辆"READY"状态

图10-10

反复试车，功能都正常，故障排除。

故障总结：经过与客户了解情况，才知道此车在做快充时使用了商用车的快充桩，由于商用车的快充桩功率太大，造成BDU烧坏，所以对于我们乘用车还是应该使用乘用车的充电桩。

第十一章
零跑车系

第一节　零跑C11

故障现象： 原车行车录像系统无法记录任何数据，如图11-1-1所示。

图11-1-1

故障诊断： 在进行维修之前，首先了解下行车录像系统，该系统是通过双目摄像头在行车过程中记录车辆前方的视频影像数据，通过多媒体显示并进行存储记录，以便后续查看和取用，而行车记录视频数据存储在SD卡中。SD卡的存储是循环覆盖，当SD卡空间存满之后，中控屏会提示驾驶员"内部存储已满，无法存储"。该行车录像系统有一个好处是，若车辆发生碰撞，则行车录像会将碰撞时间段的视频进行锁存。另外行车记录保存的视频随时可以调取，只要点取历史查看，进入视频回放页面，就可以看到对应日期的视频组合，同时可以对视频进行锁定、删除等操作，如图11-1-2所示。

笔者按照操作说明，将车机系统调整到行车录像系统，查看历史视频发现，在视频页面中，循环视频和紧急视频下面为空白，如图11-1-1所示，而正常车机该处的页面（如图11-1-2所示），两者存在明显的不同。再调取SD卡数据（如图11-1-3所示），可见该SD卡使用了28.8G，剩余1.2G，给笔者的感觉就是SD卡数据确实已经存储了，但是车机系统却无法播放。由此将故障方向指向了车机系统。

为了确定故障点，在启动车辆后调整车机显示屏，可见此时车机显示屏上能完全显示车头的实时画面，如图11-1-4所示，同时图中左下角白色方框内REC和左上角白色方框内录像机标识在闪烁，表明此时行车录像系统能正常录像，但是为什么调取不出来呢？

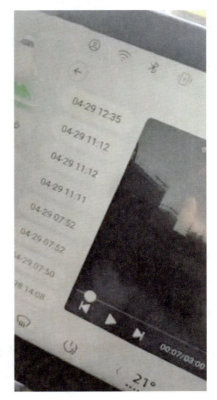

图11-1-2

梳理组成行车录像系统的几个部件，双目摄像头负责摄像，将实时数据传输至ADAS控制器，ADAS控制器再将信号传输至车机，车机将数据解码并储存数据至SD卡里面，如此形成一个完整的录像系统。根据目前的实际情况，双目摄像头的功能肯定是正常的，ADAS控制模块也是可以将数据传输给车机，因此车机系统才能正确显示实时视频，按照

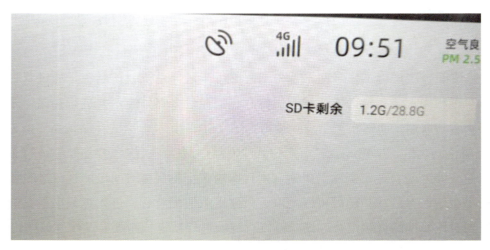

图11-1-3

该思路考虑，最大的疑点应该是SD卡，不应该考虑车机系统了。

思路有了判断故障就很简单了，既可以找一个读卡器将原车的SD卡在电脑上读取数据试试，也可以将一张新卡插进车机的卡槽里面，刚好配件库有一张新卡，遂将新卡插进原车卡槽里面，路试几分钟再次调取行车录像视频，结果显示如图11-1-5所示，由此确定该车无法保存视频为SD卡损坏导致。经过更换SD卡后故障排除。

故障总结：该录像系统其实原理和结构都很简单，无非是刚开始接触不熟悉其工作原理。该行车录像系统主要是通过前面的双目摄像头（前挡玻璃中间），实时将车前面的实时画面传输到车机系统，由车机系统保存在SD卡上，因此SD卡是一个载体，SD卡若损坏相关视频就无法保存，客户自然无法调取行车录像的数据了。

图11-1-4

图11-1-5

　　该车SD卡位置在中央扶手箱中间，点烟器的侧面，如图11-1-6所示，图11-1-6中左侧是两个USB接口，左侧USB接口有一个电源标志，表示该接口纯粹只有充电功能，中间那个USB接口表示可以传输相关数据，包括该接口的U盘歌曲可以通过车机系统播放，而右侧才是SD卡槽，在插拔SD卡时候，也需要遵循最基本的安全原则，需要先在行车录像页面暂停视频录制，关闭车机系统再插拔SD卡，否则就有可能导致SD卡数据丢失或录制的视频无法自动保存。

图11-1-6

　　其实在新能源的车辆上，由于很容易增加一些新的拓展功能，对这些功能的维修就需要维修技师通过原理来分析问题。像零跑车辆的人脸识别系统，也就是在A柱上安装了一个摄像头，在车机上注册人脸ID，添加了人脸ID图标，面部信息采集成功后，后续启动车辆通过面部识别即可，同时可自定义设置座椅/外后视镜位置/驾驶模式/空调/音乐等信息，确保相关信息符合驾驶员的偏好设置。该车还装备了事件数据记录仪系统，简称为EDR系统，根据车辆碰撞类型和严重程度的不同，EDR系统可能会记录车辆碰撞过程中动态稳定控制系统和安全系统的如下数据信息：车辆识别代号、制动踏板/加速踏板的位置、车辆行驶速度、车辆纵向加速度、安全带锁止状态，这些数据可用于深度还原事故发生时的车辆状态，辅助分析，该事件数据记录仪的数据读取和导出，需要用到特殊的技术设备。

二、2022年零跑C11空调暖风不起作用

VIN：LFZ63AL56ND××××××。

整车型号：FZ6480BEV06。

驱动电机型号：TZ250XYLPPG1

行驶里程：22km。

故障现象：一辆2022年零跑C11，行驶22km，出现空调无暖风现象。

故障诊断：接车后首先进行故障验证，着车让车辆进入"READY"模式，将空调设置到制暖模式，温度调至30℃，如图11-1-7所示。

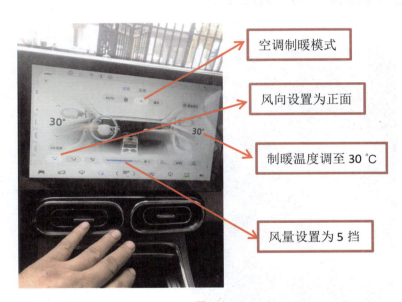

图11-1-7

　　5min后，我们手感出风口温度，发现出风口一直吹的是自然风，此款电车使用PTC对水加热的方式采暖，我们去检查制暖冷却液，发现制暖冷却液的水壶是热手的温度，并且在壶内明显看到冷却被加热后所产生的水蒸气，如图11-1-8所示。

　　从制暖冷却液水壶的情况来看，PTC加热器在工作，我们通过触摸PTC加热器部件外壳，明显地感觉到PTC加热器在加热，说明了PTC加热器部件本身没有问题。我们找到暖风循环水泵，在空调制暖模式下，触摸水泵，发现水泵无工作的震感，如图11-1-9所示。

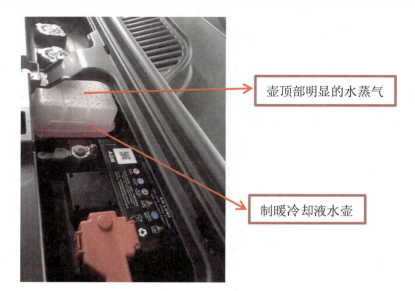

壶顶部明显的水蒸气

制暖冷却液水壶

图11-1-8

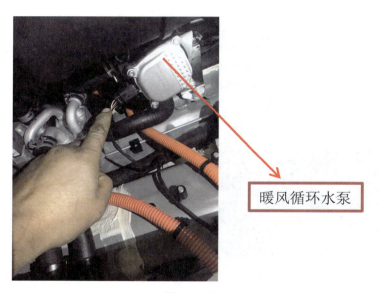

暖风循环水泵

图11-1-9

从这个结果可以看出，水泵本身没有工作，我们首先查阅水泵电路图，如图11-1-10所示。

我们检查水泵保险丝，如图11-1-11所示。

使用卤素试灯进行检查，水泵保险丝良好，我们对水泵插头的供电与搭铁进行检查，如图11-1-12所示。

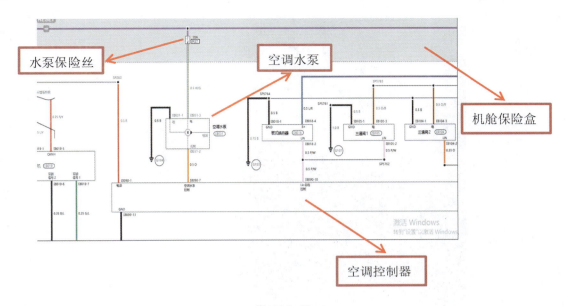

水泵保险丝

空调水泵

机舱保险盒

空调控制器

图11-1-10

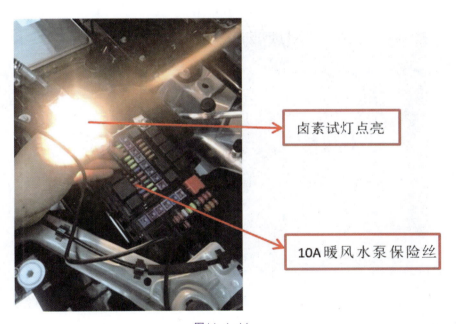

卤素试灯点亮

10A暖风水泵保险丝

图11-1-11

　　在空调制暖情况下，根据暖风水泵电路图将插头的1号针脚与3号针脚连接一个卤素试灯，试灯点亮，说明水泵本身的供电与搭铁都正常。我们对2号信号线使用示波器测量，如图11-1-13所示。

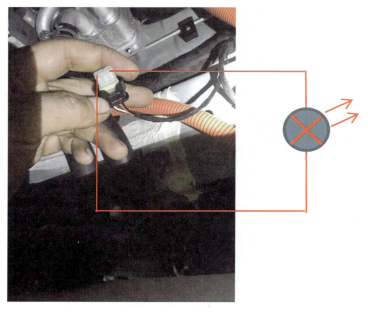

图11-1-12

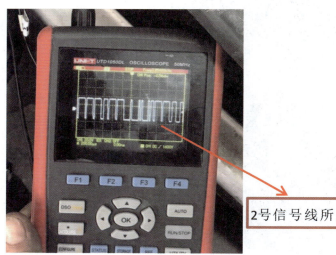

2号信号线所产生的波形

图11-1-13

从2号信号线所产生的波形来看，此信号为一根占空比控制信号，信号也正常，只有水泵本身有问题。我们更换一个新水泵，试车，车辆制暖功能恢复了正常，故障排除。

第二节 零跑T03

一、空调偶发不制冷

车型：零跑T03。

故障现象：客户反映该车空调偶尔不制冷，但是在其他4S站检查过多次，均未发现故障，最近一次其他4S站建议客户更换空调泵，但是空调泵需要4000多元，客户不太放心，因此才找到笔者，希望笔者排除故障。

故障诊断：接车后和客户做了较长时间的交流，得到如下几条信息：

（1）该车空调最近一段时间才出现该情况，之前没有出现过。

（2）空调正常时，有时候连续几个小时空调系统都正常制冷。

（3）空调不制冷和外界环境关系不大，出现故障也可能在凉爽的早上，在炎热的中午并不一定会出现故障。

（4）空调不制冷情况下，重新启动空调又能恢复正常。

综合客户描述的情况，根据传统经验，笔者可以得出以下几个结论：

（1）空调液完全足够。

（2）空调泵理论上出问题可能性较小。

（3）空调的问题和散热系统存在关系，比如风扇电机等。

鉴于此笔者和客户反复试车，车子停放在太阳下面，还有在路上行驶试车，结果空调一直很正常，空调出风口温度也没任何问题，至此笔者不敢妄下结论，只能引导客户自己留意。若空调出现不制冷的情况，打开机盖观察空调散热风扇是否正常。若散热风扇不正常，那么下次过来直接更换散热风扇。若正常的话则等故障出现再来检查。客户在出厂几天后微信反馈，在空调出现故障时候，确认车机系统已经正确地开启了空调，此时打开机盖能确认散热风扇在运转，由此排除了笔者的判断——风扇存在故障的可能性，至此笔者只能让客户再出现故障时候来站检查。又过了一周左右，客户反馈现在空调又不制冷，已经开到本站了，遂接好空调表，可见此时空调系统高低压基本接近，如图11-2-1所示，都在8kg左右，就像空调泵没工作一样，但是可见散热风扇却在运转，难道真是空调泵损坏了吗？

图11-2-1

　　本着想看看空调系统的故障码，同时观察下数据流，连接好零跑诊断仪，进入空调控制器（HVAC），发现该系统只有两个菜单，一个是版本信息，一个是ECU刷写，如图11-2-2所示。点击版本信息，系统能读取空调的版本，如图11-2-3所示，但是点击ECU刷写，则显示对HVAC系统的软件更新，因为该空调系统没有更新的软件，因此只能退出，但是笔者想读取空调数据流，在该诊断仪上却没有菜单能读取，笔者只能放弃读取数据流的想法了。

　　无法读取数据流，只能看看该车空调系统电路图，可是该车空调泵电路图非常简单，如图11-2-4所示。四合一控制模块上有12V供电和搭铁线路，两条CAN线路与整车其他控制模块进行通信，高压输入部分包括两条线路连接至高压蓄电池，高压输出部分分别输出至加热器PTC、空调泵CCM。也就是说，CCM或者PTC的工作，均是四合一接收指令直接在四合一内部将高压电源接通，而指令信号则来自CCU（空调控制模块如图11-2-5所示）。观察图11-2-5，可见CCU连接空调系统绝大部分元件，包括空调鼓风机、高

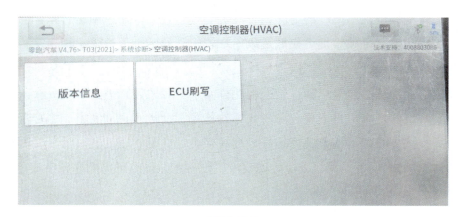

图11-2-2

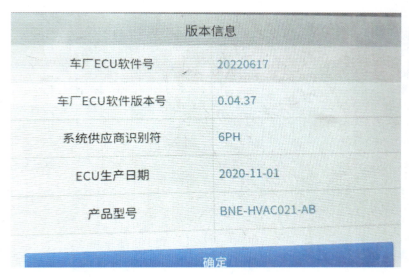

图11-2-3

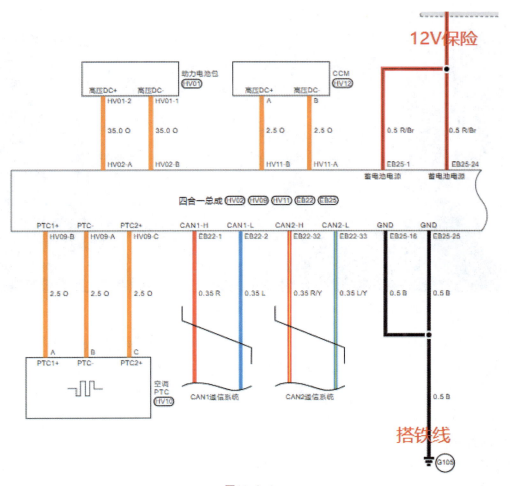

图11-2-4

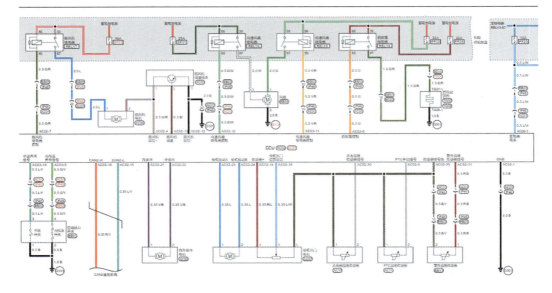

图11-2-5

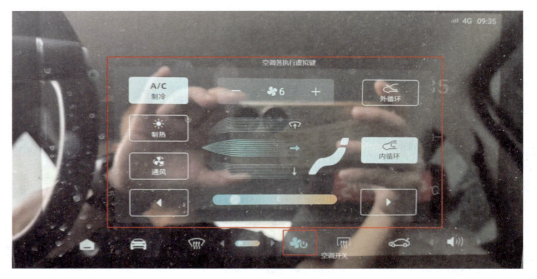

图11-2-6

中压开关、散热风扇、出风口模式风门执行电机、各温度传感器等，而CCU集成在车机系统内部，因此操作空调系统也是通过车机系统显示屏虚拟按键来执行的，如图11-2-6所示。熟悉了空调相关工作原理电路图，但是由于CCM高压供电线路无法测量，那该如何判断空调泵的电源是否存在呢？

突然想到零跑移动App上的零小跑，零小跑上不但可以操作系统，还可以远程读取车辆相关信息，那么零小跑是否能读取CCU系统的数据呢？带着这个想法，打开零小跑，选择读取数据流，结果有惊喜，如图11-2-7所示。可见选择CCU控制模块后，下面数据块中，AC制冷显示为ON，空调开关显示为ON，内外循环状态显内循环，风速为4挡，空调设定温度为19℃，最关键的还有压缩机电流为0.8A，压缩机转速2000r/min，压缩机电压为424V，而下面数据蒸发器温度控制器温度清楚表明目前空调完全不制冷。观察到此笔者可以断定此时高压电已经提供给CCM了，且CCM电流值也正常，但是CCM应该是内部有损坏，导致无法建立起高压，这个才是空调不制冷的根本原因。

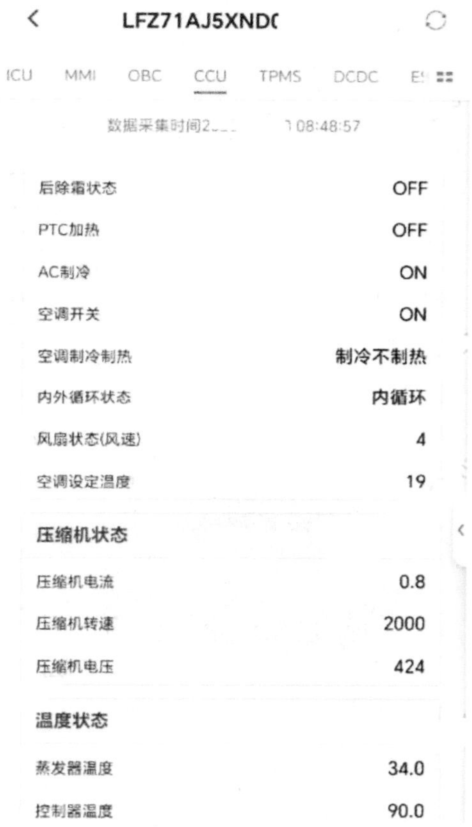

LFZ71AJ5XND(	

ICU　MMI　OBC　**CCU**　TPMS　DCDC　E!

数据采集时间2...　08:48:57

后除霜状态	OFF
PTC加热	OFF
AC制冷	ON
空调开关	ON
空调制冷制热	**制冷不制热**
内外循环状态	**内循环**
风扇状态(风速)	4
空调设定温度	19
压缩机状态	
压缩机电流	0.8
压缩机转速	2000
压缩机电压	424
温度状态	
蒸发器温度	34.0
控制器温度	90.0

图11-2-7

故障排除：订购全新的空调泵，更换后出厂，客户试车一周，故障不再出现，至此故障排除。

故障总结：零跑车辆诊断仪无法读取系统的数据流，但是幸运的是零小跑能给予补充，不过零小跑读取的只是一个静态的数据流，在图11-2-7上方有一个数据采集时间8：48：57，因此该数据流对应的是该时间段的数据，如果此时关闭空调开关，零小跑上的数据流是无法实时变化的，必须退出零小跑，重新进入才能读取空调开关OFF状态，这个也是零小跑读取数据的一个不足之处。

二、零跑T03车机定位不准确

车型：零跑T03。

年款：2022年。

行驶里程：8657km。

故障现象：客户反映手机零小跑App的车辆同步时间不一致且车钥匙按键不可用，但能正常一键启动车辆。

故障诊断：客户首先发现手机零小跑App车辆同步情况异常，尝试重新断开手机和车机蓝牙无果后联系店内寻求帮助，同时反馈车辆钥匙按键均不可用，但用手机蓝牙解锁车辆后，带钥匙进入车内可以一键启动车辆。具体如图11-2-8所示。

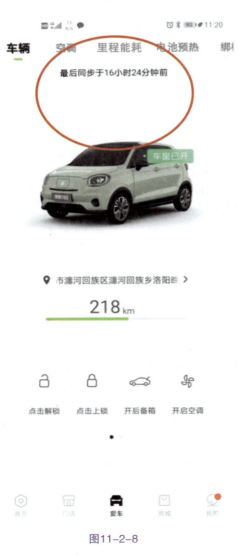

图11-2-8

安排维修人员带上零跑专用诊断仪去现场尝试解决客户反馈的问题，到达现场后，首先检查钥匙，所有按键（上锁、解锁、一键寻车、后备箱开启）确实均不可用，但使用钥匙可以启动车辆，零跑专用诊断仪诊断无异常故障码。与客户商议重新通过防盗码匹配下车钥匙，客户同意。匹配时需要两把钥匙同时在车内，但客户说另一把丢失，与客户讲明现在重新匹配相当于重新设码了，如果匹配好了另外一把钥匙再找到了是不可用的，客户表示理解，后期需要了再到店购买匹配钥匙。使用零跑专用诊断仪进入VCU整车控制器的售后匹配，选择钥匙学习，同时联系店内同事进入零跑销服系统代入车架号申请厂家授权防盗代码，得到代码后输入进诊断仪，将钥匙紧贴中央扶手前部的点烟器位置（零跑T03的应急读取线圈在这个位置），然后点击诊断仪的钥匙学习，3s后车辆有一声提示音且伴随双闪闪动一下，此时钥匙已匹配成功，试验所有按键均恢复正常。接下来检查第二个问题，车机与App同步时间超期问题，进入车内检视车机系统，在车辆存储界面发现32G内存容量被行车记录视频全部占满。此种情况与手机类似，内存满了后会导致车内卡滞，另外还发现车机系统的流量使用情况已超（领跑厂家每月赠送客户1G流量用于维持车机系统的基本运行，但车机内的各种软件使用会导致流量使用超标），如图11-2-9所示。

图11-2-9

该客户的车机流量在当月25号已使用完毕，所以受车机卡滞和流量用完双重因素影响导致手机App显示车机不同步，与客户沟通后得知前几天家中小孩在车内看了几集动画片，告知客户需要续交流量，并在征得客户同意的情况下格式化存储内容。接下来重启车机系统，解锁并上锁车辆，客户手机App立刻恢复正常，车机同步时间一致。至此该车问题解决，客户表示满意。

故障排除： 重新学习钥匙，车机系统续交流量，格式化车机内存并重启。

故障总结： 在检修故障时，一定要仔细观察。

三、2022年零跑T03左侧转向灯有时不工作

VIN： LFZ71AK53ND××××××。

电机型号： TZ180XSLPT03B。

整车型号： FZ7000BEV09。

行驶里程： 500km。

故障现象： 一辆2022年零跑T03使用中出现左前转向灯灯光弱及左侧后视镜转向灯不亮，尤其在下雨及洗车时会出现，平时使用正常。

故障诊断： 接车后，首先做故障验证，开启左右转向灯进行测试，不管是打开应急开关，还是使用左右转向灯开关，左右转向灯功能正常。我们将车辆开出去路试，转向灯都正常，使用诊断仪读取系统故障码，如图11-2-10所示。

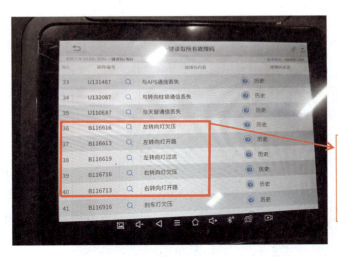

图11-2-10

从读取的故障码来看，左右转向灯都报故障，只不过都只是历史故障，只是有一点不同，左侧多了一个"B116619左转向灯过流"故障码。客户反映的故障也是在左侧，但现在一直试不出故障，也不好确定从哪里入手。我们尝试着将车辆开进洗车房进行冲水，故障现象也没有出现。将车辆开出来后对车辆进行除水，客户说自己先开，等出现故障后马上开过来，客户将车开走不到5min，就又将车辆开了回来，这时故障出现了。

我们将车辆开到车间进行测试，发现左侧转向灯不正常，左侧前后大灯上的转向灯光度明显偏弱，如图11-2-11所示。

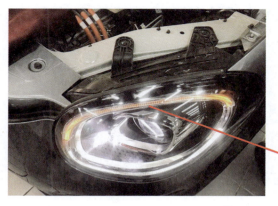

左前侧大灯转向灯光度偏弱

图11-2-11

还发现左侧转向灯中，左侧后视镜上的转向灯不亮，如图11-2-12所示。

后视镜上的转向灯不亮

图11-2-12

　　我们也想不明白转向灯的控制逻辑，查阅左侧转向灯的电路图，如图11-2-13所示。

　　从电路图我们可以看出来，左侧转向灯都是由BCM供电进行控制，并且转向灯都为LED类型，根据电路图我们可以清楚地分析出故障点的位置，其故障点的位置如图11-2-14所示。

　　我们分析出的故障点位置有可能不好理解，我们用等效电路进行分析，当电路产生故障时，如图11-2-15所示。

　　从等效电路可以看出，当电阻出现故障时，其阻值特别小，相当于一个短路小电阻，对于左前与左后二极管，相当于拉低了电压，使左前与左后二极管光度变弱，BCM在此供电电路中，还设计有过流电路，不会因为外界的电路短路而造成模块烧蚀。搞明白此逻辑后，我们尝试着拆掉左前门门内饰，先断开左前门后视镜的插头，如图11-2-16所示。

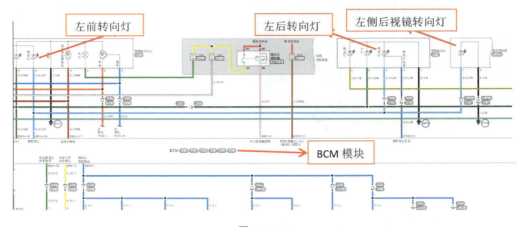

图11-2-13

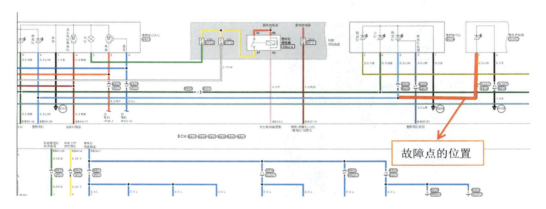

图11-2-14

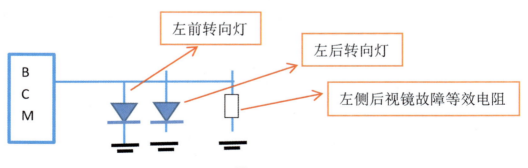

图11-2-15

左前门后视镜插头

图11-2-16

进行测试，发现左侧前后转向灯的亮度恢复了正常，故障点就在后视镜到插头处。我们仔细检查此段线束，发现此段线束内侧已经破损，如图11-2-17所示。

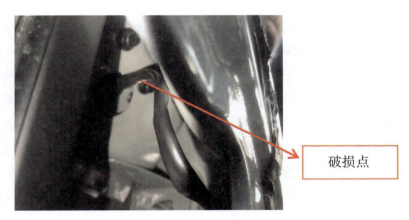

破损点

图11-2-17

我们将左侧后视镜拆下，对线束进行维修，安装上车，进行测试，故障不再出现，故障排除。

故障总结：其实此类故障是不好排查的，对于偶发性故障，只有产生故障时，才会有诊断思路，如果没有故障现象，我们也不好准确锁定故障，遇到此类故障，还是要多测试，只有将故障重现，才能够快速地进行诊断。

第三节　零跑C01

零跑C01在100km/h以上时右前侧有杂音

车型：零跑C01。

年款：2022年。

行驶里程：987km。

故障现象：客户描述车辆在100km/h以下行驶时没有任何杂音，但当车速超过100km/h时，主驾驶人员能明显听到车内右前侧A柱和仪表台附近有"噗啦噗啦"的轻微杂音，时速超过100km/h持续存在，120～130km/h也有。

故障诊断：试车故障确实存在。

安排上门取车，到店后开始检修，开始以为是车内A柱或者出风口未安装牢靠，但经过一系列检查，右前A柱饰板、仪表右侧娱乐屏、仪表右侧出风口、仪表右侧盖板以及副驾驶储物箱等均未发现异常情况，螺丝固定和膨胀卡扣都完好，此时已怀疑响声不是车内传来的。再次试车，主驾驶人员听到明显的"噗啦噗啦"杂音，副驾驶陪同人员听到风噪导致的某部件振动，这两个声音共同把问题锁定在车外右前部位。带上透明胶带再次试车，分别固定了右前侧雨刮臂（雨刮片已拆卸）、右前侧导雨板和延伸板、右前门的玻璃外压条、右前侧外后视镜底座饰板以及右前叶子板与右前门接缝处，发现异响消失，接下来开始逐一去除所粘胶带纸的位置，最后去除到右前门与右前叶子板处胶带时异响再次出现。再次试车，发现此位置就是导致异响杂音"噗啦噗啦"出现的源头，回到店内再次仔细检查，发现右前叶子板与A柱下外筋连接处有一长条状挡板，如图11-3-1所示。

图11-3-1所示为异响根源所在，该饰板用竖钉和螺丝固定，但边缘位置仅仅是薄的唇边贴合，当车速低时风阻不会影响，车速一旦超过100km/h，风阻会引起该唇边振动，导致"噗啦噗啦"的异响杂音出现，在该饰板背部打上泡沫发泡胶后再次试车，该故障彻底消失，后期回访客户十分满意。

故障排除：在该饰板背部打上泡沫发泡胶。

故障总结：在维修过程中一定要大胆推测，小心验证，问题总归会有解决办法的。

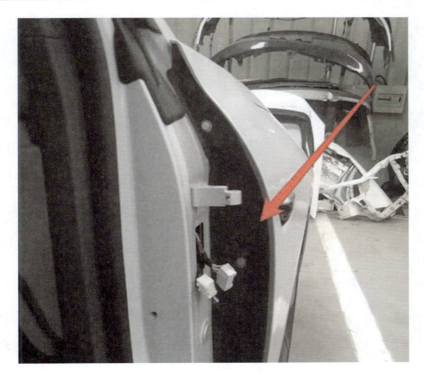

图11-3-1

第十二章
合众车系

第一节　哪吒U

2020年合众哪吒U Pro纯电无法充电

故障现象：一辆2020年合众哪吒U Pro，使用随车充电器时出现无法充电现象。

故障诊断：接车后，接好220V充电器，对车辆进行充电，仪表显示220V充电枪已经插入，如图12-1-1所示。

仪表充电枪插入指示灯

图12-1-1

检查220V充电枪，发现充电枪上的3个指示灯一直闪烁，如图12-1-2所示。

待机指示灯/充电指示灯/故障指示灯，3个指示灯一直闪，这个就不是正常现象，并且仪表一直显示充电枪已插入，显示屏上并没有其他指示。从车的充电流程上看，此车无法充电需检查充电枪是否连接牢固，如图12-1-3所示。

检查充电枪与插口的接触是否牢固，没有问题，会不会是随车充电器有问题？但仔细想想也不会，毕竟是汽车，不像手机充电器，有可能买的充电器与手机不配套，并且此车还是新车，充电器不应该有故障。把充电器翻过来，发现了说明，如图12-1-4所示。

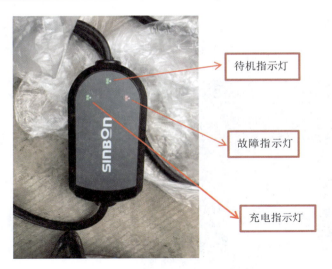

待机指示灯

故障指示灯

充电指示灯

图12-1-2

充电枪牢固地锁在充电插口上

图12-1-3

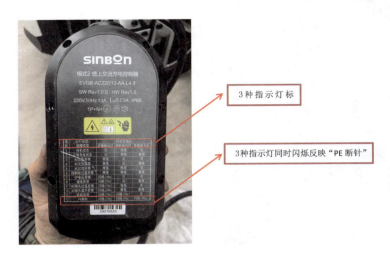

3种指示灯标

3种指示灯同时闪烁反映"PE断针"

图12-1-4

当看到"PE断针"的故障类型，突然想明白了一点，是不是插线板有问题，带着疑问，找到一个220V的三插插头，仔细看，终于想明白了，如图12-1-5所示。

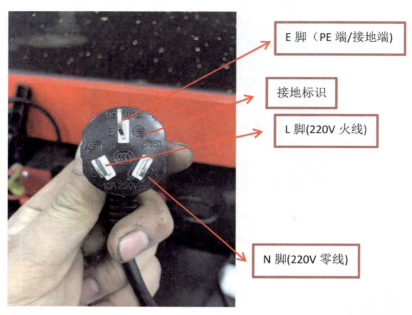

图12-1-5

由于接触民用电比较少，平时总是以为E脚没用，只要有220V的火线与零线就行，接地端是多余的。从此故障来看，就是接地端引起故障。为了验证自己的诊断，对充电枪上的插头进行了改装，从E端单独引一根地线，如图12-1-6所示。

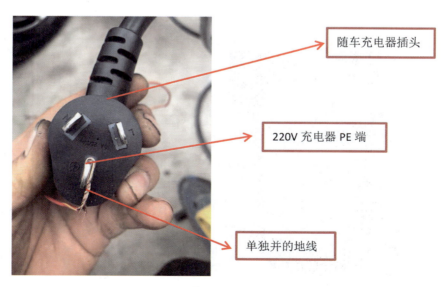

图12-1-6

　　下一步就是接地点的选用，找一颗未生锈的钢钉，把导线穿上，并向地上砸，砸出坑最佳，如图12-1-7所示。

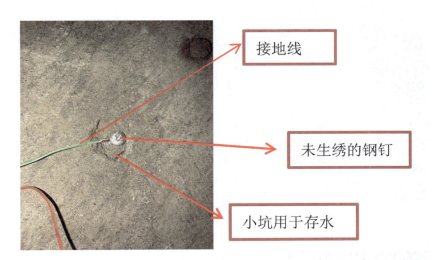

接地线

未生绣的钢钉

小坑用于存水

图12-1-7

　　将接地点做好后，还需要增加导电性，如图12-1-8所示。

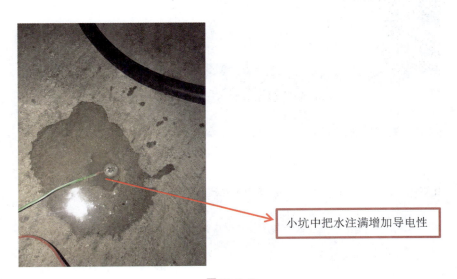

小坑中把水注满增加导电性

图12-1-8

　　连接好插头，如图12-1-9所示。

　　上电后检查仪表显示，如图12-1-10所示。

　　从车辆外观看，明显可以看到车头部分的充电指示灯闪烁，如图12-1-11所示。

　　再次确认充电枪指示灯，如图12-1-12所示。

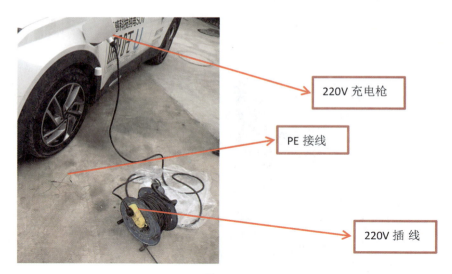

220V 充电枪

PE 接线

220V 插 线

图12-1-9

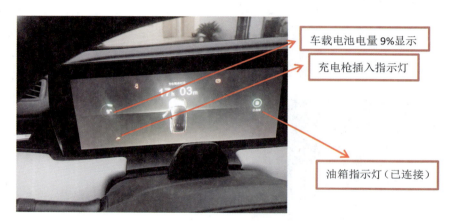

车载电池电量 9%显示

充电枪插入指示灯

油箱指示灯（已连接）

图12-1-10

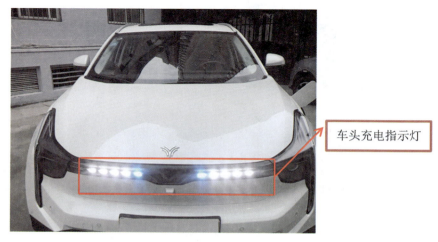

车头充电指示灯

图12-1-11

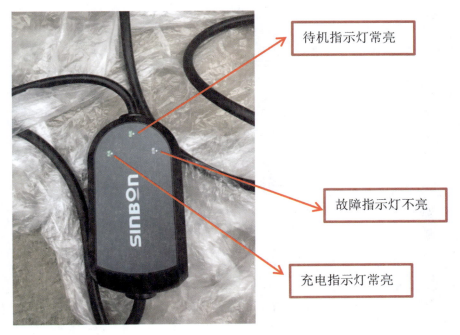

待机指示灯常亮

故障指示灯不亮

充电指示灯常亮

图12-1-12

　　根据指示灯的说明，指示"正常充电状态"，故障点确定，故障排除。其实在以前的充电过程中，还没有遇到过此种情况，厂家应该是考虑到车辆对于用电设备来说是一个大功率器件，必须接上地线，这也是对用户的一种保护。

第二节　哪吒V

一、2021年哪吒V400不能行驶

VIN：LUZAGADA1MA×××××。

车型：哪吒V400。

行驶里程：2300km。

故障现象：当天晚上行驶回停车位，车辆停放一晚上，早晨去开车，发现车辆不能进入READY，不能行驶，反复进行尝试都不能正常工作，客户诉求进行道路救援。到达现场后，对故障进行验证，与客户描述故障现象一致，读取故障如图12-2-1所示。

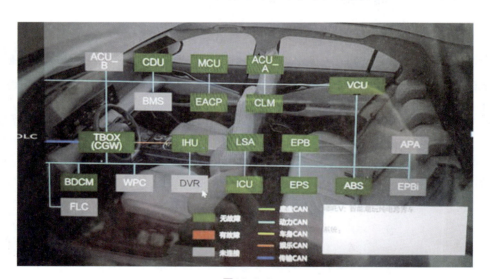

图12-2-1

故障诊断：进行系统扫码，没有发现故障码，系统正常，无故障码。读取数据流也没有获得有用的信息，让维修有些被动。

可能原因：

（1）12V蓄电池。

（2）BDCM与ESCL通信故障。

（3）VCU与BDCM通信故障。

（4）MCU与VCU通信故障。

（5）ESCL线路故障。

（6）CDU与BMS通信故障。

查阅了相关线路图，初步检查过程中没有发现故障现象，诊断仪读取系统正常，保险丝RF23/10A正常，如图12-2-2所示。再次对客户描述的故障现象进行多次模拟试验，在反复试验中发现车辆不能进入正常工作状态，对车辆进行遥控关/开锁后打开车门，车辆进入正常工作状态，空调可以开启，大小屏都可以亮。当钥匙放进车辆钥匙位置时，车辆瞬间就会退出工作状态。反复尝试多次失败，当车辆钥匙不在车内时，车辆供电在5min左右。掌握这个规律后反复进行尝试，看能不能让车辆行驶离开救援现场，回店再进行检查维修，尝试失败。

图12-2-2

回店对救援车辆与故障车辆进行对比，发现故障车辆方向锁不能解锁。而2022年哪吒V不带转向柱锁，查阅2021年转向柱锁ESCL的线路图如图12-2-3所示。

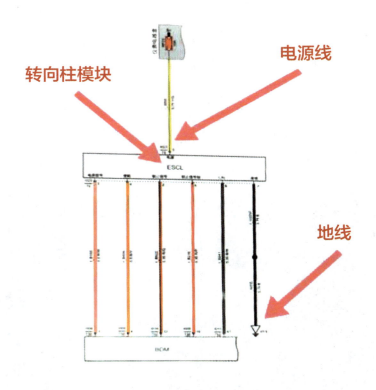

图12-2-3

　　对转向柱锁ESCL线路进行逐步检查，T8/5电压12.65V，地线T8/7正常，电阻小于1Ω，T8/8 LIN电压正常11.6V，都在正常范围之内。检查过程中没有发现有断路、短路现象，检查过程中没有发现异常现象。检查结果有些说不通，怎么会出现不能解锁的故障现象呢？开/关转向锁信号正常，决定人为模拟试试看，会不会是线路接触不良导致。反复摇动保险丝盒背面的线，此时ESCL T8/5针脚上的试灯随着摇动保险丝盒变化，灭/亮。拆解线束固定卡子，仔细观察发现保险丝输出侧的插针有退针现象，如图12-2-4所示。

　　对保险丝后的输出线进行拨动，很轻松拔出，仔细观察当安装好保险丝盒后线束拉得比较紧，重新布置线的位置，安装好保险丝盒，从后部观察，小线处于自然状态，不再有拉紧的情况。反复人为试验，故障现象不再出现，并做了故障现象再现试验，故障现象完全吻合，安装好拆卸部件，故障现象排除。

图12-2-4

二、2021年哪吒V功率受限且空调不工作

车型： 2021年哪吒V400。

行驶里程： 36450km。

故障现象： 车辆可以应急行驶，车速限制在30km/h，娱乐主机IHU正常工作，空调系统不工作。

故障诊断： 读取故障码，如图12-2-5所示。

条件：将钥匙开关转到："ON"（接通位置）。

故障代码	故障码名称	状态	故障发生时间
C29087	U029087 VCU接收压缩机CAN通信失败	当前码	2022年5月23日13时55分7秒
1A4300	P1A4300 MCU限功率报警	历史码	2022年5月23日14时18分24秒
1A6A00	P1A6A00 动力总成冷却水泵反馈故障	历史码	2022年5月10日17时8分13秒
1A6D00	P1A6D00 动力总成水系非预期无付	当前码	2022年5月18日18时25分40秒

图12-2-5

可能的原因：

（1）EACP故障。

（2）VCU故障。

（3）EACP基础工作条件不满足。

（4）通信CAN断路。

（5）通信CAN短路。

（6）软件缺失。

（7）空调压缩机故障。

参考线路图对EACP线路进行逐一检查：拔掉空调压缩机T6插头，对T6插头的6号针脚供电进行检查，12.45V；对接地3号针脚进行检查，试灯点亮；对T6插头的1/2号针脚的CAN电压进行检查，2号CAN-H电压2.7V，1号针脚CAN-L电压2.35V，都在正常范围内。检查过程中没有发现断路、短路现象。检查过程中没有发现故障原因，电源地线、通信线路正常。那怎么会出现不能正常通信工作的故障？是检查过程中忽略了什么？查看故障码中关于水泵和散热风扇的故障码，查看线路图，发现它们之间有共同的31接地线U037，安装位置如图12-2-6所示。

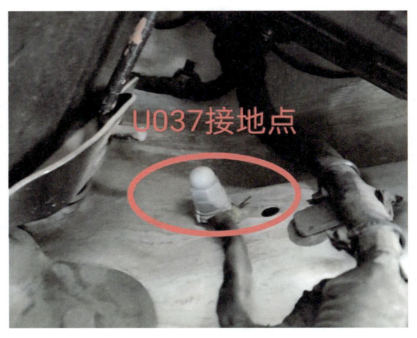

图12-2-6

线路图如图12-2-7所示。

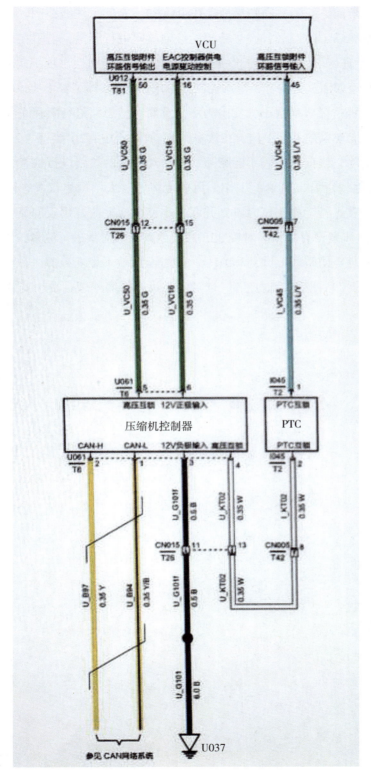

图12-2-7

在蓄电池支架前方找到共同的接地点线束U037，查阅上述线路图，找到共同的接地点，对空调压缩机EACP控制器的3号针脚的接地电阻进行测量，电阻在正常范围内小于1Ω，这就有点不理解了，基础的工作条件都能满足，那怎么会出现不能通信的故障现象呢？一时间不知道如何进行检查，空调控制器总成EACM损坏了？不应该啊，行驶里程数比较小，出现这种情况概率很小，几乎为零。重新调整思路进行负荷工作检查，对风扇进行动作测试，发现风扇不能工作。在读取的4个故障码中有2个当前、2个历史故障码，历史故障可以删除，当前故障码不能删除。再次对风扇的线路进行检查，控制87有输出电压12.5V，接地线也有，风扇不工作，风扇也坏了？太不可思议了，两个电子元件同时都损坏了吗？在进行动作测试时看到并联在小蓄电池上的万用表的显示电压几乎不动12.3V，证明散热风扇没有工作。对接地U037接地点电阻再次进行测量，电阻正常。开暖风检查，U037对地电阻瞬间上升到300MΩ。检查至此就不难理解了，看来是U037接地点不良导致故障，拆卸后发现接地点有一层油漆，进行打磨处理，重新安装U037接地线，故障现象排除。

第一节　上汽通用别克微蓝6

一、2019年纯电动微蓝6无法上电

VIN：LSGKM8S28KW××××××。

行驶里程：57km。

故障现象：车辆无法"READY"上电，仪表显示高压电池包故障，如图13-1-1所示。

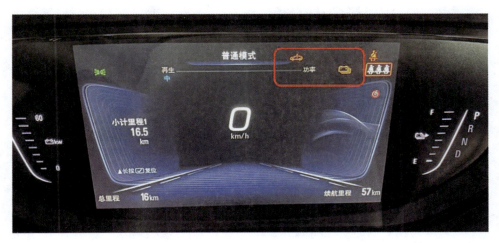

图13-1-1

故障诊断：点火ON，仪表高压电池包故障灯点亮。RDS检测，故障码为P1B41 00高压系统绝缘故障目前，如图13-1-2所示。

根据SBD诊断流程，查询故障码解析：配备高压蓄能和推进能力的车辆设计为高压电路与车辆底盘绝缘。如果正极或负极高压直流电路或任一高压交流相电路失去与车辆底盘的绝缘，则可能设置一个或多个故障码。蓄电池能量控制模块会对高压电的电流以及绝缘性进行检测，如绝缘低会上报绝缘故障至整车，同时会检查绝缘电阻，检测回路是否存在故障及进行合理性检查。设置故障码的条件：绝缘电阻小于250kΩ。

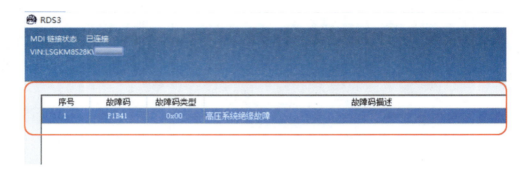

图13-1-2

可能原因：相关线路故障、连接器故障或配合不良、混合动力/电动汽车动力传动系统控制模块2故障、蓄电池能量控制模块故障。

检测维修：从蓄电池能量控制模块中查看高压系统绝缘电阻，故障车为160kΩ，符合故障码设置的条件绝缘电阻小于250kΩ，说明高压系统绝缘有问题，查看正常车为8191kΩ，如图13-1-3所示。

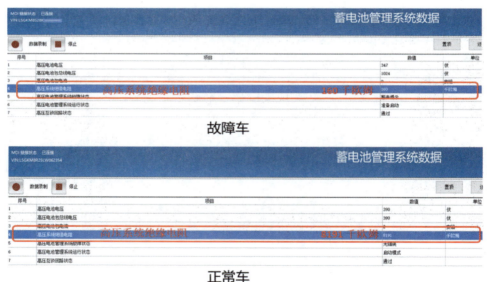

故障车

正常车

图13-1-3

简单了解下别克纯电动微蓝6整车高压线路情况，如图13-1-4所示为2019年别克纯电动微蓝6高压线路布置示意图，高压部件由14V电源辅助模块、电池包总成、车载充电机、交流充电接口、电驱单元、压缩机、暖风加热器等组成。其中高压电池包总成共16个模组，每个模组1并6串共6个电芯，总计96个电芯。这些电池组以电气连接方式串联连接。每个电池组的额定电压为 3.65 V，系统额定直流电压为350V。

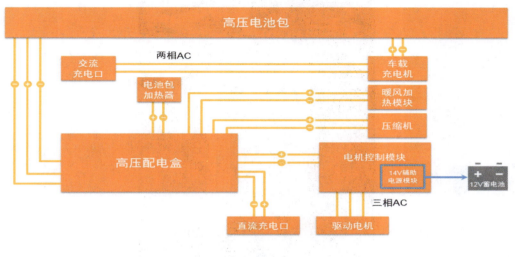

图13-1-4

高压系统存在绝缘故障，我们需要对各高压部件进行绝缘测试检测。按照维修手册诊断流程，对高压部件进行维修之前，首先佩戴个人防护用具，执行高压禁用。

（1）将点火开关置于OFF位置，车辆静置5min以上，先断开蓄电池负极接线，再操作手动维修断路器断开高压电池电源。

（2）测量高压电池上高压连接器各端子间、端子与地之间，以及高压线束端高压连接器内的端子之间电压，小于1V。

（3）断开K16蓄电池能量控制模块的线束连接器，断开K238 高压配电单元的线束连接器。

（4）分别测试K16蓄电池能量控制模块包的线束连接器端子、K238 高压配电单元的线束连接器端子与接地之间的电阻，实测值为大于550MΩ，如图13-1-5所示。

分别测量了K238的X1/1、X1/2、X3/1、X3/2、X4/1、X5/1、X6/1、X9/1、X10/1，均大于550MΩ，K238的X7/1、X8/1、X2/1、X2/2跟其他车辆相比较，也在正常范围之内，如图13-1-6为高压系统电路图。

（5）检测/维修相关故障后关闭并重新打开点火开关，再次读取故障码，确认故障码继续存在。

（6）故障码依然存在，尝试检测/更换K16蓄电池能量控制模块或混合动力/电动汽车动力传动系统控制模块2。

按照维修手册的指示，通过上述高压绝缘监测，已排除了K1、K118、K10、X98D、T6、K238部件及连接高压导线故障。接下来需检查更换K16，认为高压绝缘实际上是没

图13-1-5

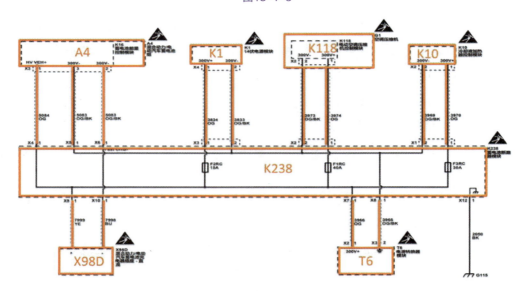

图13-1-6（图注省略）

问题的，重点怀疑K16蓄电池能量控制模块误报故障。一般的操作要么互换高压电池包总成以确定故障或订货更换高压电池包总成，而互换高压电池包总成确定故障点存在着不确定因素，且更换电池包价格昂贵存在风险，故按照维修手册提示维修存在很大的困难，急需开发一套新的诊断流程，以精确确定故障点。我们再来了解下高压绝缘监测，它分为主动绝缘监测和被动绝缘监测。主动绝缘监测在主接触器断开时，监测范围为电池包内部高压电路；被动绝缘监测在主接触器闭合时，监测范围是所有高压部件和高压电路。对两者状况进行区分，最好的办法就是点火关闭位置查看绝缘电阻，我们进行试验，点火OFF位置时，所查看到的数据流高压系统绝缘电阻仍为160kΩ。点火ON时，也一直为160kΩ，所以可以判断是主动绝缘监测存在故障。故障范围缩小至高压电池包内部，包含模组、高压导线、接触器等，图13-1-7为接触器组件示意图。

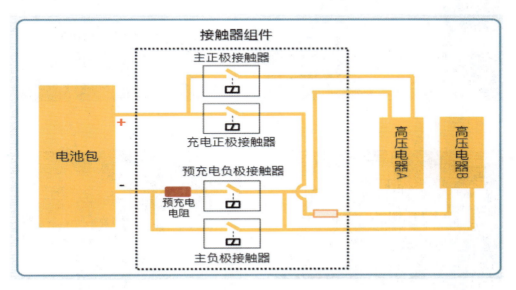

图13-1-7

拆下高压电池包总成，对其先进行密封测试，显示测试通过后，对高压电池包进行拆检，检查其内部绝缘情况，如图13-1-8所示。

图13-1-8

拆下MSD及分离高压导线，对各个模组进行绝缘测试，多数显示为550MΩ，其中模组3绝缘电阻为0.13MΩ，不正常，如图13-1-9所示。

对模组3的6片电芯分别进行电压测量，发现56号电芯电压为3.57V，其余均为3.6V左右，如图13-1-10所示。

图13-1-9

正常   故障

图13-1-10

故障原因：对模组3进行拆检，发现56号电芯存在漏液现象，导致报绝缘故障，如图13-1-11所示。更换模组3后，再次进行密封测试，合格后装车，故障排除。

图13-1-11

故障总结：高压电池包内模组3的56号电芯存在漏液现象，导致绝缘报故障，无法上电。

（1）电池包内部的高压电路需经过接触器才能与外部高压电器的工作回路接通，各接触器通常是按照一定的程序进行工作。为了防止瞬时浪涌电流可能对高压电器造成损伤，故通过断开K238蓄电池断路器模块上的各高压连接器进行绝缘监测，无法判断高压电池包内部及组件的绝缘故障，回顾维修经过进行分析，对高压电池包内部绝缘监测，或许可以从MSD那进行检测，图13-1-12为从MSD处测量绝缘。

图13-1-12

（2）高压绝缘监测分为主动绝缘监测和被动绝缘监测。主动绝缘监测在主接触器断开时，监测范围为电池包内部高压电路；被动绝缘监测在主接触器闭合时，监测范围是所有高压部件和高压电路。模块数据只显示绝缘电阻值，需要对两者的情况进行区分，有利于故障范围的缩小，快速排除故障。

二、2020年纯电动微蓝6行驶时故障灯亮且无法READY

VIN：LSGKM8R2XLW××××××。

行驶里程：50823km。

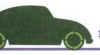

故障现象： 客户反映车辆正常行驶时仪表上检修车辆指示灯间歇性点亮，并且车辆无法READY行驶。出现故障后停靠1h又恢复正常，平均2天出现一次。

故障诊断： 在接到客户报修后，按照SBD流程进行了如下检查。了解并确认故障描述，询问客户故障发生的时间、地点、现象、频次，结果是客户只知道前几天故障灯点亮，重新启动后正常，今天早上车子就无法启动，无法启动READY。客户只知道行驶一段时间热车后容易出现故障，其他记不清了。车辆拖车至我站，启动车辆，车辆能READY上电，但是仪表上检修车辆指示灯点亮，验证结果客户描述的问题属实，如图13-1-13所示。

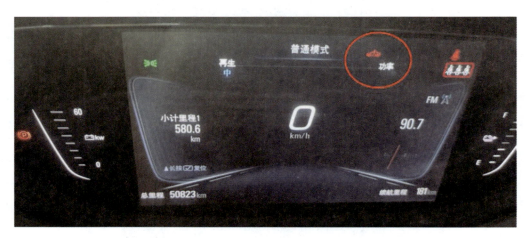

图13-1-13

先后检查高压线束插头连接、高压部件安装、外观等情况，检查是否存在加装件等，结果未发现异常。将诊断仪（SCS）与车辆连接，读取故障码，发现混合动力/电动车辆动力总成控制模块2内存在1个故障码（DTC）：P1B41 高压系统绝缘故障，如图13-1-14所示。

序号	故障码	故障码类型	故障码描述	故障类型描述	状态
1	P1B41	0x00	高压系统绝缘故障	无子类型信息	确认故障

图13-1-14

查阅维修通讯和TAC技术简报，未发现类似故障的维修信息和解决方案。车辆系统相关说明如下：配备高压蓄能和推进能力的车辆设计为高压电路与车辆底盘绝缘。蓄电池能量控制模块会对高压电的电流以及绝缘性进行检测，如绝缘低会上报绝缘故障至整车，同时会检查绝缘电阻检测回路是否存在故障及进行合理性检查。如果正极或负极高压直流（DC）电路或任一高压交流（AC）相电路失去与车辆底盘的绝缘，则可能设置一个或多个故障码。设置故障码条件：绝缘电阻小于250kΩ。使用诊断软件SCS查看车辆数据高压系统绝缘电阻为8200kΩ，与同款车辆比较数据差不多，此时车辆能正常上电。对车辆上所有高压部件及高压导线进行检查，未发现有磕碰、破损、变形、进水等现象。天气炎热，开启空调路试车辆30min后故障出现，仪表上提示"检修车辆"并且指示灯点亮，车辆无法READY行驶。查看故障码仍为P1B41 高压系统绝缘故障（当前）。靠边停车一段时间后，故障码可以清除，车辆又可以READY。不开空调又行驶40min，故障未出现，但一旦开启空调路试30min左右，故障又会出现，判断电动压缩机有绝缘故障。在试车时开启/关闭空调，高压系统绝缘电阻数据偶尔会从8200kΩ下降至200kΩ左右，此时车辆无法READY行驶，如图13-1-15所示。

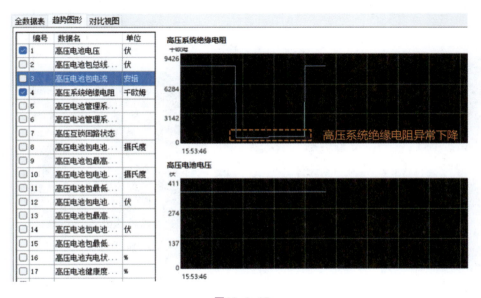

图13-1-15

对车辆执行高压禁用流程后，拔下蓄电池断路器模块上的电动压缩机插头，测量X2/2、X2/1对地绝缘电阻为0.6MΩ，不正常。拔掉空调压缩机上的高压母线插头后，测量绝缘电阻大于550MΩ，判断为空调压缩机内部对地短路，绝缘失效，如图13-1-16所示。

拆下电动压缩机，测量高压端子与壳体的绝缘电阻在4.0MΩ左右波动，对比全新的电动压缩机，绝缘电阻大于550MΩ，如图13-1-17所示。

根据上述检查结果，故障点为电动压缩机绝缘故障，更换电动压缩机，按要求添加规定的PAG冷冻油，装复后开空调经反复试车，查看车辆数据，高压系统绝缘电阻为8000kΩ以上，故障没有重现，车辆恢复正常。但在交付客户使用一周后客户反映故障重现，车辆又无法READY行驶。使用诊断软件SCS查看故障码，仍为P1B41 高压系统绝缘故障，开启空调长时间行驶后，查看车辆数据高压系统，绝缘电阻又会异常下降至200kΩ

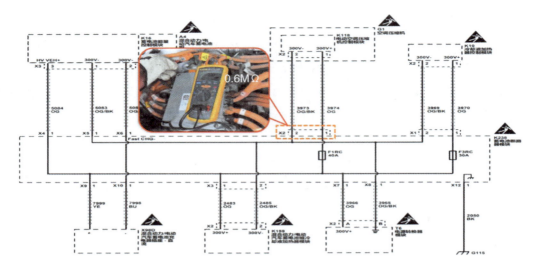

图13-1-16

故障电动压缩机

正常电动压缩机

图13-1-17

左右，但是出现频率比原先低。对该车执行高压禁用流程，拆下蓄电池断路器模块，测量高压母线绝缘电阻为0.6MΩ，不正常；拔下电动压缩机插头后，测量蓄电池断路器模块内的高压母线绝缘电阻为3MΩ左右；测量电动压缩机高压母线绝缘电阻为0.98MΩ，不正常；拔掉电动压缩机上的高压母线插头后，测量绝缘电阻大于550MΩ。故障点再一次指向电动压缩机，如图13-1-18所示。

上次故障更换的电动压缩机为全新原厂件，一般不会再次出现故障，考虑可能为其他原因引起。再次询问客户第一次故障发生的时间及相关信息，其告知几个月前车辆前方发生碰撞事故，在外修理店维修后不久就出现了该故障。将该车的前保拆下，发现该车的冷凝器及水箱有拆装更换过，为副厂件，如图13-1-19所示。

更换冷凝器势必需要添加空调压缩机油，而电动压缩机对压缩机油有严格的要求，会不会在更换冷凝器的时候添加了绝缘不良或不符合规格的压缩机油，从而导致绝缘失效？尝试用绝缘测试仪对原车的压缩机油进行绝缘测试，测试结果为55.3MΩ，而对仓库新领用的压缩机油进行绝缘测试，绝缘电阻大于550MΩ，测试结果说明故障车的压缩机油有问题，如图13-1-20所示。

图13-1-18

图13-1-19

故障车压缩机油绝缘测试

全新的压缩机油绝缘测试

图13-1-20

根据上述检查结果，由于空调压缩机油绝缘异常导致电动压缩机绝缘故障，引起车辆报故障码，自动下电。由于压缩机油遍布整个空调管路，需对整个空调管路进行清洗并且更换必要的部件。更换电动压缩机、冷凝器、膨胀阀等，并清洗整个空调管路和蒸发箱等空调部件，添加全新、规定的PAG压缩机油后，装复后开空调反复试车，交由客户使用1个月，故障没有重现，车辆恢复正常。

故障总结：经查证，别克微蓝7原厂规定使用POE压缩机油，微蓝6原厂规定使用PAG压缩机油，两种压缩机油均有绝缘的特性，但是压缩机油跟制动液一样，有很强的吸湿性，长时间暴露在空气中绝缘性能会下降。为验证该现象，我们将密封完好的压缩机油倒出暴露在空气中12h，再次用绝缘测试仪测试绝缘电阻，绝缘电阻由原先的大于550MΩ下降至162MΩ。因此，在此建议，维修新能源车辆空调时，严禁添加长时间存放在冷媒加注机上的压缩机油，因为该压缩机油势必会吸水导致失效引起电动空调部件绝缘故障，建议通过高压检修口注射的方法加注压缩机油，并且拆卸电动空调部件时，需及时做好密封措施，防止空气进入，如图13-1-21所示。

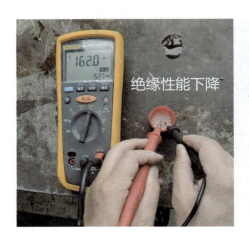

图13-1-21

该案例由于在外维修，更换冷凝器添加了失效（不正常）的压缩机油，经空调长时间运转后，水分充分湿润电动压缩机，压缩机油的击穿电压性能下降，导致电动压缩机绝缘故障，引起车辆报故障码，车辆无法READY行驶。由于第一次更换原厂的电动压缩机时使用了良好的压缩机油，将原车不良的压缩机油水分进行稀释从而提高了绝缘性，所以故障出现的频率降低，周期延长。检查维修故障时，需及时了解该车的维修历史及分析引起故障的所有关联性，以确定后续诊断方向，查找多次/反复维修的根本原因。判断部件、物品正常与否时，可以充分利用现有的工具设备，如使用绝缘测试仪测试压缩机油绝缘性能，判断其是否正常/良好。维修新能源车辆空调时，严禁使用长时间存放在冷媒加注机上（含内部管路残留）的冷冻机油，因为该冷冻机油势必会吸水导致失效，从而引起电动空调部件绝缘故障，并且拆卸电动空调部件时，需及时做好密封措施，防止空气进入。对于已拆封的压缩机油应及时做好密封储存。

三、2020年纯电动微蓝6交流无法充电

车型： 纯电动微蓝6。

VIN： LSGKM8R25LW××××××。

行驶里程： 10488km。

故障现象： 客户反映交流无法充电，直流高压可以充电。

故障诊断： 使用客户车辆随车充电器进行交流充电，仪表显示充电枪已连接，但不能成功充电。使用正常车辆的随车充电器对该车进行充电也无效，RDS检测无诊断故障码，如图13-1-22所示。

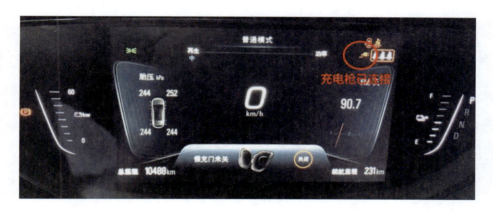

图13-1-22

查询维修手册，无实质有效的诊断流程及帮助。该车型高压部件有高压电池包、高压配电盒、电池包加热器、交流充电口、直流充电口、车载充电机、暖风加热模块、压缩机、电机控制模块、驱动电机等。结合系统工作原理，分析可能原因：交流充电座、车载充电机、蓄电池能量控制模块、线路、其他。

诊断过程：

（1）RDS查看所有模块均可正常通信，互锁正常，查看高压系统绝缘电阻为8192Ω，正常。

（2）从仪表信息得知充电枪已连接，进入蓄电池充电器控制模块查看数据流，发现数据流中充电器交流电压为218V，充电器交流电流为0A，如果拔出枪的话，充电器交流电压变为0V，这说明充电枪确实已经连接，并且CC与CP线正常。CC线功能为检测充电枪

连接等，CP线功能为充电枪确认连接和充电设备信息采集等。

（3）查看数据流，充电口正极温度和充电口负极温度均为25℃，PFC温度1、PFC温度2、LLC温度1和LLC温度2各为20℃、18℃、18℃、19℃，正常。

（4）查看正常数据流，充电器唤醒BMS信号状态为BMS唤醒，但过会又变成BMS未唤醒。与正常车辆进行比较，充电状态下该数据为BMS唤醒。

（5）查看数据流，BMS请求充电器工作为默认值，BMS请求充电器的输出电压为0V，BMS请求充电器的输出电流为0V，充电状态为准备。与正常车辆进行比较，BMS请求充电器工作为启用充电，BMS请求充电器的输出电压为412V，BMS请求充电器的输出电流为16V，充电状态为充电。

（6）对比数据流进行分析，初步判断蓄电池充电器控制模块已检测到充电枪已正常连接并且也知晓了充电设备信息，充电座的温度数据均正常，充电枪未成功唤醒蓄电池能量控制模块。上述数据对比如图13-1-23和图13-1-24所示。

序号		数值	单位
1	充电器高压直流电电压	2	伏
2	充电器高压直流电电流	0	安培
3	充电器交流电电压	218	伏
4	充电器交流电电流	0	安培
5	充电器唤醒BMS信号状态	BMS未唤醒	
6	充电口正极温度	25	摄氏度
7	充电口负极温度	25	摄氏度
8	PFC温度1	20	摄氏度
9	PFC温度2	19	摄氏度
10	LLC温度1	19	摄氏度
11	LLC温度2	19	摄氏度
12	BMS请求充电器工作	默认值	
13	BMS请求充电器的输出电压	0	伏
14	BMS请求充电器的输出电流	0	安培
15	充电状态	启动	

故障车

图13-1-23

序号		数值	单位
1	充电器高压直流电电压	360	伏
2	充电器高压直流电电流	1	安培
3	充电器交流电电压	214	伏
4	充电器交流电电流	2	安培
5	充电器唤醒BMS信号状态	BMS唤醒	
6	充电口正极温度	25	摄氏度
7	充电口负极温度	25	摄氏度
8	PFC温度1	20	摄氏度
9	PFC温度2	19	摄氏度
10	LLC温度1	20	摄氏度
11	LLC温度2	20	摄氏度
12	BMS请求充电器工作	启用充电	
13	BMS请求充电器的输出电压	412	伏
14	BMS请求充电器的输出电流	16	安培
15	充电状态	充电	

正常车

图13-1-24

（7）而K16蓄电池能量控制模块能正常通信，故障在点火ON或OFF都一样，所以K16蓄电池能量控制模块是正常工作唤醒的。

（8）当充电枪插入交流充电座时，K57蓄电池充电器控制模块检测到充电枪已连接正常，会通过K57 X3/9（高压车载充电交流电压感应信号）和K57 X3/11（高压车载充电控制）与K16蓄电池能量控制模块进行充电唤醒控制，并通过网络通信线进行数据交互。

（9）未报网络通信故障码，故对唤醒控制线进行检测。测量K16 X1/A4，当点火开关为ON时，电压为0V，正常车辆为4.9V，不正常。

（10）点火开关OFF，拔下K16的X1插头，测量K16 X1/A4至K57 X3 11电阻为0.3Ω，正常。但在测量过程中发现K16 X1/A4针脚与其他针脚相比非常松旷，不正常。上述测量如图13-1-25所示。

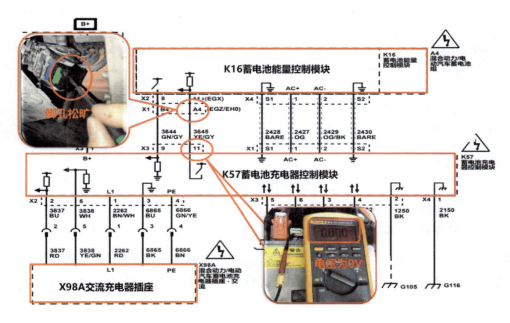

图13-1-25

（11）对K16 X3/A4针脚进行处理，装复K16 X1插头，点火开关ON，测量K57 X3/11电压恢复为4.9V，正常。再次测试交流能充电，故障排除。

故障原因：K16蓄电池能量控制模块的X1/A4针脚松旷，接触不良。

故障总结：K16蓄电池能量控制模块的X1/A4针脚松旷，接触不良，导致当充电枪插入交流充电座时，K57蓄电池充电器控制模块检测到充电枪已正常连接，但无法唤醒K16蓄电池能量控制模块，车辆无法充电。对于有些故障，第一没有故障码，第二维修手册没有较好的指导流程，就更需要掌握该车型系统的具体工作原理和过程，通过逐一查看数据流，并与正常车辆进行比较测量，才能缩小锁定故障范围进而排除问题。

最新电动汽车经典维修实例

四、2020年纯电动微蓝6空调不制冷

车型：纯电动微蓝VELITE 6。

VIN：LSGKM8S2XLW××××××。

行驶里程：4251km。

故障现象：客户反映除雾不良，空调制冷效果不好。

故障诊断：车辆上电READY，开启暖风正常，开启制冷效果不良，送风为常温状态，除雾很慢，仪表无故障指示灯提示。RDS检测故障码为P0D6B 电动空调压缩机电机电压传感器对电池短路（目前），如图13-1-26所示。

序号	故障码	故障码类型	故障码描述	
1	P0D6B	0x00	电动空调压缩机电机电压传感器对电池短路	故障

图13-1-26

系统说明及故障码解析：空调压缩机使用三相交流高电压电机运行，而不是使用典型的皮带轮。它有一个车载逆变器，可将车辆高压蓄电池的高电压直流电转换成用于电机的交流电。以下情况，空调压缩机将被激活：按空调按钮、在自动模式下，暖风、通风与空调系统控制装置请求打开电动空调压缩机以帮助车厢制冷，或在除霜模式下除湿、高压蓄电池热系统请求打开空调压缩机，以帮助保持蓄电池温度。

HVAC 控制模块使用来自空调制冷剂压力传感器、空调制冷剂热敏电阻、风管温度传感器、环境空气温度传感器、乘客舱温度传感器、蒸发器温度传感器、蓄电池单格温度传感器、蓄电池冷却液温度传感器和蓄电池冷却液泵的值来确定压缩机的工作速度。该速度请求信息通过串行数据信息从HVAC 控制模块发送至空调压缩机控制模块。设置故障码条件：空调压缩机高电压输入传感器的值低于 27.75 V 达 1s。

可能原因：高电压故障、空调压缩机故障、线路故障、其他。

诊断过程：

（1）按照故障码，查询维修手册无实质诊断流程。空调压缩机为三相交流电机，无离合器故无法像传统的压缩机一样查看是否吸合，操作空调面板查看数据流，数据显示激活，空调的允许条件基本符合要求，如蒸发箱温度传感器16℃、空调压力462kPa等，如图13-1-27所示。

序号		项目	数值	单位
1	电源模式		运行	
2	蓄电池电压		15	伏特
3	空调低侧压力传感器		0	千帕
4	空调高压侧压力传感器		462	千帕
5	空调蒸发器温度传感器高分辨率		16	摄氏度
6	加热器芯冷却液温度传感器		26	摄氏度
7	空气质量		15	%
8	环境空气温度传感器（经过滤）		14	摄氏度
9	乘客舱空气温度（未过滤）		14	摄氏度
10	左上风管温度传感器		15	摄氏度
11	左下风管温度传感器		17	摄氏度
12	挡风玻璃温度		0	摄氏度
13	日照强度		3	瓦每平米
14	乘客舱湿度		44	%
15	乘客舱适度传感器温度		15	摄氏度

图13-1-27

（2）查看乘客舱电磁阀状态为打开，说明空调指令已经输出，但空调压力为462kPa，压缩机实际速度为0r/min，正常车辆为8000r/min（预估），数据流中未显示高电压值，如图13-1-28所示。

序号	项目	数值	单位
1	电池电磁阀状态	关闭	
2	乘客舱电磁阀状态	打开	
3	空调低压侧压力	43B7DB24	千帕
4	压缩机实际速度	00000000	r/min

故障车

序号	项目	数值	单位
1	电池电磁阀状态	关闭	
2	乘客舱电磁阀状态	打开	
3	空调低压侧压力	4368C2CE	千帕
4	压缩机实际速度	44ED8000	r/min

正常车

图13-1-28

（3）查看G1空调压缩机控制电路图，根据故障码分析，K239高电压电源控制模块已读到K118电动空调压缩机控制模块的信息报出故障码，结合设置故障码条件空调压缩机高电压输入传感器的值低于27.75V达1s，故判断网络通信线正常，测量K118电动空调压缩机控制模块X1/1电压为15V，正常。

（4）怀疑K118电动空调压缩机控制模块的高压未输入，对K238蓄电池断路器模块中的F1RC保险丝或高压母线导通性进行检查。

（5）点火开关OFF，断开12V蓄电池负极，等待5min，执行高压禁用流程，拔下高压电池包上的手动分离开关，拆下K238蓄电池断路器模块的盖板，万用表测量确定高压母线电压低于1V，高压禁用成功。

（6）用万用表测量F1RC的电阻为OL，确定保险丝F1RC已断路，如图13-1-29所示。

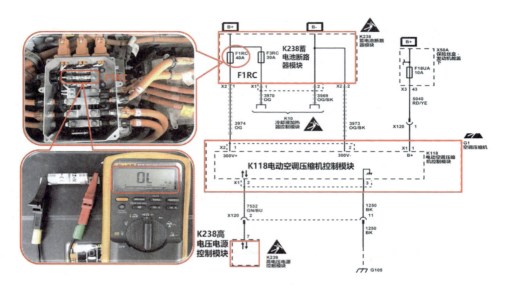

图13-1-29

（7）用绝缘表分别测试K118电动空调压缩机控制模块的高压母线＋、高压母线－的绝缘电阻大于5MΩ，正常。用万用表分别测试K118电动空调压缩机控制模块的高压母线＋、高压母线－的导通电阻为0.1Ω，正常，如图13-1-30所示。

图13-1-30

（8）40A的F1RC断路，通过绝缘值测试，确定K118电动空调压缩机控制模块未对地短路，但不排除卡死或间歇性故障，或F1RC本身故障，故先更换F1RC。测试空调泵已有转速，故障码消失，空调能制冷，故障排除。空调运行试车2天左右，空调依旧正常，交予客户使用，至今未反映有故障。

故障原因：高压K238蓄电池断路器模块的40A F1RC故障。

故障总结：高压K238蓄电池断路器模块的F1RC熔断，导致K118高压供电电压过低，K239高电压电源控制模块报P0D6B，三相交流高压电机不工作，空调不制冷，除雾不良。该纯电动汽车空调系统数据流中并不像传统汽车有"压缩机指令"的数据流，但可以查看"乘客舱电磁阀状态"及"电池电磁阀状态"来判断空调泵工作的指令是否激活，从而判断空调的允许条件是否满足。

五、2020年纯电动微蓝6仪表无反应且无法上电

车型：纯电动微蓝6。

VIN：LSGKM8R29LW××××××。

行驶里程：46251km。

故障现象：客户反映车辆停放1个月后车辆亏电，无法上电，仪表黑屏，急救搭电也无效，如图13-1-31所示。

图13-1-31

故障诊断：验证故障，操作车辆无任何反映，仪表黑屏，无法上电。由于停放了一个月，对12V蓄电池进行检测，显示电压为8V左右，首先对12V蓄电池进行充电。充电

3h，测量电压为12.04V，装复蓄电池，操作车辆，点火开关无法开启，仪表仍黑屏，也无法上电，但遥控、大灯、危险警告灯可点亮。RDS进行检测，诸多控制模块无法通信，除了防火墙控制模块与串行数据网关模块2能通信，如图13-1-32所示。

序号	模块	通信状态	DTC个数
1	车身控制模块	✕	0
2	组合仪表	✕	0
3	充气式约束系统传感和诊断模块	✕	0
4	HVAC控制模块	✕	0
5	电子制动控制模块	✕	0
6	动力转向控制模块	✕	0
7	转向柱锁止模块	✕	0
8	收音机	✕	0
9	前视摄像头模块	✕	0
10	驻车辅助控制模块	✕	0
11	远程通讯接口控制模块	✕	0
12	防火墙控制模块	✓	0
13	制动助力器控制模块	✕	0
14	行人警报音控制模块	✕	0
15	虚拟钥匙模块	✕	0
16	14V 电源模块	✕	0

图13-1-32

可能原因：电源故障、网络故障、线路故障、其他。

诊断过程：

（1）按压点火开关无任何反映，但常用的用电器仍正常工作，如大灯、危险警告灯等，点火开关的主控模块为车身控制模块，所以先对车身控制模块的通信等主要供电进行排查，也是先找一个突破口。

（2）测量X50A保险丝盒-发动机舱盖下的F14UA及其他保险丝电压为12V左右，正常。

（3）测量X51A保险丝盒-仪表板的F1DA、F23DA等保险丝，均为0V，不正常。上述相关检测如图13-1-33所示。

（4）查看维修手册电源分布电路图，F1DA、F23DA、F5DA、F18DA等保险丝均由C1蓄电池正极通过X50D保险丝盒-蓄电池的F3BA供电，而X50A保险丝盒-发动机舱盖下的保险丝则由C1蓄电池通过X50D保险丝盒-蓄电池的F2BA供电。

（5）检查测量X50D保险丝盒-蓄电池的F3BA保险丝，电阻为OL，已熔断，如图13-1-34所示。

（6）测量F3BA保险丝的输出侧及线路未对地短路，更换F3BA保险丝，仪表能点亮，车辆能正常上电，故障排除。F3BA保险丝输出线路也为高压禁用应急剪断处，如图13-1-35所示。

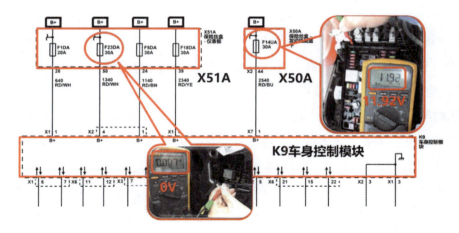

图13-1-33

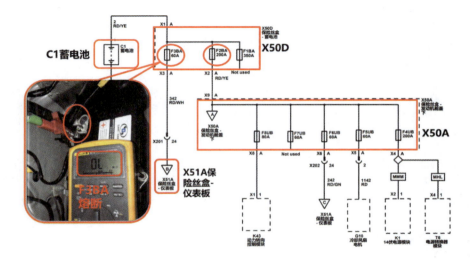

图13-1-34

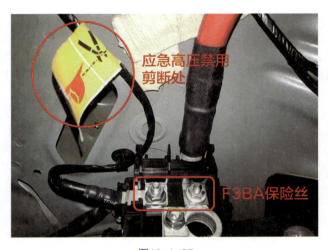

图13-1-35

（7）F3BA保险丝为60A，不会轻易熔断，故障排除后并进行了多次试车，保险丝再未熔断。考虑到该车曾进行过借电启动，故怀疑在安装正极接线夹的时候操作不当，夹在F3BA处，而并未夹在正极接线柱处，过大的电流导致F3BA熔断。

故障原因：X50D保险丝盒–蓄电池的F3BA熔断。

故障总结：X50D保险丝盒–蓄电池的F3BA熔断，导致X51A保险丝盒–仪表板的多数保险丝没有供电，诸多模块无法正常通信，导致点火开关无法开启，仪表黑屏，车辆无法上电。 车辆曾进行过借电启动，故怀疑在安装正极接线夹的时候操作不当，夹在F3BA处，而并未夹在正极接线柱处，过大的电流导致F3BA熔断，所以在借电过程中，务必按规范操作，接线夹应安装在正确位置，尤其是微蓝6车型，蓄电池正极接线柱处并联安装有其他的保险丝。高压禁用应急剪断处为车辆在应急时，剪断该线束可将高压快速禁用，为防止剪断线束再次连接，需剪断两处。

第二节　上汽通用别克微蓝7

车型：纯电动微蓝7。

VIN：LSGFC6R29MS××××××。

行驶里程：18314km。

故障现象：客户反映空调无暖风，制冷正常。

故障诊断：车辆READY，打开鼓风机，随挡位正常出风，开启A/C，制冷正常，点亮加热，温度设置在30℃及以上，出风口温度仍是常温，不加热，无暖风，自动模式也一样。GDS检测全车无相关故障码，如图13-2-1所示。

图13-2-1

纯电动微蓝7空调暖风工作循环与车辆上其他热管理系统不存在交集，是一个独立的循环。其主要组成：高电压冷却液加热器控制模块、冷却液加热器温度传感器、空调控制模块、辅助电动水泵、辅助电动水泵继电器、加热器芯冷却液温度传感器、储液罐等。加热原理说明：冷却液加热器控制模块为高电压电加热器，高电压由混合动力/电动车辆蓄电池组供电。使用来自 HVAC 控制模块的带保险丝蓄电池输入、搭铁和局域互联网（LIN）串行数据来控制冷却液加热器控制模块的运行。 冷却液加热器控制模块为混合动力加热器系统的必需元件。请求车厢加热时，HVAC 控制模块通过串行数据命令激活冷却液加热器控制模块，命令接通冷却液泵继电器，以操作冷却液泵，循环冷却液。

可能原因：冷却液缺少，高电压冷却液加热器控制模块、空调面板、空调控制模块、辅助冷却液泵及控制线路故障等。

诊断维修：

（1）首先检查空调暖风系统冷却液，液位正常。

（2）点亮加热开关，鼓风机置于最高挡，GDS连接查看辅助加热数据，其中辅助冷却液泵继电器指令为点亮，鼓风机电机开关为7，冷却液加热器控制模块入口冷却液温度为94℃。由上述数据我们得知，空调面板正常，已发送信号给加热器控制模块，加热器控制模块高压供电正常且已开始加热，使冷却液温度至94℃了，并且空调控制模块已执行，辅助冷却液泵开始工作，如图13-2-2所示。

数据列表：加热、通风和空调（HVAC）系统数据

参数名称	数值	单位
空调请求信号	否	
辅助冷却液泵继电器指令	点亮	
辅助加热器输出状态	确定	
辅助加热器请求	0	%
蓄电池电压	13.8	伏
鼓风机电机转速	70	%
鼓风机电机转速指令	70	%
鼓风机电机开关	7	
参数名称	数值	单位
辅助冷却液泵速度指令占空比	0	%
冷却液加热器控制模块入口冷却液温度	94	℃
辅助冷却液泵速度反馈占空比	0.00	%
辅助加热器冷却液泵故障状态	正常	
加热器芯冷却液温度传感器	40	℃

图13-2-2

（3）手摸冷却液加热器模块壳体，感觉非常烫，但是手摸两根空调暖风水管，只是感觉到常温。

（4）手摸辅助加热器冷却液泵，没有感觉到工作状态，怀疑辅助加热器冷却液泵不工作，对其进行测量。

（5）开启加热时，测量F19UA保险丝试灯点亮，说明内置于X50A的KR31冷却液泵继电器正常。

（6）拔下G36辅助加热器冷却液泵插头，测量G36/2与G36/1，试灯点亮，说明辅助加热器冷却液泵控制线路正常，如图13-2-3所示。

（7）更换辅助加热器冷却液泵，暖风正常，故障排除。

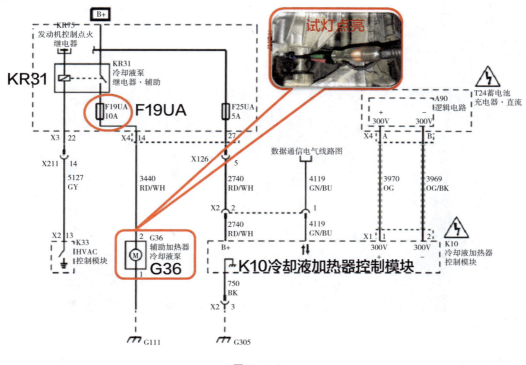

图13-2-3

故障原因：辅助加热器冷却液泵故障。

故障总结：辅助加热器冷却液泵故障，无法将由高电压冷却液加热器控制模块已加热的冷却液流经加热器芯循环起来，致使没有暖风。打开微蓝7机舱盖，可以看见3个冷却液备水壶，它们各用于暖风系统、电池包加热系统和高压部件散热系统，均为独一的系统。

二、2021年纯电动微蓝7驱动功率受限，"乌龟灯"亮

车型：纯电动微蓝7。

VIN：LSGFC6R20MS×××××。

行驶里程：7763km。

故障现象：车辆车速受限，能缓慢行驶，仪表"乌龟灯"等许多指示灯点亮。车辆可以READY，可以缓慢行驶。

故障诊断：

（1）在接到客户报修后，按照SBD流程进行了检查。

①了解并确认故障描述。询问客户故障发生的时间、地点、现象、频次，结果是正常行驶时仪表突然点亮"乌龟灯"，提示动力下降，加速受限。

②车辆验证。启动车辆，车辆可以进入READY模式，仪表上功率受限指示灯、电机故障指示灯、车辆检修指示灯点亮，提示动力下降，验证结果客户描述的问题属实，如图13-2-4所示。

图13-2-4

③初始检查。先后检查电机安装及线束插头连接，外观有无渗漏等情况，检查是否存在加装件等，结果未发现异常。

（2）使用诊断仪读取故障码。将诊断仪（GDS）与车辆连接，读取故障码，发现混合动力/电动汽车动力系统控制模块1内存在两个故障码（DTC）：P0C2D 电动/辅助变速器油泵控制模块反馈电路电压过低；P0C2E 电动/辅助变速器油泵控制模块反馈电路电压过高。两个故障码均指向电动/辅助变速器油泵控制模块，如图13-2-5所示。

控制模块	类型	DTC	说明
混合动力/电动汽车动力系统控制模块1		P0C2D	电动/辅助变速器油泵控制模块反馈电路电压过低
混合动力/电动汽车动力系统控制模块1		P0C2E	电动/辅助变速器油泵控制模块反馈电路电压过高

图13-2-5

（3）查阅信息/按指导操作。

①查阅维修通讯和TAC技术简报，未发现类似故障的维修信息和解决方案。

②电路/系统说明：电源逆变器模块包含电机控制模块和混合动力/电动车辆动力总成控制模块1。混合动力/电动车辆动力总成控制模块1通过向泵电机提供12V搭铁脉宽调制（PWM）信号来请求特定的电机转速，进而控制变速器辅助油泵。

③设置故障码条件。

DTC P0C2D 通过混合动力/电动车辆动力总成控制模块1测得的脉宽调制（PWM）反馈信号小于 2% 持续 6s。

DTC P0C2E 通过混合动力/电动车辆动力总成控制模块1测得的脉宽调制（PWM）反馈信号大于 98% 持续 6s。

（4）按照维修手册推荐的诊断流程和步骤操作。

①车辆熄火。断开G5电动/变速器辅助油泵的线束连接器，测试G5变速器油泵的搭铁电路端子6和搭铁，电阻小于5Ω，为1.2Ω。

②车辆启动。测量G5变速器油泵B+电路端1及搭铁电路端子6是否为 B+，显示为13.5V，正常。

③测量G5变速器油泵点火电路端3及搭铁电路端子6是否为 B+，显示为13.4V，正常。

④测量G5变速器油泵反馈电路端子5及搭铁电路端子6，车辆熄火时确认测试灯熄灭，正常。

⑤车辆启动，测量G5变速器油泵反馈电路端子5及搭铁电路端子6，测试灯不点亮，不正常。

⑥测量G5变速器油泵反馈电路端子5及搭铁电路端子6之间的电压为0V，不正常，正常车辆为5V。

⑦插上G5电动/变速器辅助油泵的线束连接器，测量G5变速器油泵反馈电路端子4电压为9.84V，与正常车辆相比接近。上述⑥、⑦步骤检查如图13-2-6所示。

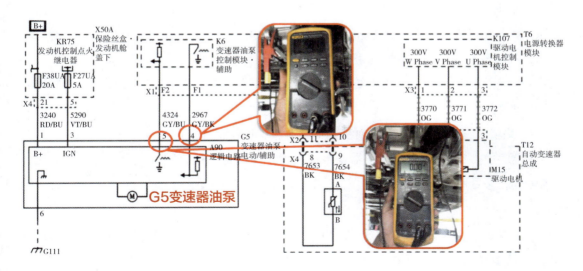

图13-2-6

⑧点火OFF，测量T7电源逆变器模块X1/F2至G5变速器油泵5号针脚电阻为0.2Ω，正常。

⑨测量G5变速器油泵5号针脚与接地电阻为2.5Ω，不正常。

⑩摇晃G5变速器油泵线束，电阻会变化，时而对地电阻过小，时而正常。

⑪检查发现变速器油泵线束线卡未固定到位，线束与变速器壳体摩擦，导致5号针脚对地电阻过小，如图13-2-7所示。

图13-2-7

⑫根据上述检查结果，故障点为变速器油泵线束线卡未固定到位，线束与变速器壳体摩擦，导致G5的5号针脚对地电阻过小。修复线束，重新对线束进行正确固定，经反复试车，故障没有重现，车辆恢复正常。

故障原因： 变速器油泵线束线卡未固定到位，线束与变速器壳体摩擦，导致G5的5号针脚对地电阻过小。

故障排除： 修复线束，重新对变速器油泵线束进行正确固定。

故障总结： 该案例由于变速器油泵线束线卡未固定到位，线束与变速器壳体摩擦，导致G5的5号针脚对地电阻过小，引起混合动力/电动汽车动力系统控制模块1故障，车辆限速。

询问客户，告知2个月前在外做过事故维修，包含左前侧的某些零部件更换，由此得出，应是维修技师未将线束正确固定，而导致线束摩擦短路。作为专业的维修人员，特别是对新能源车辆的维修，必须特别加以重视自检和质检，以免造成不可估量的损伤。

三、2021年纯电动微蓝7无法上电

车型： 纯电动微蓝7。

VIN码： LSGZJ5WC4JH××××××。

行驶里程： 7776km。

故障现象： 客户反映车辆无法上电，车辆维修故障灯点亮，如图13-2-8所示。

图13-2-8

故障诊断： 踩制动踏板，按压点火开关，仪表延迟点亮，READY灯不显示，车辆无法上电，维修灯点亮。GDS检测故障码为P1E00 混合动力系控制模块2请求故障指示灯点亮，P1B3F 高电压系统互锁电路2电压过低，P1FF4 系统隔离/碰撞传感器故障-混合动力/电动汽车蓄电池系统接触器断路，如图13-2-9所示。

控制模块	类型	DTC	故障...	说明	故障症状说明	状态
发动机控制模块		P1E00	00	混合动力系控制模块2请求故障指示灯点亮	- - -	目前
混合动力系控制模块2		P1B3F	00	高电压系统互锁电路2电压过低	- - -	目前
混合动力系控制模块2		P1FF4	00	系统隔离/碰撞传感器故障-混合动力/电动汽车蓄电池系统接触器断路	- - -	目前

（DTC显示屏　书签　系统系统　选择的车辆配置）

图13-2-9

故障码解析： 微蓝7共有两组高压互锁回路，HPCM2通过发送5V电信号并监测其返回信号以判断互锁回路的状态，当控制器检测到回路断开或是完整性受到破坏时，需要启动必要的安全措施。T6电源逆变器模块和T24蓄电池直流充电器模块均包含35～45Ω电阻器，以检测高压互锁电路的尝试旁路。

可能原因：高压互锁回路线路故障、高压部件故障、高压导线插头故障、HPCM2等。

诊断维修：

（1）GDS查看混合动力系控制模块2数据流，其中高电压系统互锁电路状态为闭路，蓄电池充电系统高电压互锁电路状态为失败，不正常，正常车辆显示为已通过，如图13-2-10所示。

数据列表：混合动力系控制模块 2 数据			
参数名称	数值	单位	控制模块
高电压系统互锁电路	已通电		混合动力系控制模块 2
高电压系统互锁电路状态	闭路		混合动力系控制模块 2
蓄电池充电系统高电压互锁电路	已通电		混合动力系控制模块 2
蓄电池充电系统高电压互锁电路状态	失败		混合动力系控制模块 2
参数名称	数值	单位	控制模块
混合动力/电动汽车蓄电池组电压	345.80	伏	混合动力系控制模块 2

图13-2-10

（2）高压互锁回路2上的部件有：K114B混合动力电动汽车动力系统控制模块2、T24蓄电池充电器、T6电源转换器模块。高压互锁5V电压从K114B X1/67出来，依次经过T24 X9/7、T24 X3/2、T24 X3/1、39Ω电阻、T24 X2/2、T24 X2/1、T24 X1/2、T24 X1/1、T24 X9/12、T6 X1/G2、T6 X2/2、T6 X2/1、T6 X1/G1，再从K114B X1/65返回K114B混合动力电动汽车动力系统控制模块2。

（3）一根导线，经过许多部件和插头，简单的方法就是选取导线中间点位置进行测量，区分故障范围，可用电压法也可用电阻法。由于T6插头比较隐蔽难拔，故选择T24的X9插头先作为测量点。点火开关置于OFF位置，断开T24的X9插头，再把点火开关置于ON位置，测量X9/7电压为5V。

（4）测量T24 X9/7和T24 X9/12电阻为OL，正常应为39Ω左右，判断T24内部断路或者T24的X3、X2、X1插头有故障。

（5）由于涉及插拔高压母线，故需进行高压禁用流程。

（6）高压禁用流程完成后，拔掉T24的X2插头，测量T24 X9/7和T24 X2/2电阻为39.1Ω，正常。

（7）拔掉T24的X1插头，测量发现T24 X2/1与T24 X1/2电阻为OL，故障为T24蓄电池充电器内部故障。

上述步骤（3）～（7）如图13-2-11所示。

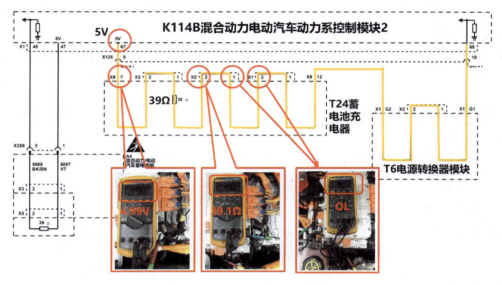

图13-2-11

（8）更换T24蓄电池充电器，互锁回路2正常，执行高压启用流程，仪表READY，车辆正常上电。

故障原因： T24蓄电池充电器内部故障。

故障总结： 微蓝7共有两组高压互锁回路，HPCM2通过发送5V电信号并监测其返回信号以判断互锁回路的状态，也就是一根导线贯穿几个高压部件及多个高压插头。最快速的判断方法为找回路相对中间的位置进行测量，区分、缩小故障范围，但是插拔高压部件插头时，必须规范操作，严格执行高压禁用流程，以免造成身伤亡等安全事故。

四、2021年纯电动微蓝7行驶拖滞

车型： 纯电动微蓝7。

VIN： LSGFC6R29MS××××××。

行驶里程： 12751km。

故障现象： 客户反映车辆有些时候正常行驶，松开加速踏板后降速很快，有拖滞的现象。

故障诊断：

（1）在接到客户报修后，按照SBD流程进行了检查。

①了解并确认故障描述。询问客户故障发生的时间、地点、现象、频次，结果是每天会出现1~2次，现在越来越频繁。

②车辆验证。路试车辆，发现有些时候提速到45km/h后松开加速踏板，车辆降速非

常快，滑行时间、距离非常短，停车后松开制动踏板车辆不会前进。验证结果客户描述的问题属实。

③初始检查。先检查是否存在加装件等，结果未发现异常。确认车辆单踏板模式未启用。

（2）使用诊断仪读取故障码。将诊断仪（GDS）与车辆连接，读取故障码，未发现有关联的故障码。

（3）查阅信息/按指导操作。查阅维修通讯和TAC技术简报，未发现类似故障的维修信息和解决方案。

（4）诊断流程和步骤操作。

①将车辆举升，检查四轮制动，未发现制动活塞有卡滞、回位不良等现象，制动盘和片安装正常，未有异常高温现象，制动管路连接正常，确认制动系统正常。

②检查驻车制动系统，拉紧、释放正常。

③当现象发生时，使用诊断仪查看电子制动模块的数据，确认制动压力未有异常增加现象，且制动踏板数据正常。

④路试车辆，在空旷路面D挡行驶时，故障出现比较容易，车辆提速后松开加速踏板，降速非常快，并且车辆有自动制动的感觉，滑行距离非常短，将车辆置于R挡行驶时，未发现有此现象，车辆滑行正常。

⑤通过反复路试，确认车辆有自动制动的感觉，但是制动系统是正常的，制动踏板位置数据也正常，未激活状态，并且确认单踏板模式未启用。故障出现时，发现组合仪表上的右侧信息栏显示该车处于制动状态，黄色的圆球往制动方向运动，再生制动处于工作状态，电流表显示高达80A。而对比其他车辆，在同等的工况下，再生制动处于工作状态，组合仪表上的右侧信息栏处于中间位置，电流表显示最高为20A左右，如图13-2-12所示。

⑥同为再生制动工作时，故障车辆在故障现象出现时，电流表显示高达80A，而正常车辆显示最高为20A左右，为什么有如此大的差别？使用诊断仪查看电机的数据。故障车当车辆加速时，节气门开度增加，轮轴扭矩指令、轮轴扭矩、驾驶员请求的轮轴扭矩分别增加，当释放加速踏板，节气门开度为0%时，轮轴扭矩指令、轮轴扭矩、驾驶员请求的轮轴扭矩为 – 1000N·m左右，如图13-2-13所示。

驾驶正常车辆，节气门开度增加，轮轴扭矩指令、轮轴扭矩、驾驶员请求的轮轴扭矩分别增加，当释放加速踏板，节气门开度为0时，轮轴扭矩指令、轮轴扭矩、驾驶员请求的轮轴扭矩 – 200N·m左右，如图13-2-14所示。

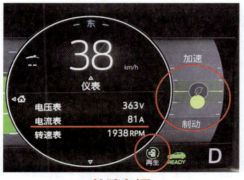

故障车辆　　　　　　　　　　　正常车辆

图13-2-12

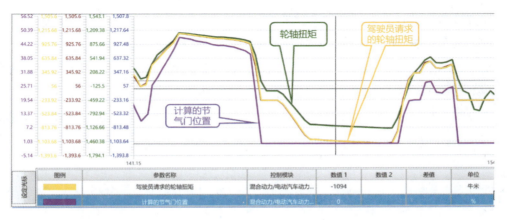

图13-2-13

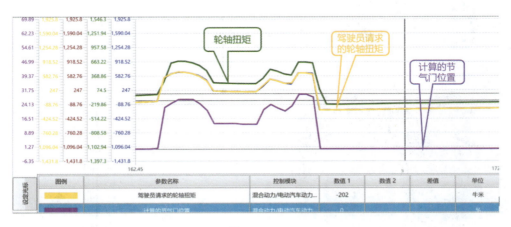

图13-2-14

　　⑦驾驶员请求的轮轴扭矩与正常车相差甚远，高达−1000N·m，电流表为80A，说明驾驶员在操作车辆在进行再生制动，但实际并非人为操作。进入混合动力/电动汽车动力模块1查找到按需执行再生制动数据列，可以查看到偶尔为激活状态，如图13-2-15所示。

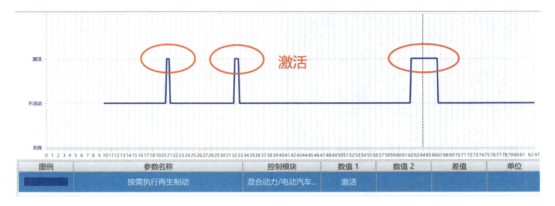

图13-2-15

⑧按故障发生时的条件再次进行路试,将按需再生制动开关人为地向外扳开,防止开关自动粘合,查看按需执行再生制动数据列不再激活或大大减少激活次数。

⑨点火OFF,断电,拆下主气囊,测量按需再生制动开关线路,不按动开关的情况下,测量S151/3-S151/1电阻时而为6117Ω,时而为2008Ω,如图13-2-16所示,不正常,正常应为不按下S151再生制动按需开关,电阻为6117Ω,按下S151再生制动按需开关,电阻为2008Ω。经检测,S151开关有故障。

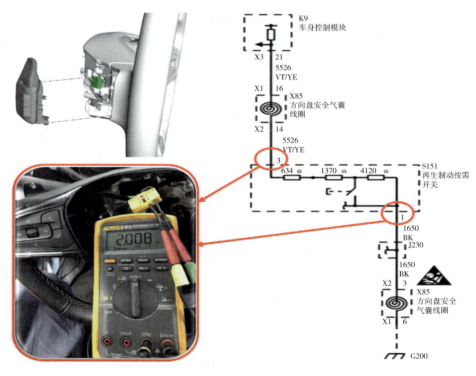

图13-2-16

⑩根据上述检查结果，订货更换按需再生制动开关，反复路试故障未再现，车辆恢复正常。后与客户沟通得知，在几天前，小孩因玩耍不小心将矿泉水倒入过此处。

故障原因：按需再生制动开关进水。

故障排除：订购并更换按需再生制动开关。

故障总结：该案例由于按需再生制动开关不慎进水导致开关故障，引起"人为"进行再生制动，所以提速后松开加速踏板车速立马下降，明显类似制动拖滞的感觉。该车型未配备再生制动强度选择开关，不像微蓝6一样，再生制动的强度可以进行选择，而配有按需再生制动开关，默认强度为轻，再生制动强度需人为操作按需再生制动开关进行操作。当故障未有故障码，并且维修手册推荐的诊断步骤有限时，需要紧紧抓住故障现象这一线索，反复试车，查找故障细节之处，对照其他正常车辆，以确定后续诊断方向。拆装安全气囊时，需关闭点火开关，断开蓄电池负极，将拆下来的安全气囊按规定正面朝上安放，避免气囊意外炸开。

第十四章
上汽大众车系

第一节　上汽大众ID.3

上汽大众ID.3充完电后仪表报警，车辆无法挂挡

车型： ID.3。

VIN： LSVFA6E92M2××××××。

行驶里程： 680km。

故障现象： 车辆充完电后仪表故障报警，提示电驱动装置工作不正确，请立即安全停车，如图14-1-1所示。故障：驱动系统，请去维修站，如图14-1-2所示。同时仪表提示半自动驾驶辅助系统当前不可用，如图14-1-3所示，车辆挂挡失效。

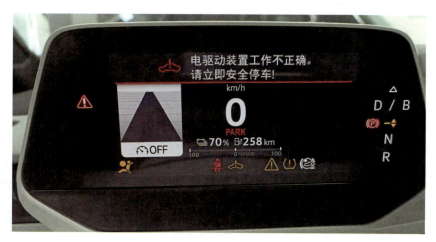

图14-1-1

图14-1-2

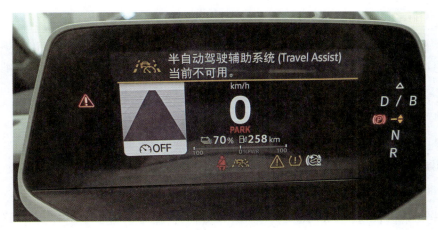

图14-1-3

　　故障诊断：与客户沟通得知，该车是在充完电之后仪表报上述故障的，经试车发现此时高压电无法上电，且挡位无法挂接，锁车休眠一段时间后故障依旧。使用诊断仪VAS6150E对车辆进行检测，相关故障码如下：

　　0001——发动机电控装置　U041300：混合蓄电池能量管理控制单元 信号不可信，主动/静态。

　　U112300：数据总线接收到的故障值，被动/偶发。

　　U040000：接收到无效的数据，被动/偶发。

　　P0A9400：DC/DC 转换器缺失功率，被动/偶发。

　　U303400：验证系统通信监控密钥/证书缺失或无效，被动/偶发。

　　0051——电驱动装置 U112300：数据总线接收到的故障值，主动/静态。

　　0008——空调/暖风装置 U12DB00：发动机控制单元收到的故障数值，主动/静态。

　　B1581F2：高电压加热器控制单元电流故障，主动/静态。

B1581F4：高压加热器控制单元高电压太低，主动/静态。

0019——数据总线诊断接口 U164300：倒车摄像系统控制单元以太网无通信，被动/偶发。

U166200：应用程序服务器 1，用于系统 2 Java内部故障，被动/偶发。

B1802F1：NV电源管理 警告已触发，被动/偶发。

U14FE00：安全车载通信 签名检查失败，被动/偶发。

U173E00：乘客就位识别 信息不可信导致功能受限，被动/偶发。

U15AB00：蓄电池快速充电（DC）车辆和充电柱之间的通信故障，被动/偶发。

P1A3500：蓄电池快速充电（DC）充电柱功能失效，被动/偶发。

C1249F6：功能限制，由于充电管理的安全功能（机械），被动/偶发。

U15FA00：EgoMaster（自我操控）输入数据故障，被动/偶发。

B163002：推测路线数据信号错误，主动/静态。

008C——混合蓄电池管理 P0DAC00：混合动力/高压蓄电池的蓄电池单格电池控制器 1 电气故障，被动/偶发。

P0B4700：混合动力/高压蓄电池电压，传感器导线3对地短路，被动/偶发。

P0B4700：混合动力/高压蓄电池电压，传感器导线3对地短路，主动/静态。

P0DB700：混合动力/高压蓄电池的蓄电池单格电池控制器3信号不可信，被动/偶发。

P0B4800：混合动力/高压蓄电池电压，传感器导线3对正极短路，被动/偶发。

P0B4800：混合动力/高压蓄电池电压，传感器导线3对正极短路，主动/静态。

这么多系统存在这么多的故障码，且该车才行驶 600km，因此不可能相关系统都真的存在故障，可能是某一个共性的问题导致启停系统的关联性故障。经查阅厂家文件，发现有指导文件，按照文件中的操作方法。使用诊断仪VAS6150E引导性功能进入车辆，进入008C—访问认可—20103—基本设置—选 "故障储存器条目的删除许可"—继续前进—选 "红色警告灯"—点击 "开始"—返回 "故障存储器" 删除故障码，车辆故障码能正常删除，之后车辆恢复正常。因为文件中备注说明，该故障现象有可能是充电桩所导致，等待后续跟踪观察。

客户使用两天后故障再次出现，仪表显示故障现象和之前完全一样，且还新增一个故障码P0DAC00：混合动力/高电压蓄电池的蓄电池单格电池控制器 1 电气故障，主动/静态。根本原因是否是蓄电池单格电池控制器1的故障所导致的呢？

查看高压蓄电池平面控制图（如图14-1-4所示），可知电池包按照逆时针顺序分别为1~8号模组。查看高压电池模块内部对应关系图（如图14-1-5所示），清楚表明高压电池模组控制单元1 J1208控制的模组编号为1/2/7/8，而高压电池模组控制单元2 J1209控制的模组编号为3/4/5/6。根据故障码的指向，说明故障点位于J1208范围之内，但是该控制单元模组有四个，到底是哪一个模组存在故障呢？

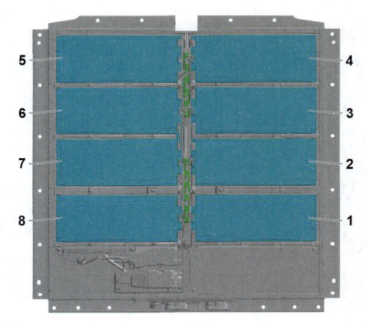

1~8-电池包

图14-1-4

高压蓄电池模块内部对应关系

高压电池模块控制单元	模块控制单元 - 子单元编号	模组编号
高压电池模块控制单元 J1208	CMC_01	8
	CMC_02	1
	CMC_03	7
	CMC_04	2
高压电池模块控制单元 2 J1209	CMC_05	6
	CMC_06	3
	CMC_07	5
	CMC_08	4

模组编号	温度传感器编号	单电池（单元）编号
1	03 - 04	13 - 24
2	07 - 08	37 - 48
3	11 - 12	61 - 72
4	15 - 16	85 - 96
5	13 - 14	73 - 84
6	09 - 10	49 - 60
7	05 - 06	25 - 36
8	01 - 02	01 - 12

图14-1-5

为了更准确地找出故障点，接下来只能读取8C数据流来观察了，因为8C数据流能清楚显示每个模组里面的单体电压，通过数据流很明显发现高压蓄电池单元37到单元48显示无效，如图14-1-6所示。而其他单体电压显示电压值在3.874～3.878V之间，符合单体电压正常范围。结合图14-1-5比较得出，正是电压模组2的数据全部显示无效，由此故障范围确定为电压模组2存在故障，这可能是该车所有故障的根源。

图14-1-6

故障排除：拆卸电池包，单独更换模组2，安装回去做好寻址及电池模组平衡，清除故障码之后试车，故障不再出现，客户离厂一个月，经回访故障不再出现。由此故障排除。

故障总结：针对大众新能源车型来说，电气系统出现很多的故障码，可能让维修技师不知所措，此时一定要抽丝剥茧，找出最重要的故障点。本案例中一开始这么多的故障码，大多数都是偶发的，只有高压加热器控制单元故障是静态的，高压加热器出现故障的话也不会导致系统出现这么多的故障码，因此后续的试车出现新的故障点就非常重要了。在上汽大众售后体系中，很多授权的4S店可以对模组进行拆卸并维修，本店也因为具备拆卸模组的资格，所以在店内独立更换了相关模组，也很快将车辆修复好交给客户。另外通过数据流判断模组的好坏也是一个捷径，该车共8个模组，每个模组里面有12个单体，单体电压标准范围一般在3.6～4.2V之间，而每组模组被系统所记忆，其内部的单体也会被标记。因此更换上新件之后，必须做寻址动作，否则系统也无法区分模组的顺序了。系统区分模组的顺序，维修技师也可以很轻松地通过数据流来观察某一个模组的电压是否正常，如此判断故障就会事半功倍。

第二节　上汽大众ID.6

上汽大众ID.6仪表报电驱动装置工作不正确，请去维修站

车型：ID.6。

VIN：LSV2B6E50M2××××××。

行驶里程：27km。

故障现象：车辆做完PDI后行驶不到200m仪表上故障灯点亮，中央显示屏提示电驱动装置工作不正确，请去维修站，接着空调制冷失效，如图14-2-1所示。

图14-2-1

故障诊断：首先连接VAS6150E对车辆进行检测，发现相关系统存在故障码如下：

0001动力系统：P068A00主继电器 打开过早，主动/静态；P1BEF00高压蓄电池加热器控制单元不能识别高压断路，主动/静态。

00C6系统故障码：U112100数据总线，丢失信息，主动/静态。

0008空调系统故障码：B1453F3空调压缩机 过载保护功能启用，主动/静态。P2D2900空调压缩机电机卡住，主动/静态。

008C故障码：P0A1F00蓄电池能量管理控制单元，主动/静态。B158131高压加热器控制单元无信号，主动/静态。

从001、0008、008C故障码产生的环境条件可知这些控制单元的故障码都是在9月25

日出现的，但不知道是不是诊断程序的原因，不是所有的故障码都有精确的时间点，比如P068A00就没有明确的时间，P1BEF00出现的时间是19:53，而空调系统B1453F3故障时间是20:47，P2D2900的时间是21:11。由此可见0001、008C产生的故障码在前，0008故障码在后。但是这么多故障码，检查的顺序也非常重要，那先来逐条分析下这些故障码的切入点，再按最佳的思路进行检修。

动力系统中故障码主继电器打开过早指向明确，无非就是继电器无法正常工作，导致输出电压异常。按照检测指数难易程度分类为简单；对故障码高压蓄电池加热器控制单元不能识别高压断路，该故障码指向为高压蓄电池加热器Z132，检测指数难易程度为困难；而空调泵的两个故障码卡住/过载，应该是一个衍生故障，检测指数与前述两个相比为中等难度系数，但是空调故障不应该导致电驱动装置不工作；最后一个故障码高压加热器控制单元无信号也应该归类于中等难度系数。综合上述分析，应从主继电器J271开始入手，检查之前先查阅电路图，电路图如图14-2-2所示，继电器位置如图14-2-3所示。

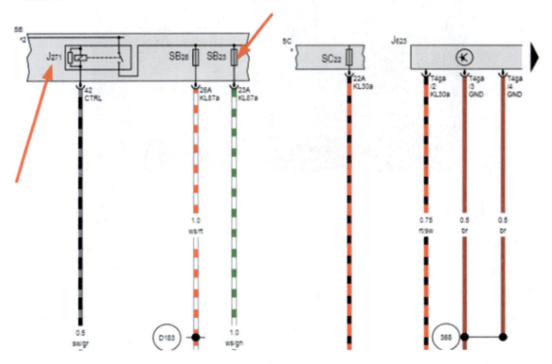

J271.主继电器　J623.发动机控制单元　SB.保险丝架B　SB23.保险丝架B上的保险丝23　SC.保险丝架C　SC22.保险丝架C上的保险丝22　SB26.保险丝架B上的保险丝26　T4ga.4针插头连接，黑色

图14-2-2（部分图注省略）

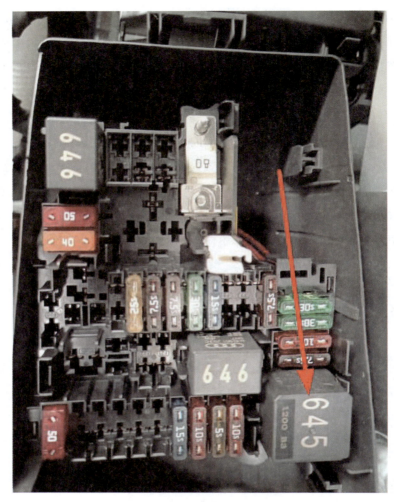

图14-2-3

　　根据图14-2-2电路图可知，J271继电器中其线圈的控制端和触点的电源输入端，也就是传统继电器的85号端子和30号端子，均连接至SB25保持常电源输入，传统继电器的86号端子连接至外部控制单元。当提供接地信号时候继电器工作，此时30号端子电源通过继电器的触点接通，往后续电路提供电源。检测继电器最简单的方法是：先听后测，听的方法是打开点火开关，听继电器有没有触点吸合的声音，若有则可以证明继电器的线圈正常，继电器的线圈供电回路均正常，通过听的方法能确定继电器线圈没问题；后测就是当继电器线圈工作后测量继电器触点是否为通路，经过测量发现继电器触点虽然有吸合声音，但是触点并没有通路。由此基本可以判断故障点就是继电器，更换一个全新的继电器，再次启动清除故障码之后，试车发现一切正常，空调也恢复了正常。

　　故障总结： 为什么J271主继电器故障会导致这么多系统同时存在故障呢？这个就需要从电路图来分析了。查阅相关电路图可见：Z132是由SB25保险丝提供电源，而SB25的电源又来自87a进行供电。当J271主继电器损坏87a是没有电源输出的，Z132因为没有电源的供应，打开点火开关就不可能和外界正常通信了，因此报出了高压加热器控制单元无信号故障码了。而0008："B1453F3空调压缩机过载保护功能启用，主动/静态"以及"P2D2900空调压缩机电机卡住，主动/静态"这两个故障码是否也是J271影响的呢？继续查找该车空调线路图，空调压缩机V454和空调控制模块J842为一个整体，J842上的低压线路分别有T3cy/1-87a电源线、T3KY/2-LIN通信线、T3KY/3-GND搭铁线，另外空调泵壳体上还有一根搭铁线。空调泵的高压线则直接连接至高压蓄电池AX2的蓄电池调节单元J840，该87a电源线是直接来自空调泵继电器J32。虽然J32的供电也称之为87a，但是该87a和主继电器J271的87a并没有任何的关联。因此笔者怀疑J271的故障是导致空调系统产生故障码的直接原因不符合逻辑，真正的原因是J271的故障导致了高压电驱动提示故障，J840基于保护的目的，切断了高压供电电路，尽管驾驶员开启了空调开关，但是J840并不会提供高压电给V454。于是系统认为空调压缩机电机卡住或过载保护功能启用。当然如果是J32出现了故障导致J842缺失12V电源的话，那么诊断仪就无法进入08空调系统读取故障码，更不可能报空调泵的故障了。

第三节　上汽大众ID.4

一、2021年上汽大众ID.4车辆无法上电（1）

车型： ID.4。

VIN： LFVVB9E64M5××××××。

故障现象： 无法上高压电挂挡行驶，如图14-3-1和图14-3-2所示。

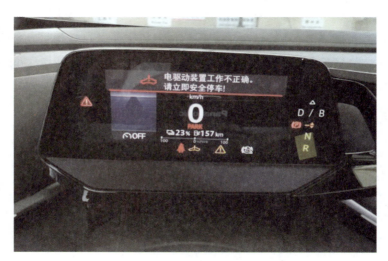

图14-3-1

图14-3-2

故障诊断：用诊断仪读取故障码，有如图14-3-3和图14-3-4所示故障码。

故障排除：更换A19后故障排除。

0019 - 数据总线诊断接口 (UDS / ISOTP / 1EA937012L / 0123 / 065 / EV_GatewlCAS1MEB / 005001)			故障存储器
故障代码	SAE 代码	故障文本	激活
2250B9 [2248889]	U165E00	变压器12V，无通信	X
261069 [2494569]	U164300	倒车摄像系统控制单元以太网，无通信	X

图14-3-3

0001 - 发动机电控系统 (UDS / ISOTP / 0EA906012AG / 1436 / H01 / EV_VCU00XXX0200EA906012AG / 001004)			故障存储器
故障代码	SAE 代码	故障文本	激活
0A7C1 [42945]	U040000	接收到无效的数据	X
0A9E1 [43489]	U303400	验证系统通信监控，密钥/证书缺失或无效	X
0A996 [43414]	P0A0B00	高电压系统控制线信号不可信	X
04D90 [19856]	U029900	电驱动装置变压器，无通信	X
07CCD [31949]	U122900	驾驶员辅助系统前部摄像头不可信	

图14-3-4

二、2021年上汽大众ID.4车辆无法上电（2）

车型：ID.4。

VIN：LFVVB9E68M5××××××。

故障现象：无法上电挂挡行驶，红色高压警告，仪表上报故障：电驱动装置工作不正常请立即安全停车，如图14-3-5所示。

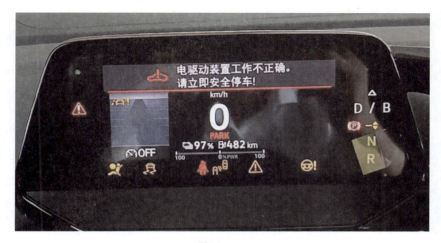

图14-3-5

故障诊断：用诊断仪读取故障码，如图14-3-6～图14-3-8所示。

重要测量值对比，01 测量值高压协调器，如图14-3-9所示。

地址: 8105 系统名: 8105 - 变压器 12V 协议改版: UDS/ISOTP (Ereignisse: 1)

[+] 识别:

[-] 故障存储器记录 (数据源: 车辆):

故障存储器记录

编号:	P0D3300: DC/DC 转换器 耗电量太大
故障类型 2:	主动/静态
症状:	76
状态:	11100101

[+] 标准环境条件:

[-] 高级环境条件:

动态环境数据	46 5E 2E 6C 46 5C 1A 66 70 FE 00 25 70 FD 00 FD 08 02 00 00 70 FC 00 5F 08 01 06 08 00 02 10 09 00 10 0A 00	
牵引电源电压DC/DC转换器	371.375	V
DC/DC转换器, 端子30可调的输出电流	13.199219	V
DC/DC 变压器, 变压器电流 1	0.072265625	A
DC/DC 变压器, 变压器电流 2	0.49414062	A
DC/DC 变压器, 端子 30 输出电流 1	0.0	A
DC/DC 变压器, 端子 30 输出电流 2	5.9375	A
DC/DC 变压器, 运行模式功率路径 1 Param_TestProgrRbeAswDcdcSymEnumRbeCmnGlbStDcdcModUBYTE6	rbe_CmnGlb_DcdcMod_Rst_e	
DC/DC 变压器, 运行模式功率路径 2 Param_TestProgrRbeAswDcdcSymEnumRbeCmnGlbStDcdcModUBYTE2	rbe_CmnGlb_DcdcMod_Buck_e	
DCDC_asymmetric_correction_offset	0	
DCDC_asymmetric_correction_offset_2	0	

图14-3-6

地址: 008C 系统名: 008C - 混合蓄电池管理 协议改版: UDS/ISOTP (Ereignisse: 0)

[-] 识别:

数据源:	车辆
硬件零件号:	5KE915184AB
零件号:	5KE915184AD
硬件版本号:	002
软件版本号:	0850
制造日期:	21.01.2021
编码:	[+]
编码:	000000
可擦写性:	未知
系统名称:	J840 K8C BMC
ASAM 基本型号:	BV_BatteEnergContrModulUDS
ASAM 2D/ODX 数据记录:	EV_BMCeVWBSMEB
ASAM 2D/ODX 数据记录版本:	001011
使用的 ASAM/ODX 控制单元型号:	EV_BMCeVWBSMEB_001
目标数据库:	V03935338WD
目标数据库版本:	0001
装备代码:	00 00 00 00 00 00 00 00
系统简称:	J840

图14-3-7

图14-3-8

		正常车辆	故障车辆： LFVVB9E68M5XXXXXX
高电压协调器，高电压稳压装置运行状态	IDE16189		
- 高电压稳压装置，初始化阶段	MAS22194	未激活	未激活
- 高电压稳压装置	MAS22195	激活	未激活
高电压协调器，低电压直流充电状态	MAS22146		
- ---	MAS00194	激活	未激活
高电压协调器，直流充电状态	IDE16164		
- ---	MAS00194	已停用	已停用
高电压辅助用电器，当前功率	MAS22161		
- ---	MAS00194	0.2 kW	0.0 kW
高电压协调器，放电状态激活	MAS22162		
- ---	MAS00194	未激活	激活

图14-3-9

故障排除：检查发现A19损坏，更换后故障排除。

三、2021年上汽大众ID.4车辆无法上电（3）

车型：ID.4。

VIN：LFVVB9E68M5××××××。

故障现象：无法上电挂挡行驶，如图14-3-10所示。

图14-3-10

故障诊断：用诊断仪读取故障码，如图14-3-11 ~ 图14-3-13所示。

故障排除：检查A19损坏，更换后故障排除。

地址: 8105 系统名: 8105 - 变压器 12V 协议改版: UDS/ISOTP (Ereignisse: 2)

+ 识别：

− 故障存储器记录 (数据源: 车辆)：

    故障存储器记录

编号：	P0A9400: DC/DC 转换器 缺失功率
故障类型 2：	主动/静态
症状：	21
状态：	10101111

    + 标准环境条件：

    + 高级环境条件：

    故障存储器记录

编号：	P0E3700: DC/DC 转换器电压传感器 2 信号不可信
故障类型 2：	主动/静态
症状：	83
状态：	11101101

    + 标准环境条件：

    + 高级环境条件：

图14-3-11

地址: 008C 系统名: 008C - 混合蓄电池管理 协议改版: UDS/ISOTP **(Ereignisse: 0)**

- 识别:

数据源:	车辆
硬件零件号:	5KE915184AB
零件号:	5KE915184AD
硬件版本号:	002
软件版本号:	0850
制造日期:	20.01.2021
编码:	+
编码:	000000
可擦写性:	未知
系统名称:	J840 K8C BMC
ASAM 基本型号:	BV_BatteEnergContrModulUDS
ASAM 2D/ODX 数据记录:	EV_BMCeVWBSMEB
ASAM 2D/ODX 数据记录版本:	001011
使用的 ASAM/ODX 控制单元型号:	EV_BMCeVWBSMEB_001
目标数据库:	V03935338WD
目标数据库版本:	0001
装备代码:	00 00 00 00 00 00 00 00
系统简称:	J840

图14-3-12

地址: 0001 系统名: 0001 - 发动机电控装置 协议改版: UDS/ISOTP (Ereignisse: 2)

+ 识别:

- 故障存储器记录 (数据源: 车辆):

故障存储器记录
编号:	U112300: 数据总线接收到的故障值
故障类型 2:	被动/偶发
症状:	34299
状态:	00100000

+ 标准环境条件:

+ 高级环境条件:

故障存储器记录
编号:	U059900: 电驱动装置变压器 1 信号不可信
故障类型 2:	被动/偶发
症状:	37944
状态:	00100110

+ 标准环境条件:

+ 高级环境条件:

名称: DTC_37944
故障代码: 37944
显示故障代码: U059900
文字:
Invalid Data Received From DC to DC Converter Control Module "A"

图14-3-13

第十五章
一汽大众车系

第一节　一汽大众高尔夫纯电

一、2020年一汽大众高尔夫纯电空调不制冷

故障现象：车辆空调不制冷。

故障诊断：使用诊断仪读取8C系统故障码，有B1453F0 空调压缩机高压供电故障；P0D6800 空调压缩机电机电压传感器1，电气故障；P0EA800 空调压缩机电机电压传感器2，电气故障，如图15-1-1所示。

故障代码	SAE代码	故障文本
F4530 [1000761]	B1453F0	空调压缩机高压供电故障
F00D68 [15732072]	P0D6800	空调压缩机电机电压传感器1，电气故障
F00EA8 [15732397]	P0EA800	空调压缩机电机电压传感器2，电气故障

图15-1-1

故障排除：更换功率电子内部的保险丝S353。

故障原因：打开点火开关，检测压缩机供电电压为8.53V，如图15-1-2所示；检测PTC供电电压为8.44V，如图15-1-3所示；两项电压均不正常，正常应为350V以上的高压。

检测JX1对充电机的供电为8.60V，如图15-1-4所示，电压不正常，正常应为350V以上的高压。此时关闭点火开关，然后检测JX1中的保险S353，发现保险丝已经因为熔断而断开，如图15-1-5所示，需要注意的是从保险丝外观并不能看出是否已经损坏，必须使用仪表测量。

　　故障总结：车辆因为JX1的保险丝S353熔断而无法正常对充电机、空调压缩机、PTC提供高压电，此时如果操作空调系统，空调系统内会产生相关故障码，更换该保险丝即可。

图15-1-2

图15-1-3

图15-1-4

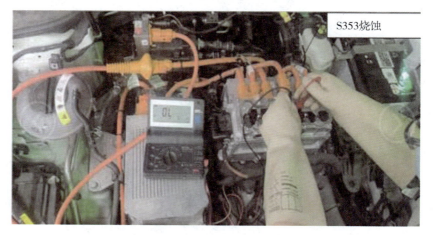

图15-1-5

二、2020年一汽大众高尔夫纯电空调系统首次运行不成功

故障现象： 新车PDI检查时空调面板AC开启不了，空调不制冷，鼓风机能正常工作，如图15-1-6所示。

故障诊断： 使用诊断仪读取08系统报故障码，有B109EF0 空调压缩机首次运行 未进行，如图15-1-7所示。运行功能引导程序"压缩机首次运行"不能成功。

通过自诊断进行基本设置，并删除故障码。

（1）操作前保证车辆12V低压蓄电池电量充足。

（2）打开点火开关，使用诊断仪的自诊断功能，进入08空调系统，选择"匹配"，然后选择"压缩机磨合运行基本设置的运行时间"，将"输入"修改为30～120的范围内时间均可，如图15-1-8所示。需要注意的是必须重新将数值填写一遍，然后点击运用，之后再回到自诊断界面。

图15-1-6

图15-1-7

图15-1-8

（3）注意：压缩机磨合运行的持续时间是60s（如图15-1-9所示），这个时间不要更改。

（4）在自诊断界面选择基本设置—压缩机磨合—自动启动—开始运行，在基本设定过程中，不要去按动空调面板的任何按键，设置过程中，A/C按钮灯最初会不停闪烁，到最后10s左右，A/C按钮的灯闪烁频率会更快，最后熄灭。之后清除故障码，空调就能正常工作，车辆功能恢复正常。

图15-1-9

三、一汽大众高尔夫纯电无法进行直流充电

故障现象： 高尔夫纯电连接直流充电桩进行充电时，充电枪已插入车辆直流充电插座，但直流充电桩的App仍然提示"您当前尚未插枪，请插枪后进行操作"，如图15-1-10所示，即不能正常进行直流充电。

图15-1-10

故障排除： 更换车辆的直流充电插座。

故障总结：

（1）在进行直流充电时，车辆首先要与充电桩进行通信，通信成功后才会开始直流充电。本案例问题为通信过程出错导致。其他BEV车辆可以在此充电桩正常充电，判断为车辆端问题。

（2）此时需要检查车辆直流充电插座的通信线CC1对车身地的电阻，正常值为1kΩ左右，如图15-1-11所示。实际测量发现有的故障车的CC1与车身地之间电阻为无穷大，如图15-1-12所示。有的故障车的CC1与车身地之间电阻时而1kΩ，时而无穷大，类似虚接；此种情况为故障。电动汽车侧充电接口如图15-1-13所示。

图15-1-11

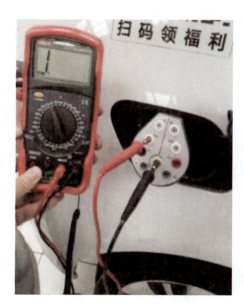

图15-1-12

（3）倒换充电正常的直流充电插座总成进行直流充电，可以正常充电，判断不能直流充电的故障原因为直流充电插座内部电路损坏，导致车辆与充电桩不能进行正常通信。

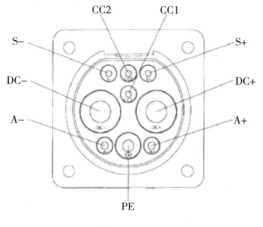

图15-1-13

第二节 一汽大众宝来纯电

一、一汽大众宝来纯电高压电池包内继电器粘连故障

故障现象： 一汽大众宝来纯电高压电池包内继电器粘连故障。

故障诊断： 车辆无法接通高压电，8C系统里报故障码：P0AA100混合动力/高压蓄电池正极触点卡在关闭位置，如图15-2-1所示；P0AE200混合动力/高压蓄电池预充电触点卡在关闭位置，如图15-2-2所示。

读取/删除故障存储器

指示

故障：**1** 属于：**3**
故障代码：P0AA100
文本：混合动力/高压蓄电池正极触点，卡在闭合位置
症状：42239
VAG代码：696576
状态：静态
优先级：2
频率：1
里程：628

图15-2-1

读取/删除故障存储器

指示

故障：**2** 属于：**3**
故障代码：P0AE200
文本：混合动力/高压蓄电池预充电触点卡在闭合位置
症状：42257
VAG代码：713216
状态：静态
优先级：2
频率：1
里程：628

图15-2-2

（1）该车之前因PTC故障更换过PTC，更换后空调系统产生"空调压缩机高压供电故障""空调压缩机电压传感器1和2电路电气故障"故障码。相同车型倒换压缩机、空调面板、J1050充电电压控制单元后故障依旧。此车的部件换到其他车上试车一切正常。之后车辆8C系统产生故障码"P0AA100混合动力/高压蓄电池正极触点卡在关闭位置""P0AE200混合动力/高压蓄电池预充电触点卡在关闭位置"，无法接通高压电。

（2）对此车进行现场分析，故障确实存在。由于之前低压蓄电池断电，系统中出现许多偶发故障码。

（3）清除偶发故障后仅高压电池模块存在故障，诊断仪读取故障码和之前相同，"P0AA100混合动力/高压蓄电池正极触点卡在关闭位置""P0AE200混合动力/高压蓄电池预充电触点卡在关闭位置"。

（4）断开高压电维修插头及相关高压连接，拆下高压电池，如图15-2-3所示。

图15-2-3

（5）根据诊断仪指引，进行BJB高压输入侧和输出侧的通断测量，万用表显示处于接通状态，如图15-2-4所示，怀疑BJB内侧继电器存在粘连。

（6）拆下BJB，再用万用表检测通断，高压正输入、输出端仍为接通状态，如图15-2-5和图15-2-6所示，判定为BJB内部粘连。

（7）之前检测功率电子保险也存在断路情况，同时更换保险丝。将维修后的高压电池包再次安装到车上，车辆高压供电系统恢复正常，如图15-2-7所示。

故障排除： 更换BJB及功率电子内的保险丝。

图15-2-4

图15-2-5

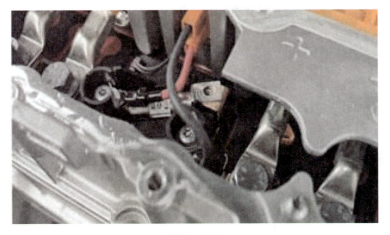

图15-2-6

图15-2-7

二、一汽大众宝来纯电紧急呼叫模块（75）报故障码B200049

故障现象： 一汽大众宝来纯电紧急呼叫模块（75）报故障码B200049。

故障诊断： 一汽大众宝来纯电新车做PDI检测时VAS6150诊断仪检查紧急呼叫模块（75）内有故障码B200049：控制单元损坏。该故障为控制器内部软件逻辑问题，不影响控制器功能，使用ODIS-E无法删除，如图15-2-8所示。

图15-2-8

使用ODIS-E（工程师版ODIS）删除故障码。

删除故障码过程：

（1）使用ODIS-E 选择奥迪车型AU924，选择紧急呼叫模块OCU（75）——011特殊功能（16进制码服务），会弹出对话框"未识别到型号"，选择"是"进入，如图15-2-9和图15-2-10所示。

（2）输入"104F"，开启OCU 开发模式，如图15-2-11所示。

（3）然后进入OCU DTC Memory，[0075][002]，清除故障码，如图15-2-12和图15-2-13所示。

（4）再次进入OCU的16进制码服务，[0075][011]，输入"11 02"重启OCU。检查是否删除成功，如失败再次重复全过程，如图15-2-14所示。

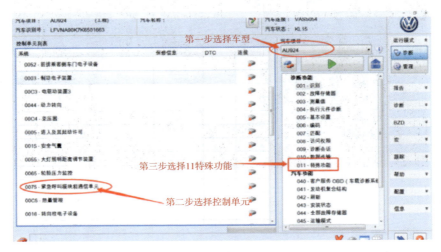

图15-2-9

图15-2-10

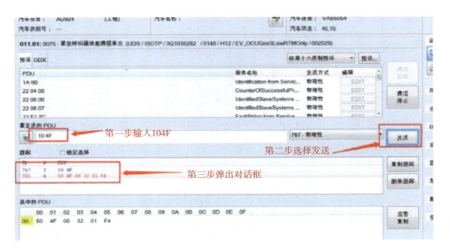

图15-2-11

图15-2-12

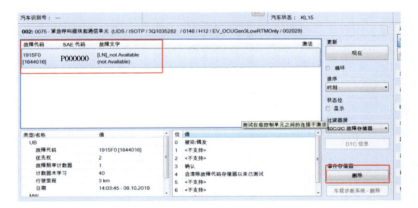

图15-2-13

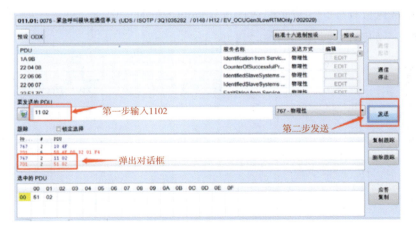

图15-2-14

三、一汽大众宝来纯电紧急呼叫模块（75）更换OCU后不能上传车辆数据

故障现象： 一汽大众宝来纯电紧急呼叫模块（75）更换OCU后不能上传车辆数据。

故障诊断： 一汽大众宝来纯电因OCU备用蓄电池短路问题更换新的OCU后，新的OCU不能正常发送车辆数据给RTM系统。车载电网系统无故障码。

进入0075地址，完整执行匹配OCU/WFS程序，一定要做完匹配钥匙程序。

匹配OCU/WFS过程：

（1）使用ODIS-E，选择紧急呼叫模块OCU（75）——匹配OCU/WFS程序，选择"是"进入，如图15-2-15所示。

图15-2-15

（2）正常执行程序，当进行是否匹配钥匙的步骤时，选择"是"选项，然后执行完整个程序即可，如图15-2-16和图15-2-17所示。

图15-2-16

图15-2-17

四、一汽大众宝来纯电仪表上显示电力驱动系统故障，请立即停车

故障现象： 仪表上显示电力驱动系统故障，请立即停车，如图15-2-18所示。

图15-2-18

故障诊断： 电池管理单元（8C）存储故障码P0E7400：混合动力/高压蓄电池内部绝缘故障；P0AA600：混合动力/高压蓄电池绝缘故障，如图15-2-19所示。

RTM系统产生3级绝缘报警，报警时高压系统绝缘阻值70kΩ。

故障排除： 电池包内第3号模组鼓包，更换3号模组。

故障

POAA600：混合动力/高电压蓄电池系统 绝缘故障

POAA600：混合动力/高电压蓄电池系统 绝缘故障

POAA600：混合动力/高电压蓄电池系统 绝缘故障

POE7400：混合动力/高电压蓄电池 内部绝缘故障

POE7400：混合动力/高电压蓄电池 内部绝缘故障

图15-2-19

故障原因：

（1）从BMCe中故障码显示高压系统及高压电池内部存在绝缘故障判断绝缘故障很大可能来自电池包内部。为此断开服务插头，连接适配器实测高压系统绝缘电阻（接触器之后），HV+对地为3.07MΩ（如图15-2-20所示），HV-对地为3.06MΩ（如图15-2-21所示），数值是正常的。

图15-2-20

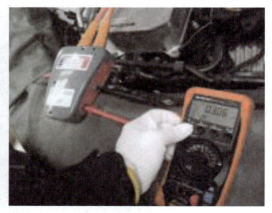

图15-2-21

（2）电池层面高压系统检测。

将电池包与车辆连接断开（高/低压都断开），之后断开BJB，测量BMCe端绝缘电阻，HV+对地为OL，HV-对地为OL，数值显示是正常的。

（3）之后测量模组端电压。

HV+与HV-之间电压为352.4V，HV+与车身之间电压为32.7V（正常为0V左右），HV-与车身之间电压为-310.6V（正常为0V左右）。

分析过程：

模组端存在对车身短路点。根据电压累计原理，每个电芯电压=352V÷96=3.67V，32.7V=3.67V×N，则N≈9。每个模组累计6个电芯电压，第9个电芯安装位置在电压累计下降方向的下一个模组。因为4号模组为HV+最高电压，因此推断问题点是下一个模组（3号模组）出现对车身短路，如图15-2-22所示。进一步实车检查发现，3号模组鼓包，内部可能存在漏液现象，如图15-2-23所示。

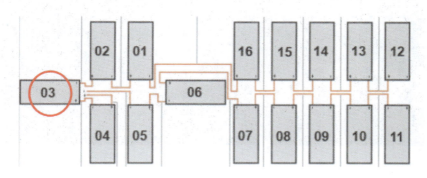

图15-2-22

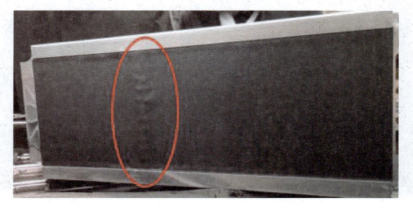

图15-2-23

故障总结：3号模组内部电芯存在对地短路点，是产生绝缘故障的原因所在。

五、一汽大众宝来纯电车辆气温低时仪表显示续航里程偏低

故障现象：一汽大众宝来纯电车辆气温低时仪表显示续航里程偏低。

故障诊断：

（1）利用直流充电桩进行充电，充电时环境温度-15℃，电量达到100%后上电，显示续航里程155km，开启空调等用电设备，显示续航里程降为55km。

（2）利用交流充电桩进行充电，充电时环境温度12℃，充电电流设为13A，电量达到100%后上电，显示续航里程193km，开启空调暖风等用电设备，显示续航里程降为158km，如图15-2-24和图15-2-25所示。

图15-2-24

图15-2-25

故障排除：该情况符合新能源汽车寒区使用能耗规律，无须维修，向用户解释续航里程显示的原理。

故障原因：

（1）车辆SOC 95.6%时仪表显示续航里程如下：不开暖风续航200km，续航潜能2km，打开暖风续航120km，续航潜能82km，如图15-2-26所示。

（2）车辆打开暖风，静态下耗电（SOC从95.6%降至80.8%），仪表显示续航里程167km，平均电耗99.9kWh/100km，如图15-2-27所示。

（3）将车辆放在举升机上，不开暖风的状态下匀速40km/h行驶13km（20min），仪表显示续航里程从167km缓慢升至197km，平均电耗从99.9kWh/100km缓慢降至47.5kWh/100km，如图15-2-28所示。

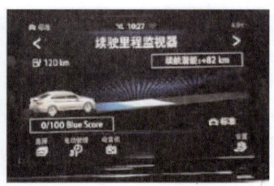

图15-2-26

图15-2-27

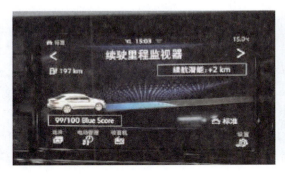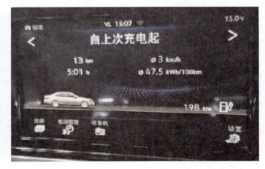

图15-2-28

（4）对车辆进行直流充电至满电状态，仪表显示续航里程为245km，如图15-2-29所示。

故障总结：用户车辆在低耗电工况下行驶一段时间，平均电耗下降，车辆据此计算出的续航里程上升。仪表显示续航里程偏低的原因是车辆充电前实际电量消耗较高及高功率用电器开启。

图15-2-29

第十六章
雷克萨斯车系

一、雷克萨斯UX300e早上启动车辆时仪表显示牵引用蓄电池故障、制动防滑警告灯同时点亮

故障现象：客户到店反馈，早上启动车辆时发现仪表显示牵引用蓄电池故障、制动防滑警告灯同时点亮，车辆仪表中央信息提示检查牵引用蓄电池系统故障，如图16-1所示。

图16-1

故障诊断：客户将点火开关关闭后，再次启动车辆，相关警告灯一直点亮无变化。客户电话询问经销店服务顾问，车辆是否还可以正常行驶，由于无法显示续航里程，客户要求拖车到店检查。询问客户车辆使用状况，客户反馈平时都是开车上下班使用，驾驶员比较固定，驾驶经验丰富。车辆90%时间都是市区行驶，每天平均行驶距离12km左右，行驶路况比较拥堵，大部分都是铺装路。客户反馈每个星期充电3~4次，充电时间一般都是在晚上，平时都是用家里安装的交流充电桩进行充电。客户车辆的存放条件比较好，上班的公司和家里住宅都有固定车位存放，每月洗车3~4次。客户车辆牵引用蓄

电池系统没有任何加装和改装，车辆也没有任何电器设备和外观改装类项目。车辆购买至今1年多时间，都是定期到雷克萨斯经销店保养无事故维修，没有任何异常保养维修记录。上述维修日历中所有事故维修项目和一般维修项目，都与本次牵引用蓄电池系统报警无直接关系。技师实车确认打开点火开关后，READY指示灯闪烁，制动警告灯同时点亮，仪表中央信息提示检查牵引用蓄电池系统。技师实车调取电池系统故障码为P062F46混合动力/EV蓄电池能量控制模块EEPROM校准/参数存储故障系统实际故障存在。查阅车辆维修历史无更换和维修牵引用蓄电池动力系统的相关作业。技师实车确认，车辆的牵引用蓄电池无拆装和损坏现象，客户确认故障未报警时系统可正常使用。技师使用店内的交流充电桩进行充电，车辆无法充电。技师确认牵引用蓄电池外观无损伤现象，密封良好，排除人为原因造成的损坏。

技师按照维修手册要求，检测到牵引用蓄电池P062F46混合动力/EV蓄电池能量控制模块EEPROM校准/参数存储故障。蓄电池ECU总成监视其自身内部操作并在检测到内部故障时存储这些故障码。如果输出这些故障码，则更换蓄电池ECU总成。读取定格数据检查牵引用蓄电池6个电池堆组及5个区组的平均电压为4.08V，正常，SOC 80%，确认蓄电池组良好。检查牵引用蓄电池加热及冷却性能，检查制冷剂压力及主动测试蓄电池冷却电磁阀及冷却风扇工作，良好无异常。检查蓄电池加热系统，蓄电池温度上升加热系统工作良好，逆变器及AC交流充电器冷却液液位正常。经上述检查，确认牵引用蓄电池ECU内部故障，造成制动警告灯点亮，仪表显示牵引用蓄电池系统故障。

故障排除： 更换牵引用蓄电池ECU总成，如图16-2所示。

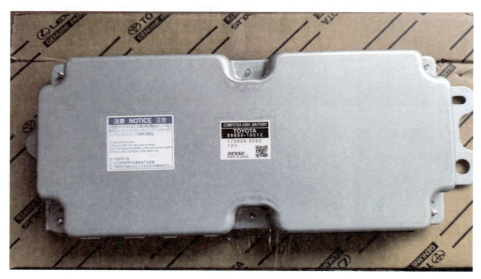

图16-2

二、雷克萨斯UX300e车辆的DC接口无法为车辆充电，AC接口为车辆充电正常

故障现象： 车辆的DC接口无法为车辆充电，AC接口为车辆充电正常。

故障诊断： 2021年7月1日，客户在车辆剩余可行驶185m时去到住所周边的充电站进行快速充电，连续使用3个充电枪均无法充电，于是将车辆开到工作地点附近的充电桩进行充电，依然无法充电。于是认为车辆有故障。该车辆主要用途为接送小孩上学使用，每天使用时间3h，使用距离为55km左右，车速范围1～90km/h。车辆一般是在自家附近的快速充电桩进行充电，以前没有出现过。车辆近期没有加装过电子部件，没有发现车辆组合仪表上有任何故障灯提示，仅有DC充电无法充电，其余所有功能正常。车辆没有发生过事故碰撞、没有发生过涉水和被水淹的情况。车辆内饰部件也没有发现有漏水的情况。车辆停放的位置为小区地面停车场，车顶没有遮阳和防雨的雨棚。客户使用2005国家标准的充电接口进行充电，无法充电的充电桩为经常充电的充电桩。车辆没有发生过任何故障，无相关的线路检修作业，内饰部件均为原厂部件没有任何加装。

接到该故障维修委托后，连接我公司的交流充电桩充电1h，充电量正常增长，充电过程中指示灯显示为绿色，充电功能正常。将公司的试乘试驾车辆UX300e驾驶到充电桩位置进行DC充电，可以正常充电。将故障车辆驾驶至公司附近的直流充电桩进行充电，结果依然无法充电。充电接口安装位置正常良好无异常。用GTS诊断仪读取直流充电控制系统，没有任何故障码，查看该系统的控制历史记录，发现有历史记录代码X1851，含义为DC充电和供电停止（开始处理前和充电模式转变后），除此以外没有任何故障码和警告灯点亮，如图16-3所示。

由于没有故障码，于是按照故障症状表中充电过程中充电停止进行检查：

（1）检查辅助蓄电池电压为12.35V，数据流中也有体现，正常。

（2）进行系统健康检查，系统未输出故障码。

检查车辆的控制历史记录，存在历史记录代码X1851，查看代码中的数据记录，仅输出X1851。使用 GTS 诊断仪读取直流充电控制状态，为连接状态。查看车辆充电机上的9线没有出现断路的情况。替换充电控制ECU以后，进行充电测试，可以进行充电。将故障车辆的充电控制ECU安装到原本正常的车辆上进行充电，发现也不能充电。检查充电控制ECU的连接器和针脚无异常情况。通过替换充电桩和替换同型号的车辆到充电桩上进行充电测试，发现故障车辆的故障真实存在，按照充电系统的控制历史记录的代码确认充电桩连接良好，测量快速充电接口上的9条线分别连接的端子，均无短路和断路情况，于是替换充电控制ECU后，充电正常，说明充电控制ECU内部存在故障。

故障排除：更换插电式充电控制 ECU总成，如图16-4和图16-5所示。

图16-3

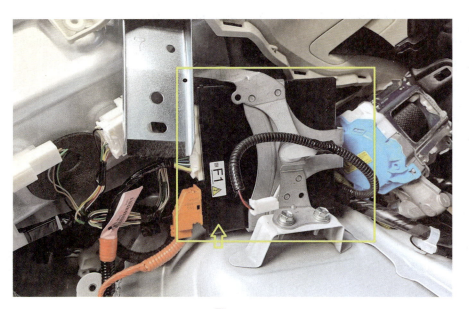

图16-4

图16-5

第十七章
吉利车系

第一节　吉利帝豪EV450

一、2018年吉利帝豪EV450无暖风

VIN：LB378Y4W0JA××××××。

整车型号：HQ7002BEV05。

驱动电机型号：TZ220XS503。

行驶里程：102552km。

故障现象：一辆2018年吉利帝豪纯电EV450，冬季使用空调暖风，无暖风吹出，吹出的空调风明显是自然风。

故障诊断：接车后，着车检查，仪表中无任何故障指示，如图17-1-1所示。

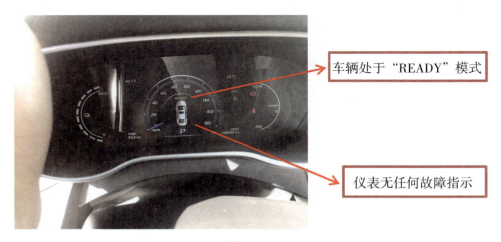

车辆处于"READY"模式

仪表无任何故障指示

图17-1-1

打开空调，并将空调温度设置在最高温度，10min后，空调出风口一直处于自然风状态，使用故障诊断仪SMART SAFE P01读取整车系统故障，如图17-1-2所示。

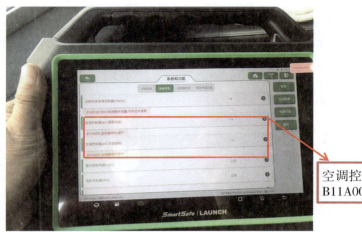

图17-1-2

在空调控制器系统存储了"B11A009 加热器硬件保护"故障码，这个故障码不好理解，我们去机舱检查暖风系统配置，此款车暖风系统采用PTC加热元件，对冷却液进行加热后，通过暖风水泵循环，送入车内的暖风水箱。搞明白基本构成后，我们检查PTC加热器两端的水管温度，如图17-1-3所示。

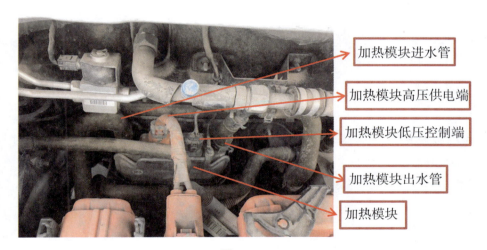

图17-1-3

发现在打开暖风状态下，加热模块进水管与出水管温度相同，并且在触摸进水管时能明显地感觉到加热水泵工作的震感。查阅PTC加热模块的电路图，如图17-1-4所示。

从电路图中可以看出，PTC加热控制器的低压端就4根线，1号针脚与7号针脚都是12V供电，一个是直接供电，一个是通过VCU供电输入，还有两根是控制线，6号针脚是LIN通信线，5号针脚是压缩机使能线。我们对PTC模块低压端进行测量，如图17-1-5所示。

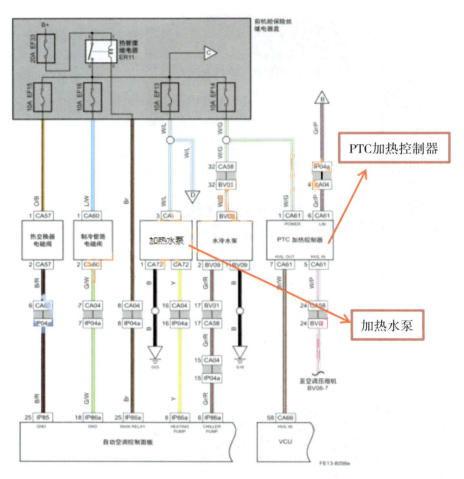

图17-1-4（图注省略）

从测量结果来看，其端电压都符合要求，我们从车内仪表指示也发现，当我们拔掉PTC加热器低压控制端后，仪表提示系统故障，并且车辆无法进入"READY"模式，如图17-1-6所示。

看来问题就出在PTC本身，本想打开对里面进行维修，由于时间比较紧张，我们为客户更换一全新件，如图17-1-7所示。

装车，并进行测试，暖风控制恢复正常，故障排除。

故障总结：在更换PTC控制器时，一定要更换新的冷却液，由于原车冷却液失效，会造成传热变差，造成PTC局部高温散热不好，易造成PTC控制提前损坏，这个一定要注意。

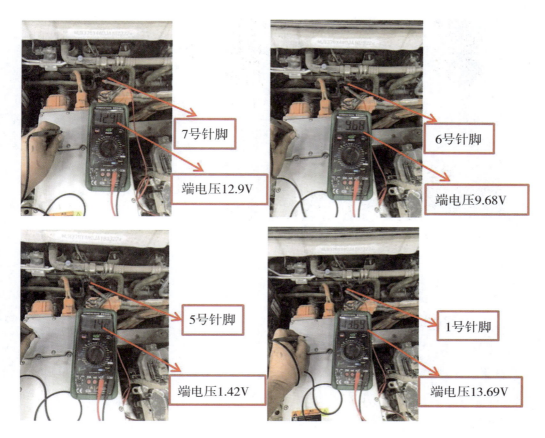

7号针脚

端电压12.9V

6号针脚

端电压9.68V

5号针脚

端电压1.42V

1号针脚

端电压13.69V

图17-1-5

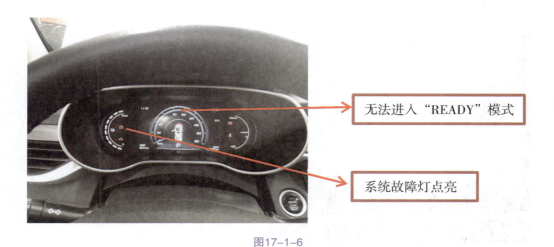

无法进入"READY"模式

系统故障灯点亮

图17-1-6

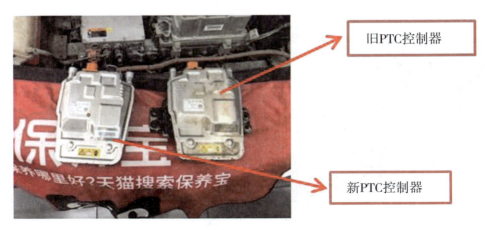

图17-1-7

二、吉利帝豪EV450行驶中前部有异响

VIN： LB378Y4WXJA × × × × × ×。

电机型号： TZ220XS503。

行驶里程： 289095km。

故障现象： 一辆吉利帝豪EV450使用中，加油门有时前部机舱出现"咔咔"异响。

故障诊断： 接车后，首先进行路试，发现车辆在加油门时，前部机舱有时会发出"咔咔"异响，有时在进行制动时，机舱也有发出"咔"的声音，我们将车辆开回车间，使用诊断仪读取系统故障，其所读取的故障信息如图17-1-8所示。

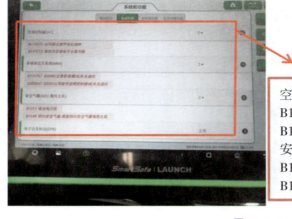

空调控制（AC）
B118371出风模式调节电机堵转
B119213电池冷却液电子水泵开路
安全气囊（ACU）
B1011电池电压低
B1049乘客侧向安全气囊电阻太高

图17-1-8

从诊断仪测试结果来看，其故障信息与我们维修的故障没有直接关联性，空调系统、多媒体交互系统、安全气囊系统所产生的故障，并不会产生异响，为了验证故障码

与异响的相关性，我们将故障码清除掉后进行路试，回店再次使用故障诊断仪读取故障信息，诊断结果如图17-1-9所示。

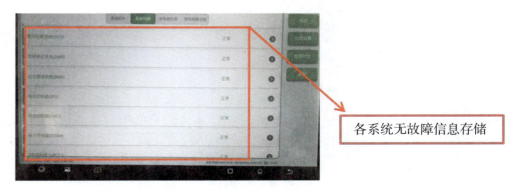

各系统无故障信息存储

图17-1-9

看来诊断仪诊断结果并不能为我们的排故提供帮助，我们检查仪表提示，发现仪表信息显示正常，并没有我们所需要的信息，我们多次试车，进行听诊，发现异响声音来自机舱电机处，对于异响，我们只有将前电机与差速器进行拆解检查。当我们将电机与差速器分开后，发现差速器与电机接合的花键轴出现了磨损现象，如图17-1-10所示。

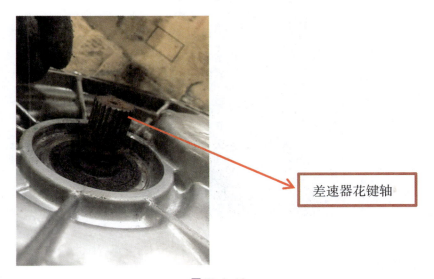

差速器花键轴

图17-1-10

为了能够更直观地检查出差速器花键轴与电机花键齿之间的间隙是否过大，我们将差速器花键轴拆下来，插入电机花键齿手动进行径向移动，发现间隙特别大，如图17-1-11所示。

我们拿回一新轴，将两根轴放在一块对比，发现新轴的花键齿更清晰，如图17-1-12所示。

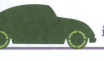

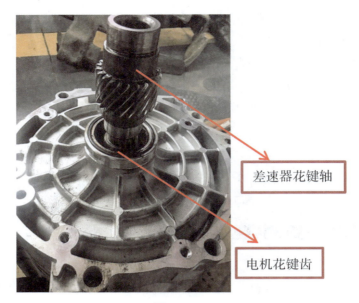

差速器花键轴

电机花键齿

图17-1-11

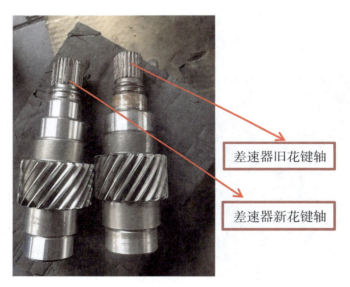

差速器旧花键轴

差速器新花键轴

图17-1-12

　　我们将新轴插入电机花键齿，径向移动测试，发现几乎感觉不到间隙，一般对于更换差速器花键轴，需要同时更换驱动电机轴，但我们对新轴间隙测试时发现间隙比较小。为了节约维修成本，为客户更换了差速器花键轴，装车进行测试，异响声音消失，反复测试，故障不再出现，故障排除。

第二节　吉利远程E6

一、吉利远程E6 EV无法上电行驶

VIN：LMPG1KMB0KA××××××。

行驶里程：39336km。

故障现象：一辆2020年远程E6 EV车型，车辆放置了两个月后12V小蓄电池完全亏电，重新更换一块新蓄电池，车辆无法上电行驶。

故障诊断：车辆被拖回后，首先进行着车测试，发现此车无法进入"READY"模式，并且仪表故障灯点亮，如图17-2-1所示。

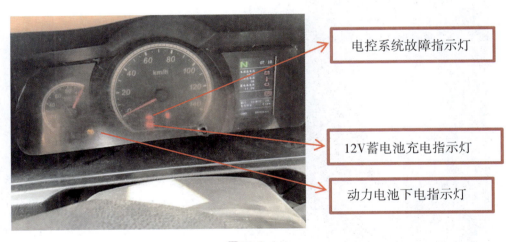

图17-2-1

仪表提示电控系统故障，动力电池下电指示，并且点亮车辆充电指示灯，仪表内的蜂鸣器一直鸣叫，此车没有故障诊断仪可以检测，但此车在仪表右侧的信息栏中可以调取车辆三电系统的数据流项，在"整车状态信息1"中，我们发现了标红的数据流项，如图17-2-2所示。

从"整车状态信息1"中，我们可以看出，仪表的蜂鸣声音代表着故障等级达到三级，而从仪表上的黄色动力电池指示可以明显示地看出，动力电池内部的接触器未吸合，其原因来自"未准备好"的状态，从未标红的数据项看，动力电池本身没有问题，我们在查看DCDC项数据流时发现了异常，如图17-2-3所示。

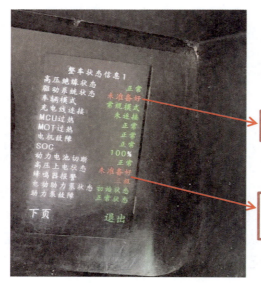

驱动系统状态：未准备好

高压上电状态：未准备好
蜂鸣器报警：三级

图17-2-2

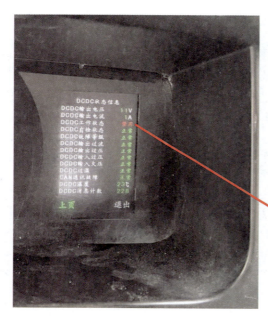

DCDC工作状态：禁用

图17-2-3

从DCDC数据流项中，我们可以看出，DCDC未工作，其工作状态直接显示"禁用"，检查车辆实际部件状态，发现DCDC部件是一个集成部件，其与多合一控制器集成在一块，如图17-2-4所示。

其中多合一控制器中还包含了高压配电盒，我们将多合一控制器上盖打开，对熔断器进行测量，发现F3熔断器烧坏，如图17-2-5所示。

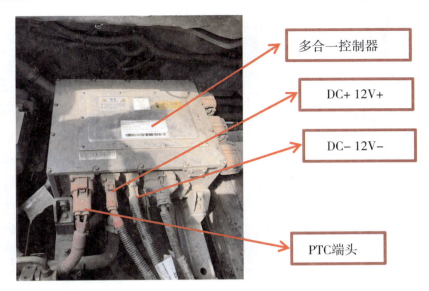

图17-2-4

- 多合一控制器
- DC+ 12V+
- DC- 12V-
- PTC端头

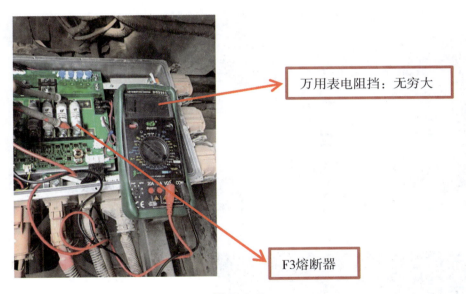

图17-2-5

- 万用表电阻挡：无穷大
- F3熔断器

　　我们查阅F2熔断器说明，如图17-2-6所示。

　　从查阅的说明可以看出，F3熔断器管理DCDC部件，我们更换一个新的熔断器，故障现象依旧。我们从其他的资料了解到DCDC内部的原理，其内部是一个高频高压振荡电路，如果高压熔断器损坏，内部的元件一定损坏，我们只能更换总成件。我们与客户协商，拿回一新件进行更换，如图17-2-7所示。

　　将新件装车后，进行测试，车辆顺利进入READY模式，如图17-2-8所示。

　　进行路试，车辆功能一切正常，反复试车，故障现象消失，故障排除。

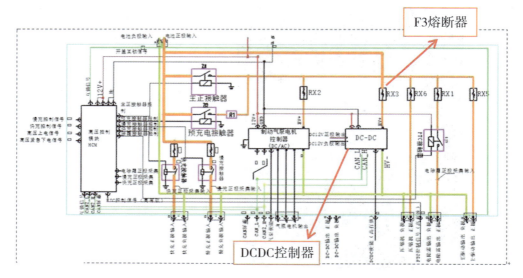

图17-2-6（图注省略）

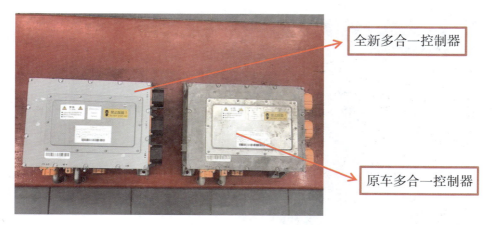

图17-2-7

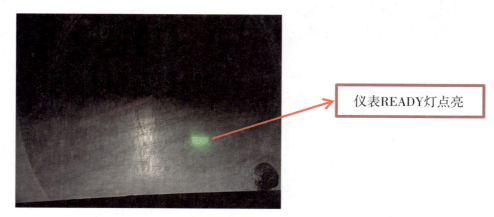

图17-2-8

二、2018吉利远程E6 EV无法行驶

VIN： LMPAIKMBOJA××××××。

行驶里程： 35756km。

故障现象： 一辆2018年吉利远程E6 EV商用车，行驶中突然出现车辆无法行驶现象。

故障诊断： 接车后，首先将点火钥匙打开2挡检查仪表提示，发现仪表没有任何故障提示信息，如图17-2-9所示。

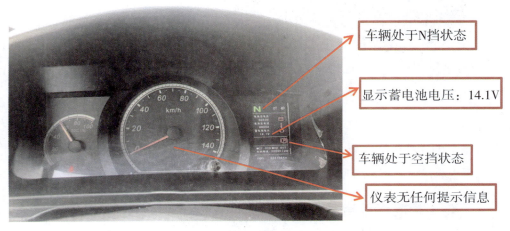

车辆处于N挡状态

显示蓄电池电压：14.1V

车辆处于空挡状态

仪表无任何提示信息

图17-2-9

我们将车辆着车，车辆可以顺利进入"READY"状态，从初步的测试结果来看，车辆无三电系统故障，说明三电系统运行正常。我们尝试着挂入前进挡D挡，发现车辆无法行驶，并伴随着后桥中严重的异响声音，但车速表有车速显示，如图17-2-10所示。

仪表中车速表指针

启动着车进入"READY"模式

图17-2-10

当踩下加速踏板，异响声音变大，不一会儿后桥声音消失，并且仪表点亮故障灯，一个是红色车辆叹号灯，一个动力电池黄色故障灯，如图17-2-11所示。

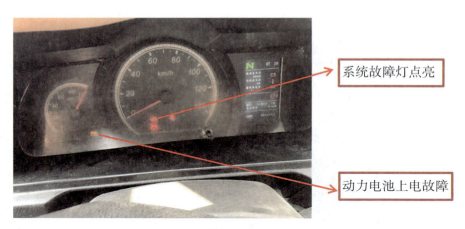

系统故障灯点亮

动力电池上电故障

图17-2-11

我们重新着车测试，发现在挂入D挡时，只要不踩加速踏板，仪表上就不会报故障，并且后桥上的异响可以一直持续，但车辆就是不走车。我们将车辆推入车间，并将车辆举升起来进行测试，发现异响声音就在后桥部分，如图17-2-12所示。

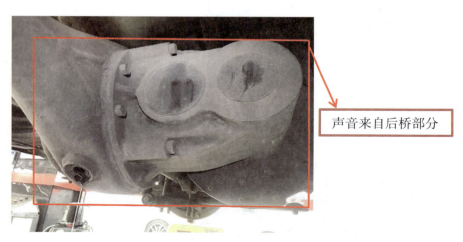

声音来自后桥部分

图17-2-12

虽然在后桥部分，但后桥包括两部分，一部分为后差速器部分，一部分为三相驱动电机部分，两部分出故障都会产生车辆无法行驶的故障现象，为了好诊断，我们将差速器总成部分的油封端盖打开，着车挂挡测试，如图17-2-13所示。

发现在着车挂挡测试时，主减速器齿轮轴可以运行，这说明故障点就在后差速器部分，而不在三相动力电机内的花键齿部分。我们放掉后减速器的润滑油，发现润滑油内部含有非常多的金属粉末，如图17-2-14所示。

差速器总成部分的主减速器齿轮轴

图17-2-13

大量的金属粉末

图17-2-14

　　我们将后桥拆下，并进行分解，当拆开后，发现差速器内的行星齿轮轴已经断裂，如图17-2-15所示。

　　仔细检查，还发现行星齿轮轴的固定孔被镗大，如图17-2-16所示。

　　这种情况只能更换差速器总成，我们找回全新的差速器总成，更换好后试车，车辆功能恢复正常，故障排除。

　　故障总结：修完车后仔细研究故障机理才想明白，电动车比燃油车的加速性能好，一个直接的结果就是会造成后差速器的润滑油提前失效，原来的油车即便差速器中的润滑油变成乳白色，也不会造成行星齿轮轴断轴的现象。由于提速比油车快，就会造成更大的剪切挤压力，造成润滑油提前失效，从而造成油膜失效，产生金属磨损。我们拿回原厂的润滑油，发现与燃油车的润滑油一样，使用的85W-90型号，没有特别的标注，针对这种情况，还是按厂家要求，按2万～3万千米更换一次润滑油为最佳。

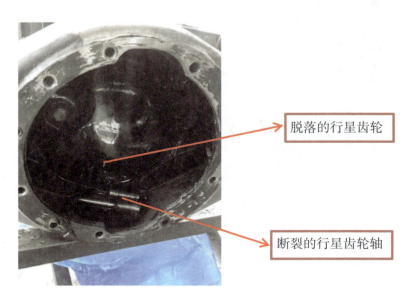

脱落的行星齿轮

断裂的行星齿轮轴

图17-2-15

被镗成椭圆的轴孔

图17-2-16

第十八章
风神车系

第一节　风神E70 EV

一、风神E70 EV行驶中突然剩余里程掉零

VIN：LDP31B96XNG××××××。

驱动电机型号：TZ200XSL。

行驶里程：36882km。

故障现象：一辆2022年风神E70 EV，使用中出现剩余里程数突然掉至零，并且车辆无法行驶的现象。

故障诊断：接车后，首先对车辆上电，检查仪表提示信息，仪表并无任何提示信息，一切都显示正常，如图18-1-1所示。

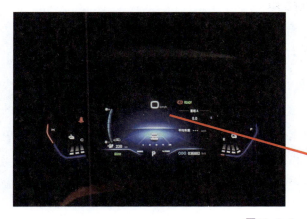

仪表提示信息显示正常

图18-1-1

使用故障诊断仪读取系统故障，其中在BMS系统中读取到与故障现象相关的故障码，如图18-1-2所示。

P1E9720 SOC（电池电量）过低
P1E6100 电芯不均衡

图18-1-2

在BMS电池管理系统中，报出了8个故障码，其中有两个故障码的内容与我们故障现象一致，它们分别是P1E9720 SOC（电池电量）过低和P1E6100 电芯不均衡。我们读取BMS数据流，如图18-1-3所示。

电池模块2单体最小电压：3.56V
电池模块2单体最大电压：3.73V

图18-1-3

从数据流中，我们可以看出，其他模组中的单体电压差都比较小，只有电池模组2中的电压差比较大，相差170mV。一般在我们维修的电池包中，单体压差超过300mV时，会报三级故障，车辆无法行驶，但此车的故障只表现在续航短的问题上。对于我们维修的这款电池包，一般现在的电池管理系统中，系统会自带均衡作用，很少会出现170mV的单体压差。这种情况下，我们把模组拆下做均衡也解决不了问题。对于不带自动均衡的车辆，我们可以尝试着做均衡。我们只有更换一个新模组，我们拆下电池包，做进一步确认，如图18-1-4所示。

经过我们测量，确认了此电池模组存在问题，我们需要更换一个新的模组，但更换新模组时，新模组都是满电状态，我们需要对新模组进行放电均衡，其连接图如图18-1-5所示。

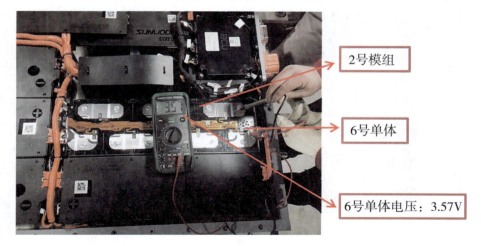

2号模组

6号单体

6号单体电压：3.57V

图18-1-4

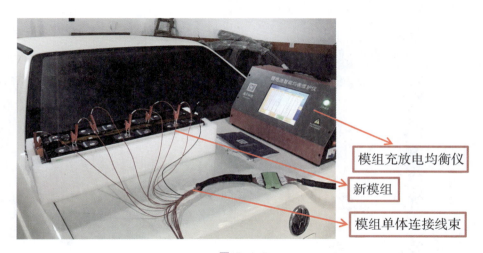

模组充放电均衡仪

新模组

模组单体连接线束

图18-1-5

在放电过程中，放电电压阈值设置很关键，设置到多少为合适。根据我们实车测试，整个电池包的单体电压在3.73V，我们将放电电压设置到3.73V，如图18-1-6所示。

放电均衡完成后，我们将电池包装配完成，使用电池包诊断仪单独读取电池包的单体数据，如图18-1-7所示。

单体压差控制在10mV之内，达到电池包出厂标准，装车后，路试无异常，交车后1个月进行回访，车辆故障现象消失，故障排除。

故障总结：对于带自均衡的电池包，其内部的均衡精度一般控制在10mV之内，在我们维修一些新能源电池包的过程中，有些压差达到60mV时，系统都会报出一个1级故障与2级故障。

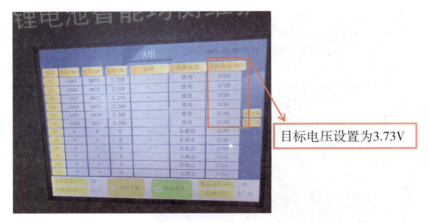

目标电压设置为3.73V

图18-1-6

最高电压：3.736V

最低电压：3.728V

压差：8mV

图18-1-7

二、2022年风神E70无法充电

VIN：LDP31B963NG××××××。

驱动电机型号：TZ200XSP07。

整车型号：DFM7001G1F2BEV。

行驶里程：204km。

故障现象：一辆2022年风神E70，着车突然无法上电，系统提示故障。

故障诊断：接车后，首先询问客户情况，客户描述车辆在充电的过程中出现的故障，车辆在家里慢充，第二天一早去看的时候仪表上亮故障灯，无法进行充电。我们着车对车辆进行测试，发现车辆无法进入"READY"模式，仪表显示如图18-1-8所示。

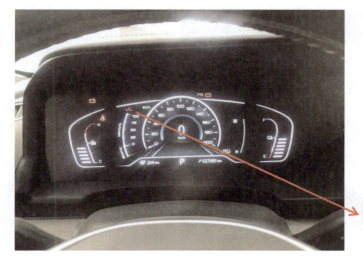

整车故障灯点亮

图18-1-8

　　仪表提示"整车故障"，并且无法进入READY模式，使用故障诊断仪读取系统故障码，如图18-1-9所示。

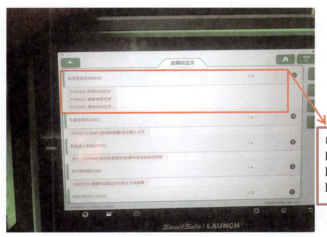

电池管理系统
P1E6563 预充时间过长
P1E6C00 绝缘电阻无效
P1E7000 预充时间过长

图18-1-9

　　从所读取的故障码来分析，BMS模块检测到预充电压在规定的检测时间内无法达到规定电压值，就会产生预充时间过长的故障。电压达不到规定值的因素太多，有电池包内部的因素，也有高压元件本身存在故障。而系统所报的绝缘故障，并且是一个无效故障，说明系统在检测绝缘过程中其参考电压出了问题，这个一般说的就是电池包内部出了问题。读取电池包的数据流，如图18-1-10所示。

电池母线电压：11.5V
电池电压：1 V
母线电流：0 A
绝缘电阻：5000kΩ

图18-1-10

　　从所读取的数据流来看，电池电压为1V，说明内部真的出现了问题，而电池母线电压11.5V说明车辆无法进入READY模式，其绝缘值 5000kΩ，说明系统的绝缘无问题，只是检测标准出了问题。从数据看也确定了是电池包内部的问题，我们只有拆开电池包进行测试。当我们拆开电池包对内部的总保险丝进行测量时，发现总保险丝不导通，如图18-1-11所示。

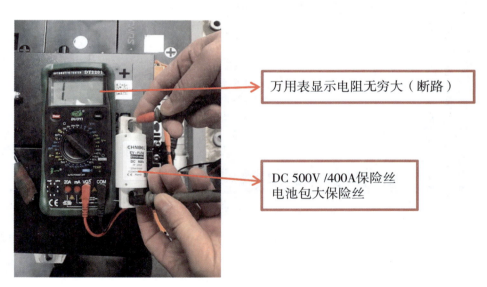

万用表显示电阻无穷大（断路）

DC 500V /400A保险丝
电池包大保险丝

图18-1-11

　　一般对于电池包内的大保险（总保险）烧断的情况，电池包内主正与主负接触器也需要一块检测。当我们拆开BDU后，对主正与主负接触器进行测量，测量结果如图18-1-12所示。

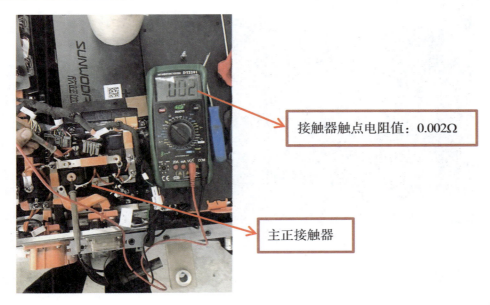

图18-1-12

接触器触点电阻值：0.002Ω

主正接触器

　　主正接触器触点电阻值为0.002Ω，就是触点完全粘连，测量主负接触器触点，结果也一样，完全粘连。为了防止系统性的干扰，我们将接触器拆下进行二次验证，如图18-1-13所示。

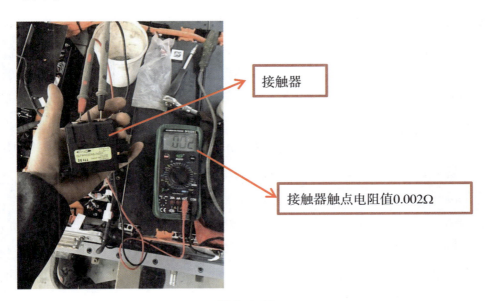

接触器

接触器触点电阻值0.002Ω

图18-1-13

　　测量结果还是触点粘连，我们更换一个主控大保险及两个接触器，装车测试，仪表显示成功上电，如图18-1-14所示。

仪表显示READY模式

图18-1-14

反复测试，功能都没有问题，故障排除。

三、风神E70 EV400空调面板不工作

VIN： LGJE13EA3JM××××××。

驱动电机型号： TZ288XS001。

行驶里程： 146456km。

故障现象： 一辆2018年风神E70 EV400，使用中空调面板不工作，空调系统无法使用。

故障诊断： 接车后，听取客户描述，此车是购买3个月的二手车，买的时候商家说空调面板只是一个小问题，检查一下花不了多少钱，客户刚买车的时候天气不是很热，也没有去管。

首先着车，查看仪表提示，看看有没有关于车辆故障相关信息，如图18-1-15所示。

仪表提示相关信息都正常，并无其他提示信息，我们尝试着操作空调面板，发现空调面板无法开机，如图18-1-16所示。

这个明显像是空调面板无供电或搭铁故障所造成的现象，或者是由于CAN通信唤醒所造成的问题。如果是通信问题或者供电搭铁问题，我们使用故障诊断仪读取空调系统时应该无法进入，并无法进行任何通信，我们尝试使用故障诊断仪对系统进行测试，测试结果如图18-1-17所示。

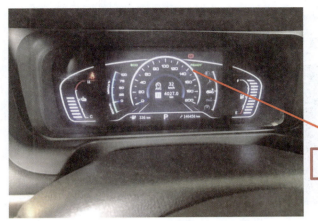

仪表提示信息正常

图18-1-15

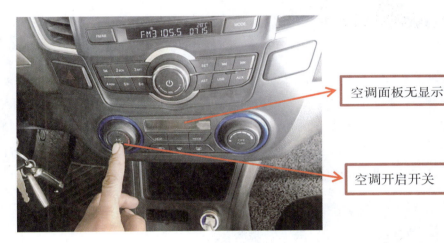

空调面板无显示

空调开启开关

图18-1-16

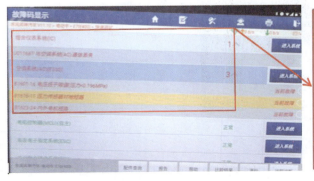

组合仪表系统：
U011687 与空调系统AC 通信丢失
空调系统：
B1601-16 电压低于限值
B1616-11压力传感器对地短路
B1623-24 内外电机短路

图18-1-17

　　诊断仪读取的故障信息看起来挺矛盾，组合仪表系统报与空调系统AC通信丢失，而空调系统还可以进行通信，并且还报出了故障，但空调系统所报出的故障与空调面板实际故障情况不相符。由于空调面板比较好拆，我们还是从检查面板的供电搭铁开始进行，先查阅空调面板电路图。拆下空调面板，钥匙2挡的情况下，我们对30供火与15供火进行检查，发现39号针脚无供火，如图18-1-18所示。

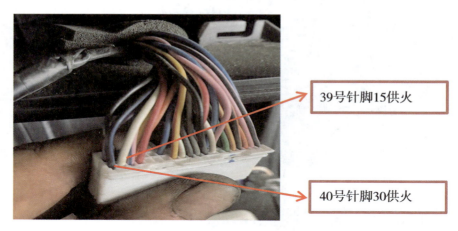

39号针脚15供火

40号针脚30供火

图18-1-18

我们尝试着对39号针脚进行供电，对空调面板进行测试，空调面板顺利开机，看来问题就出在39号针脚的15供火上面。但有一个问题就是39号针脚的线束电路图标注的颜色与实物颜色不相符，实物颜色为一根白色线束。我们先不看颜色，先从电路图的走向进行检查，15供火上面是接一个10A的保险丝，保险丝是位于驾舱保险丝盒内的F19保险丝，我们对F19保险丝进行检查，如图18-1-19所示。

F19保险丝

卤素试灯点亮

图18-1-19

F19保险丝性能正常，在点火钥匙2挡的情况下，都可以点亮卤素试灯，从保险丝这一块儿15供火是正常的，如果有问题那就是保险丝与面板插头之间的线束有故障。与客户协商，拆下仪表台进行检查，发现这根白色线束并没有走到驾舱保险盒，而是通过一个仪表插头直接与前舱线束相连，如图18-1-20所示。

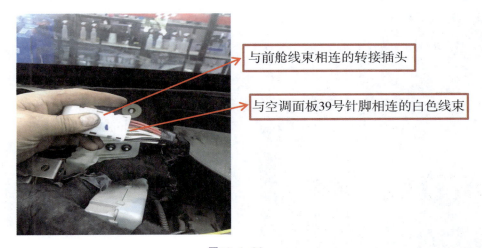

图18-1-20

　　这与电路图完全不相符，既然仪表台都拆下来了，这根线束也是比较好找的。经过测量，这根线束与电池水泵相连，如图18-1-21所示。

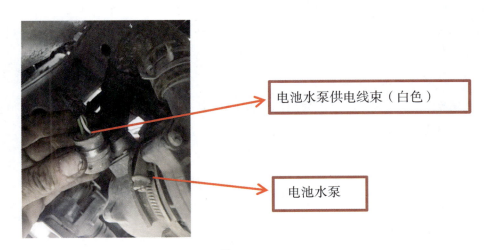

图18-1-21

　　从电池水泵的线束接头来看，这根白色线束也是一根供电火线，说明此线并不是一根独立线束，这根线束上还有其他的元件。我们查阅电池水泵电路图，从电路图中我们发现电池水泵的供电是由电池水泵继电器提供的。找到电池水泵继电器，对继电器的控制端直接短接搭铁测试，发现空调控制面板可以直接开机，看来问题就出在控制端上面。从电路图中我们可以清楚地看出，电池水泵继电器受控于电池冷却控制器，终于搞清楚控制逻辑了。原来空调系统本身是没有问题的，只是此车相对于传统燃油车多了一个电池冷却控制器对空调系统进行供电控制。我们拆开主驾座椅侧面，检查电池冷却控制器，发现了问题所在，如图18-1-22所示。

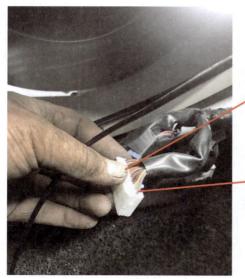

主驾座椅电池冷却控制器A插头

电池水泵继电器控制线A20插针线束

图18-1-22

在主驾座椅下面，只发现了插头，并没有找到控制模块，原来此车已经将控制模块拆掉。为了验证自己的判断，我们将A插头的20号针脚进行短接测试，空调面板开机功能正常，问题就是在这里。我们更换一个全新的电池冷却控制器，空调功能恢复了正常，反复测试，功能都正常，故障排除。

故障总结：此故障是一个人为故障，我们手头资料不准确造成诊断时走了很多弯路，其实如果资料比较其全，有可能可以直接找到问题点。

第二节　风行景逸S50

VIN：LMXF17BC3KZ×××××。

整车型号：LZ7004SLAEV。

驱动电机型号：TZ186XSM03。

行驶里程：19645km。

故障现象：车辆行驶中，仪表系统故障灯点亮，车辆无法行驶，车辆放置一会儿后功能恢复正常。

故障诊断：接车后，首先着车检查仪表提示，发现车辆无法进入"READY"模式，并且仪表提示电控系统故障灯，如图18-2-1所示。

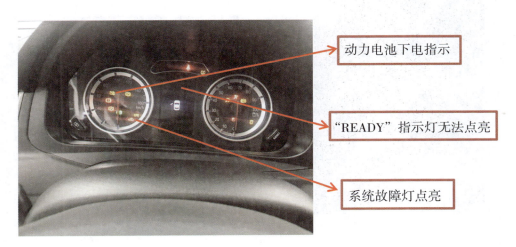

动力电池下电指示

"READY"指示灯无法点亮

系统故障灯点亮

图18-2-1

仔细与客户了解情况，这个故障一般在下雨天出现得比较频繁，出现此故障后，只要停一会儿，故障现象就会消失，车辆就可以行驶，有时候故障一直存在，无法恢复。将车拖到修理店，也不用维修，放上一天，故障也就消失了。现在车辆处在故障期，我们尽最快速度进行诊断。使用故障诊断仪对整车进行扫描，在VCU系统读取到故障记录，如图18-2-2所示。

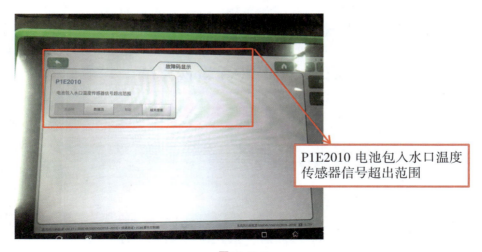

P1E2010
电池包入水口温度传感器信号超出范围

P1E2010 电池包入水口温度
传感器信号超出范围

图18-2-2

当看到此故障码后，觉得是不是传感器坏了，但仔细分析客户的描述，新车传感器坏的可能性比较小。从电路图中可以看出，传感器电路也是比较简单的。我们找到传感器，先对传感器电路进行测量，如图18-2-3所示。

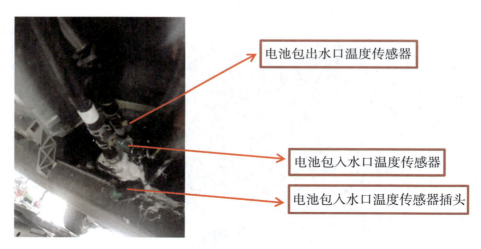

电池包出水口温度传感器

电池包入水口温度传感器

电池包入水口温度传感器插头

图18-2-3

使用万用表对传感器插头电压进行测量，参考电压都在5V，参考负极电阻也在正常范围之内，我们把传感器插头恢复后，读取传感器数据流值，如图18-2-4所示。

从数据流来看，还是"电池包入水口温度传感器输入：5V"的值不符合要求。现在这个情况下，由于系统报故障，电池包未工作，进出水口的温度一致才对。但现在明显进水高于出水，这个不符合控制逻辑。我们仔细检查进水口温度传感器插头，发现进水口温度传感器插头内的防水密封圈变形，插头内有水痕，我们对密封圈进行了修复，并对水痕进行了清洗，装车测试，故障消失，如图18-2-5所示。

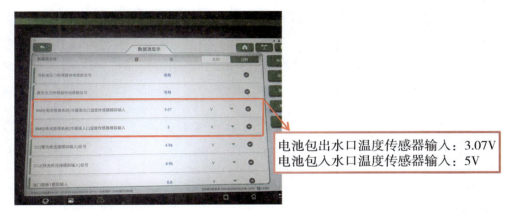

电池包出水口温度传感器输入：3.07V
电池包入水口温度传感器输入：5V

图18-2-4

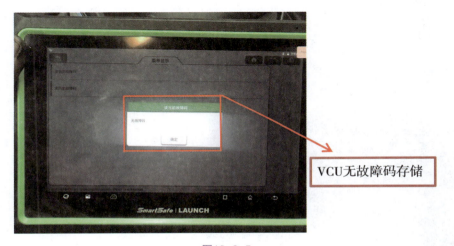

VCU无故障码存储

图18-2-5

着车测试，车辆顺利进入"READY"模式，如图18-2-6所示。

"READY"点亮

图18-2-6

反复测试，车辆功能恢复正常，故障排除。

故障总结：此故障属于偶发故障，在传感器进水后故障现象就会重现，当插头内的水被晾干后，故障现象就消失了。这个传感器插头有可能在出厂时，在安装的过程中，传感器插头内的密封圈出现变形而造成无法起到密封作用，从而产生故障。

二、2019年东风风行景逸S50 EV雨天行驶突然断电

VIN：LMXF17BC3KZ×××××。

驱动电机型号：TZ186XSM03。

整车型号：LZ7004SLAEV。

行驶里程：23450km。

故障现象：一辆2019年风行景逸S50 EV，雨天行驶中遇到过水坑时，车辆会报故障断电，车辆无法行驶，车辆晾干后，故障现象消失。

故障诊断：接车后着车，首先检查仪表提示，如图18-2-7所示。

车辆可以进入"READY"模式

图18-2-7

车辆进入"READY"模式，仪表无其他提示信息。我们将车辆开出去路试，反复测试也没有故障提示信息，将车辆开回车间，我们使用故障诊断仪对车辆系统读取故障，所读取的故障信息如图18-2-8所示。

我们在车辆BMS系统中，读取到车辆存储有绝缘故障信息，并且故障信息"B042800负极绝缘电阻2级漏电，B043800 DC（直流）充电故障"中两个故障达到了LV5级，一般达到LV5级故障时，车辆会强制断电，车辆将无法行驶，但此车在下雨天过水才会出现故障。我们将车辆使用举升机托起，对高压部件进行检查，发现电池包高压直流母线已经被处理过，直流母线与电池包连接口处被打了一层厚厚的玻璃胶。询问客户，客户说

车辆出现此种情况后去4S店检查过，4S店说是此接口进水产生的漏电，然后就使用玻璃胶对接口做了防水处理，但是处理后，故障现象还是一样，前几天下雨，路面有一点积水，车辆又趴在水坑里，断电无法行驶，等上半个小时后，车辆功能又恢复了正常。我们了解到此情况后，找到喷水壶先对动力电池包直流母线接口进行冲水，看能不能让故障再现，我们将车辆打开到"READY"模式，对接口冲水，来回测试，都没有发现有故障出现。我们又对几个能够接触到水的部件进行冲水，比如PTC电加热器、前部充电接口，也没有发现有故障出现。当我们发现充电接口的直流母线离水箱比较近时，我们对线束习惯性地拉动了一下，发现动力电池包内的高压接触器产生了下电的声音。我们将车辆降下来检查仪表，发现仪表上的故障重现，如图18-2-9所示。

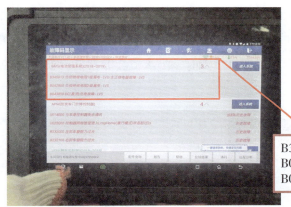

B340013 负极绝缘电阻1级漏电 LV3
B042800 负极绝缘电阻2级漏电 LV5
B043800 DC（直流）充电故障 LV5

图18-2-8

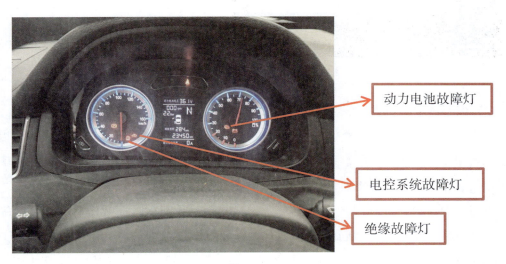

动力电池故障灯

电控系统故障灯

绝缘故障灯

图18-2-9

使用故障诊断仪读取系统故障，如图18-2-10所示。

B042800 负极绝缘电阻2级漏电 LV5

图18-2-10

根据客户描述，故障现象会维持大概半个小时，这个时间段是我们检修的黄金时间，我们重新开钥匙，发现了车辆会进入"READY"模式，但在30s后，仪表就会提示"绝缘"等故障灯。我们读取数据流，发现在报故障时，绝缘值会非常低，如图18-2-11所示。

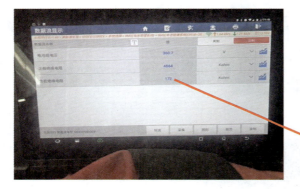

负极绝缘电阻：172kΩ

图18-2-11

诊断仪所读取的负极绝缘电阻值是172kΩ，与正极绝缘电阻值的4664kΩ相差太大，这两个值一般是比较接近才对，从读取的数据绝缘值与故障码显示的内容，我们可以看出故障点在直流母线的负极，我们是动了一下快充接口线产生的故障，快充线在车辆上的实际位置布局如图18-2-12所示。

我们发现直流快充母线是直接接入高压配电盒，我们在断掉低压蓄电池负极等待5～10min，打开高压配电盒断开快充直流母线，如图18-2-13所示。

断开快充直流母线负极，上电进行测试，故障现象依旧，说明故障点不在快充口位置。我们通过万用表测量检查，发现PDU高压配电盒中高压负极都在一块儿连接，其连接位置如图18-2-14所示。

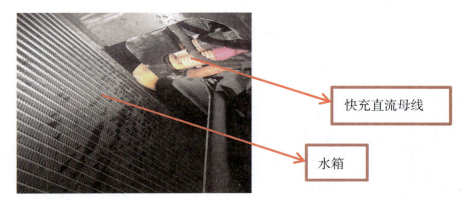

快充直流母线

水箱

图18-2-12

快充直流母线负极

图18-2-13

高压直流负极接触点位置

图18-2-14

每一个负极接触点上的线都对应一个元件，我们分别断开接触点上的负极线，进行上电验证，发现我们在断开标有数字7的负极线测试时，功能恢复了正常，其负极线如图18-2-15所示。

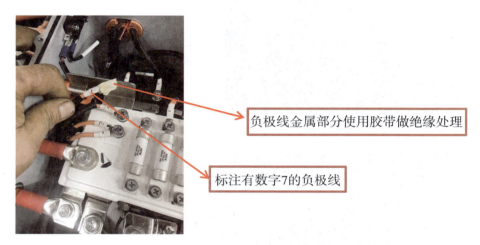

负极线金属部分使用胶带做绝缘处理

标注有数字7的负极线

图18-2-15

我们顺着标注7号数字的负极线查找元件，发现此负极线是车辆右前轮附近的PTC电加热器，如图18-2-16所示。

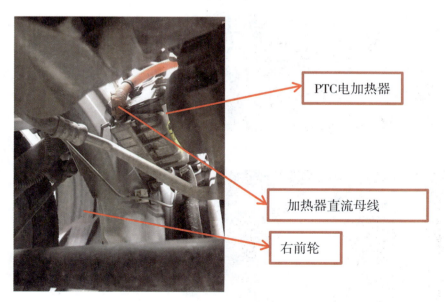

PTC电加热器

加热器直流母线

右前轮

图18-2-16

仔细分析才发现，由于此位置离右前轮比较近，在涉水时水容易进入到PTC加热器的直流母线中造成短路，从而产生绝缘故障。我们重新更换一个新的PTC电加热器，并更换冷却液排空气，反复使用喷水测试，故障现象不再出现，故障排除。

故障总结：此故障从故障码来看，其绝缘故障来自动力电池，所以4S店也只是认为动力电池直流母线接口会产生短路，只简单做了防水处理，其实动力电池所监控的绝缘是整个高压直流母线的绝缘，不单单是动力电池包的两个直流母线。还有一个需要注意的是，在维修高压电进行测试时，一定要做好高压电的防护与绝缘处理。

第十九章
东风富康车系

一、2018年东风富康ES500无法启动故障

车型： 东风富康ES500纯电新能源车。

VIN： LDP61A964××××××。

行驶里程： 85620km。

故障现象： 车辆在正常道路行驶过程中突然熄火，无法上高压。

故障诊断： 将车辆用拖车拖到网点后，与客户进行交流，了解故障产生的背景信息。了解到故障发生前车辆的行驶状态是一切正常的，行驶中颠簸了一下，下高压后始终无法上高压，组合仪表上的蓄电池指示灯一直点亮。用诊断仪对车辆进行故障读取操作，得到以下故障信息，如图19-1所示。同时用诊断仪检测各高压系统通信状态，检测结果是一切正常。

故障码显示			🏠 👤 🖨 🔚
神龙 V10.10 > ES500(2018) > 快速测试			🔋 12.54V
AC(空调控制器)		1 ∧	进入系统
B1623-23 内外电机开路(内外电机开路)			当前故障 🔍
BCM(车身控制系统)		正常	进入系统
ACU(安全气囊系统)		正常	进入系统
ABS(制动防抱死系统)		正常	进入系统
IC(组合仪表(新款))		正常	进入系统
EWP(电动水泵)		正常	进入系统
EPS(电动助力转向系统)		正常	进入系统
神龙 ES500(2018)		报告 帮助	比较结果 清码

图19-1

由于车辆存在打开钥匙后组合仪表上的蓄电池指示灯常亮，于是检查蓄电池相关工作线路。根据电路图进行分析，先检查动力总成舱内保险丝，发现F33（5A）保险丝烧断了，如图19–2和图19–3所示。

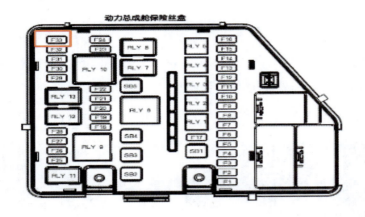

图19–2

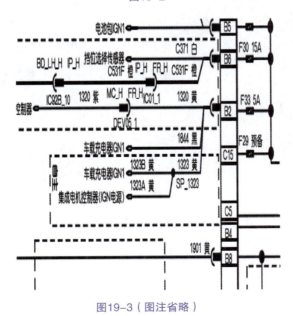

图19–3（图注省略）

结合电路图分析，发现F33保险烧蚀可能存在以下两种原因：

（1）线束存在搭铁或串联的情况。

（2）电器元件内部短路。

继续分析电路图发现F33保险上B2连接线分别连接DCDC电机控制器和OBC充电机，断开DCDC和OBC测量线路发现还是短路。进一步检查车辆线束搭铁点，破开线束发现B2脚出来铰接点上有3根连接线，如图19-4和图19-5所示。

图19-4

图19-5

由于B2脚出来铰接点上有3根连接线，于是我们试着断开三合一和车载充电机，故障现象还存在，分析认为那一根线应该还有连接其他的线路情况存在，具体连接到哪里了？继续分析相关系统电路图，发现线路的另一路连接至低速行车报警器这一个装置，断开低速报警器发现故障消除。

故障总结：此车辆无法启动，无法上高压的故障是由于车辆的低速行车报警器出现故障，为了保证车辆的行驶安排，处于降级运行模式，车辆无法启动，无法上高压，目的就是让客户尽快到网点进行维修，以便车辆恢复正常状态。

二、2022年东风富康ES600锁车后大屏常亮

车型：2022年东风富康ES600。

VIN：LDCD730E1N××××××。

行驶里程：32191km。

故障现象：正常熄火锁车后，发现车辆驾驶室内的液晶显示大屏一直常亮，停放几分钟后还伴随着车辆遥控器失效的故障产生。

故障诊断：询问客户故障产生的背景及相关信息，客户说车辆行驶了半年时间一切都是正常的，故障是前两天突然出现的（驾驶室内的液晶显示大屏常亮），故障出现后还伴随着每次停车等待几分钟后车辆的遥控器会失效，不能正常锁及解锁四个车门（类似SH保险在库存模式的情况）。

先对车辆的SH保险丝的位置及通断情况进行检测，发现SH所在位置是正常的（已经从库存模式状态变更到正常使用模式状态），保险丝的状态（通断情况）也是没有问题的，排除了由于SH保险丝的位置或者状态问题导致故障产生的可能性。接下来用诊断仪对遥控器及其控制盒进行故障读取和参数测量操作，没有发现任何与遥控器和智能控制盒有关的故障信息存在，同时参数测量的数值与正常情况下的标准值对比，也是基本符合的。排除由于遥控器及其控制盒本身或者线路存在问题导致故障产生的可能性。接下来又和客户沟通了解车辆是否在外面加装过非原厂电气附件，这时才得知前几天客户按所在公司统一要求安装了GPS全球定位系统（便于对车辆的状态及位置进行监控）。对加装的GPS全球定位系统进行线路及状态检查，拆下保险丝盖板后发现GPS供电线是直接缠绕在BSI（智能控制盒总成）上的F17、F18保险丝上进行取电的，并且只是用手工缠绕其中一根供电线，于是又进一步对相关线路进行仔细的状态检查，发现GPS全球定位系统有两根线在取电时用铜丝短接在一起。具体情况如图19-6和图19-7所示。

这时，我们初步判断车辆的故障产生极有可能是由于加装的GPS全球定位系统取电时缠绕保险丝F17、F18上一小段铜丝相互接触造成，于是我们立即将铜丝分离后再次进行相关车辆的遥控器、大屏等的使用操作，这时发现故障现象已经消失。

故障总结：此车辆锁车后大屏常亮，同时停放几分钟后还伴随着遥控器失效，这是由于在外面加装的非原厂GPS全球定位系统取电时没有按照厂家的取电规定执行，导致线路短路，电路电流过大，车辆自动进入自我保护状态，液晶显示大屏常亮提醒客户尽快

进行故障维修。厂家的取电规定如图19-8所示。

图19-6

图19-7

(a) 严禁将电源线铜丝缠绕在保险片上进行取电。严禁对原车电源线破绝缘皮取电。

(b) 推荐使用相应型号的保险丝取电器进行取电。加装设备的电源线接到取电器引出的电线上。取电器上的保险片电流规格必须小于原车保险。
说明：选购取电器需要注意必须符合保险片的尺寸。

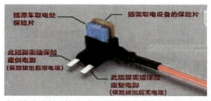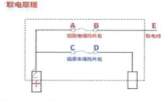

(c) 相关车型加装设备可用于加装的保险丝见附件一。严禁在推荐表之外的保险片上进行加装取电。

(d) 不推荐从常电(+BAT /30 电)类型的保险丝上取电。

图19-8

第二十章
长丰猎豹车系

故障现象: 一辆2017年长丰猎豹CS9 EV,胎压灯亮,胎压充到标准值,行驶10km后,胎压灯始终亮。

故障诊断: 接车后着车,仪表显示READY界面,仪表中央显示屏显示胎压故障,如图20-1所示。

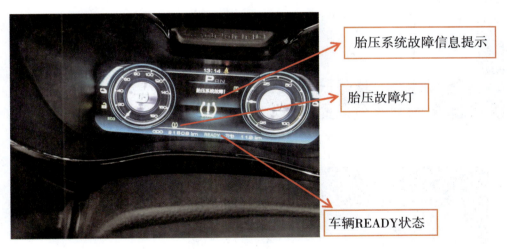

胎压系统故障信息提示

胎压故障灯

车辆READY状态

图20-1

翻看车辆仪表胎压显示,如图20-2所示。

使用诊断仪读取胎压系统故障,显示"正常",无故障存储,读取胎压系统胎压状态数据流,如图20-3所示。

使用诊断仪胎压系统中的胎压学习功能,对胎压进行学习,如图20-4所示。

开始学习后,仪表上左前轮图形变绿并开始闪烁,如图20-5所示。

但是,始终学习不成功,是不是感应天线供电有问题?查阅胎压系统的线路图,如图20-6所示。

胎压系统学习未完成/四轮颜色全黄

图20-2

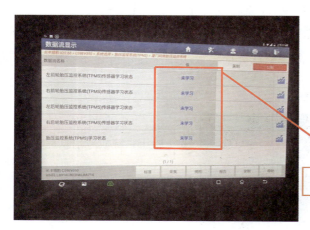

胎压系统学习状态全部为未学习

图20-3

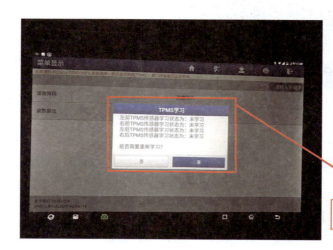

PAD V胎压学习界面

图20-4

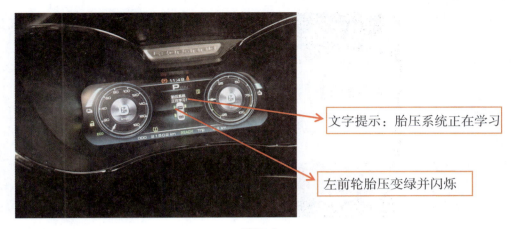

文字提示：胎压系统正在学习

左前轮胎压变绿并闪烁

图20-5

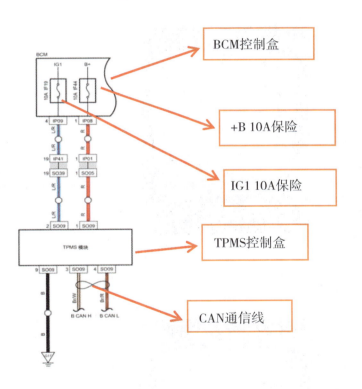

BCM控制盒

+B 10A保险

IG1 10A保险

TPMS控制盒

CAN通信线

图20-6

从电路图中可以看出，不存在单独轮压天线，是一个集成天线，全部集成在TPMS控制盒中，难道是胎压传感器出了问题？尝试着将胎压传感器拆下来检查，由于胎压传感器是一种无线传感器，可以通过无线设备进行测试。我们使用MAXI TPMS工具TS508，选择猎豹CS9，如图20-7所示。

选择位置学习，如图20-8所示。

猎豹CS9菜单

图20-7

位置学习菜单

图20-8

选择OBD学习菜单，如图20-9所示。

选择OBD学习菜单

图20-9

开始是一个传感器激活与记录界面，如图20-10所示。

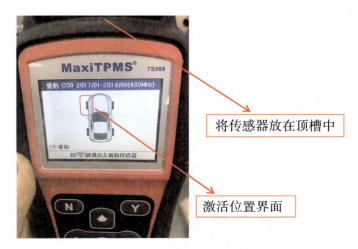

将传感器放在顶槽中

激活位置界面

图20-10

放在顶槽中的传感器一定要记得位置，便于安装，当逐个激活传感器后，界面全绿，如图20-11所示。

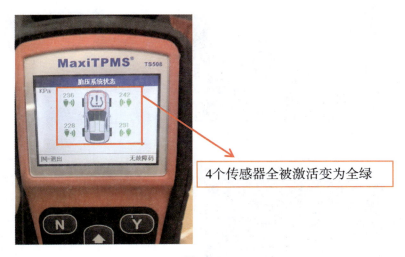

4个传感器全被激活变为全绿

图20-11

从以上结果来看，传感器本身是没有问题的，然后连接OBD诊断，着车READY状态，仪表中央的学习界面再次激活，如图20-12所示。

胎压学习工具界面顺利走完，并显示学习成功，如图20-13所示。

再次检查胎压界面，如图20-14所示。

只是没有将胎压传感器安装到轮胎，胎压值低，四轮显示全红状态，将胎压传感器按顺序安装到四轮，并按规定胎压进行标定，其界面如图20-15所示。

文字提示：胎压系统正在学习

左前轮学习已经通过，开始学习右前轮胎压传感器

图20-12

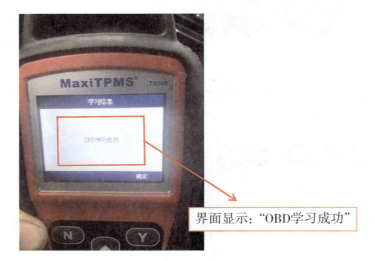

界面显示："OBD学习成功"

图20-13

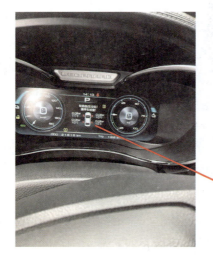

胎压值全部显示出来

图20-14

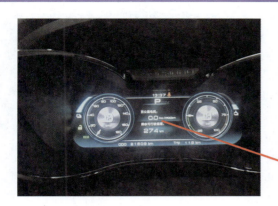

仪表胎压提示信息消失

图20-15

仪表胎压故障灯消失，故障排除。

第二十一章
海马车系

2017年海马@3新能源无法慢充

车型：海马@3。

年款：2017年。

行驶里程：45000km。

故障现象：客户反映车辆快充正常，慢充无法使用。

故障诊断：车辆到店，连接慢充充电枪，仪表只显示充电指示灯，充电无法进行，故障如客户所说，问题存在。首先准备用专用的新能源诊断设备道通909EV读取故障码，发现诊断设备里面不存在该款车型，既然这样，我们通过资料查询到海马@3的充电原理图，如图21-1所示，整体布局分析。

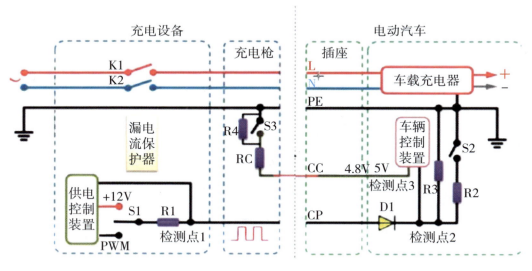

图21-1

首先 CC线用于检测充电枪的插入状态，当充电枪插入以后通过RC电阻接地形成回路，车辆端检测到充电枪插入点亮仪表的充电指示灯。充电枪送12V的电压到CP插孔，经过R3电阻接地，充电枪发现有电压变化后，开始输入PWM波形，车辆端识别到这个信号后开始检测车辆是否有不适合充电的故障，如果正常，则控制S2触电闭合，CP电压继续下降，这个时候充电枪端检测到电压进一步下降，则会闭合K1、K2两个继电器，开始输入220V的交流电。由于S3触点为常闭触点，拔枪时需要按压该触点造成阻值的变化，这时候系统会断电，停止继续充电。了解以上充电过程之后，我们首先打开三合一电控盒检查高压保险丝，如图21-2所示。

图21-2

通过排查，到充电机的高压保险无异常，由于没有专门的诊断仪，如果通过读取报文分析需要找厂家联系。于是我们继续排查充电机外围线路。通过查询资料，我们得知该充电机两条CAN线，一个输入插头，一个输出插头，通过测量这三部分线路都正常。最后开始排查充电接口，首先测量CC端口对PE的电压为5V，而且当插入充电枪后仪表的充电指示灯亮说明CC线路没问题且正常唤醒VCU。怀疑充电枪问题，于是找了一把正常充电枪插入，依然不充电，排除充电枪问题。测量CC对CP的电阻为1kΩ，在正常范围之内，于是我们只有考虑CP端口到VCU的线路是否正常。如果这条线路有问题，车辆端无法感知CP电压变化，就不会闭合S2触点，S2不闭合充电枪端就不会输入220V交流电。接下来测量CP端口到VCU线路，如图21-3所示。经过排查发现CP线路有破损，经过修复线束，插入充电枪，充电正常。

故障排除： 修复破损CP线路，故障解决。

故障总结： 通过该案例得知，了解系统原理，用心排查，即使不用诊断仪，故障依然能轻松解决。

图21-3

第二十二章
欧拉车系

欧拉好猫显示屏不亮

车型：欧拉好猫

整车型号：CC7000BJ01BBEV。

故障现象：客户进店反馈多媒体显示屏不亮。

故障诊断：新能源车常见电子系统黑屏、死机，处理方式比较粗暴，断开启动蓄电池（小蓄电池）负极，等3~5min一般都会恢复正常。先尝试，无法恢复，分析为当前真实故障，需要检查相关线路、显示屏、多媒体主机等。先用诊断仪读取故障码，多模块报与HUT（多媒体主机）失去通信，如图22-1和图22-2所示。

图22-1

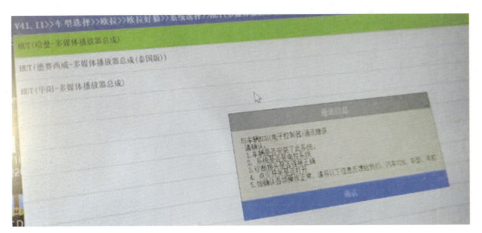

图22-2

　　此车型多媒体显示屏与多媒体主机是分体的，所以此问题要考虑是显示屏问题还是主机问题。通过故障码基本确定是主机故障。再确认一下主机相关电源、接地是否异常，没问题就是主机问题了。主机如图22-3中5所示，仪表如图22-3中2所示。电路图如图22-4和图22-5所示。

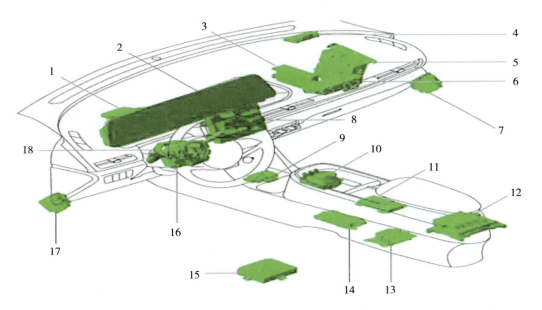

1.网关　2.组合仪表　3.空调控制器　4.智能前视控制模块　5.多媒体播放器　6.T-BOX　7.副驾驶侧门模块　8.车身电子域控制器　9.蓝牙模块　10.电子换挡器　11.无线充电总成　12.整车控制器　13.安全气囊控制单元　14.智能识别控制器　15.座椅控制器　16.组合开关　17.驾驶侧门模块　18.电子转向柱锁

图22-3

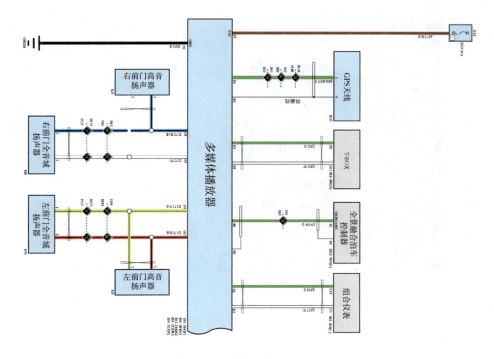

图22-4（图注省略）

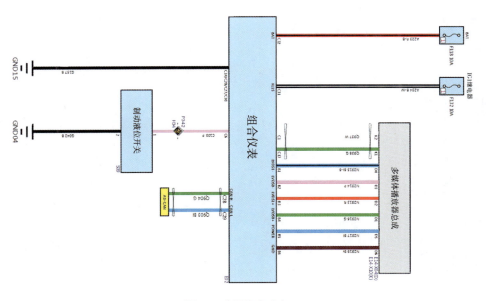

图22-5（图注省略）

　　准备测量主机电源、接地相关线路时，能听到主机内部散热风扇在工作，分析主机在工作，但是已经不在网络上了。订货主机更换后（如图22-6所示），试车正常。

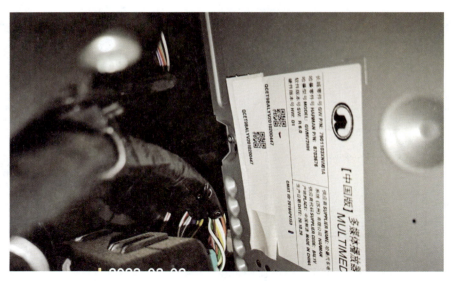

图22-6

故障总结：更换多媒体主机后，需要写配置字、写整车型号、写VIN以及更换主机相关的数据，都需要在专业系统上操作，否则会出现部分功能不能使用的情况。

第二十三章
奇瑞车系

第一节 奇瑞冰淇淋

奇瑞冰淇淋行驶中下高压电

故障现象： 客户反馈车辆使用中停车5min左右，再启动时无法启动。仪表上很多故障灯都在闪烁，如图23-1-1所示。

图23-1-1

故障诊断： 分析为加装、线路、控制器等故障导致。现场调取故障码，多模块报与VCU（整车控制器）失去通信。分析应该是VCU相关的电源、接地、通信、模块、干扰等导致。查询相关电路图，如图23-1-2所示，准备去拆VCU相关插头查电路时，发现VCU插头没有插到底，如图23-1-3所示，推到底后车辆恢复正常。

故障总结： 现在整车组装，流水线已经比较完善，类似案例已经很多年没有遇到过了。

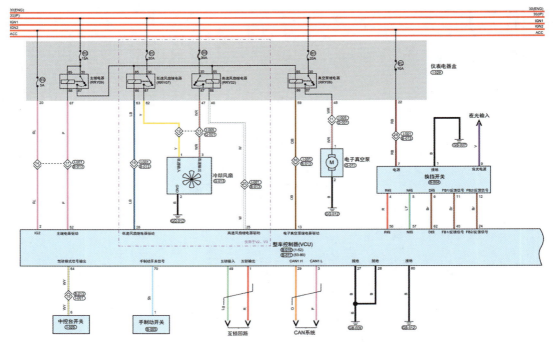

图23-1-2

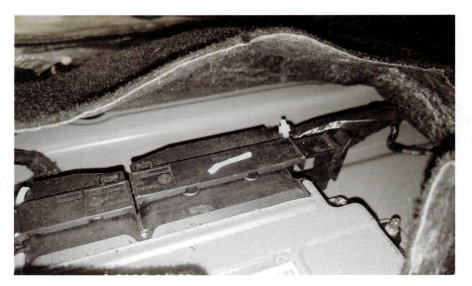

图23-1-3

第二节　奇瑞瑞虎3xe

2018年瑞虎3xe 480慢充无法充电

车型： 瑞虎3xe 480。

车型代码： SQR7000BEVJ694。

VIN： LVVDB17B9JE××××××。

故障现象： 车辆使用慢充枪充电有时无反应，并且插充电枪可以启动车辆；有时插枪有反应，可以充电，但是1min左右就会中断并跳枪，这时不拔充电枪的情况下可以着车。

故障诊断：

故障总体思路：

（1）充电机故障。

可能原因：充电机内部故障，信号异常，导致CC信号时有时无，连接中断。

（2）车辆线路故障。

可能原因：线路出现虚接、短路的情况。

（3）电池包故障。

可能原因：电池包内部线路或控制单元、程序出现故障。

（4）存在其他故障。

可能原因：其他部件出现故障，如TBOX、充电口、保险等。

故障排查过程：

插充电枪试车，刚开始插枪充电，充电口没有反应，如图23-2-1所示，打开点火开关仪表也没有显示充电枪连接指示，如图23-2-2所示。说明此时车辆没有和充电枪交互上。多试几次，但是偶尔发现仪表也会显示充电枪已连接，但充电1min自动断开，此时不拔充电枪打开点火开关还是显示充电枪未连接。

用诊断设备读取车辆系统没有相关故障记录，用上位机读取电池电压温度无任何异常。用万用表测量CC信号，发现显示插枪可以连接时CC信号电压为11.25V，插枪没反应时CC对地电压为0.025V，如图23-2-3所示，说明车辆CC信号没有传输过去或信号微弱，这时直接测量充电机发出CC信号，信号为12V，如图23-2-4所示，说明充电机也有信号发出，排除充电机信号故障。直接测量充电机连接CC信号线到充电口是否通断，为不导通状态，说明有信号没有传输过来。

图23-2-1

图23-2-2

图23-2-3

图23-2-4

　　分析测量具体车辆线路的通断，首先拔下涉及信号输出和输入的车辆前端动力线束和前舱线束连接插头，测量充电口CC信号到前舱线束针脚线路，为接通状态，测量动力线束上充电机插头CC信号端（如图23-2-5所示）到前舱线束连接插头动力线束端（如图23-2-6所示），有不导通现象，说明动力线内部可能存在问题，尝试更换动力线束，试车发现故障依旧，排除动力线束本身问题。

　　根据车辆电路进行分析，发现CC信号由充电机发出，经过28针脚到达电池包内部，再由电池包发出经过28针脚出来经过线束到达充电口。由此查看动力线束充电机端CC信号到电池28针脚信号为导通状态，28针脚到动力线束前舱线束连接端为导通状态，说明线路没有问题。因此可以判断出现故障时CC信号到电池包里面没有发出来，可以断定为电池包内部故障，如图23-2-7所示，通知电池厂家，检测电池包内部，更换内部控制部件，插枪试车，故障排除，可以充电。

图23-2-5

图23-2-6

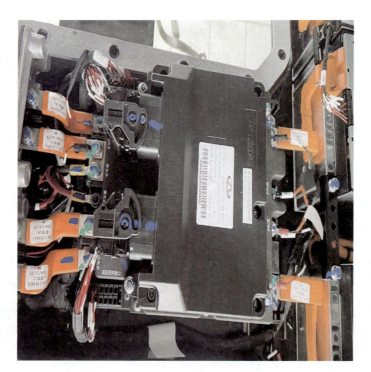

图23-2-7

　　故障总结： 检查结果为电池包内部故障，导致车辆无法充电。

　　对于车辆存在的电器元件的偶发性故障，要通过充分的分析和实践检测来验证判断是否有效，不能盲目通过换件来解决。

第二十四章
云度车系

云度π1 Pro有时车辆无法进入READY状态

VIN：LLXA2A408JA××××××。

驱动电机型号：TZ230XS36EY。

整车型号：YDE7000BEV1H。

行驶里程：30550km。

故障现象：一辆2018年云度π1 Pro，使用中有时会车辆无法进入READY状态。

故障诊断：接车后，首先进行测试，车辆都可以进入READY状态，如图24-1所示。

车辆进入READY状态

图24-1

　　车辆看起来一切都正常，不过在多次的启动循环后，发现车辆无法进入READY状态，如图24-2所示。

　　车辆只能进入点火状态，而无法进入READY状态，我们使用诊断仪读取系统故障，发现在BMS系统有故障码指示，如图24-3所示。

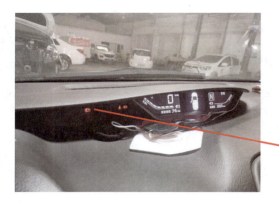

车辆无法进入READY状态

图24-2

P100800单体静态压差过大2级

图24-3

从故障码来看，此车存在静态压差大的情况，当静态压差大时，就会存在车辆无法进入READY状态，不过其故障等级处于2级状态，车辆不会出现无法行驶的情况，在电动车中，2级故障只会限制车辆电机功率。我们使用诊断仪读取车辆电池压差，如图24-4所示。

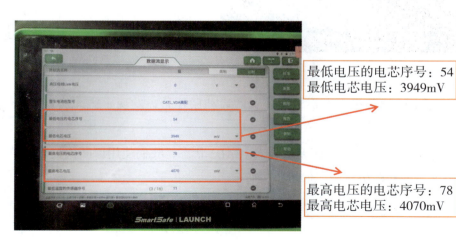

最低电压的电芯序号：54
最低电芯电压：3949mV

最高电压的电芯序号：78
最高电芯电压：4070mV

图24-4

　　从数据流中，我们可以看出，最高与最低之间没有超过0.3V的阈值电压，当达到0.3V的阈值电压后，动力电池就会停止对外输出电压，为了能够更为准确地读出每一个单体的电压，我们使用电池包诊断程序，其测量的单体电压分布值如图24-5所示。

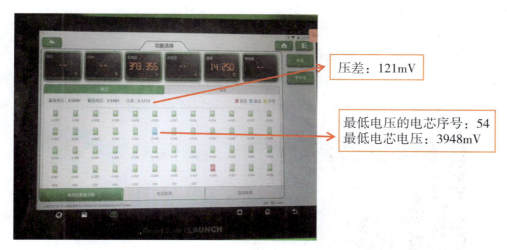

压差：121mV

最低电压的电芯序号：54
最低电芯电压：3948mV

图24-5

　　从电芯电压分布图我们可以看出，所有电芯的电压大部分分布在4056～4070mV之间，我们在做电芯均衡时，压差控制在30mV，按均衡电压来看，121mV的压差偏大，我们拆开电池包发现此款电池包与我们现在的水冷电池包完全不同，如图24-6所示。

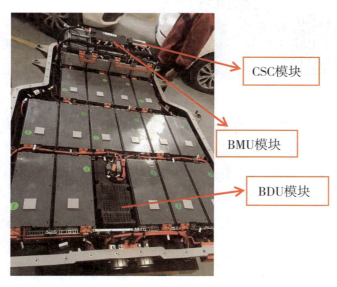

CSC模块

BMU模块

BDU模块

图24-6

　　从电池包的结构来看，电池包无水冷控制，也就是说此电池包采用自然冷却，这种结构是比较老的控制形式，这种包的控制阈值会比水冷包的控制阈值小，从内部了解的技术信息中得知这种包的故障报码阈值在60mV，也就是说此包的压差达到121mV完全达到了报码阈值，原因在于此种包的控制逻辑决定了它升温不能过大，过大易造成热失控。对于这种情况，我们只有对电压低的模组进行均衡充电，首先我们需要搞明白一个模组中是几个电芯的串联，拆开一块模组上盖后，发现模组是4串结构，最低电芯电压在54号电芯，我们来算一算54号电芯应该在哪一个模组中：

$$54=13 \times 4+2 \text{（虽然是13，为什么是14号模组，大家可以推理一下）}$$

从计算公式可以看出，54号最低电压单体在14号模组的第2个，我们从BDU模块负级开始数，数到第14号模组，打开上盖，使用万用表进行校验，如图24-7所示。

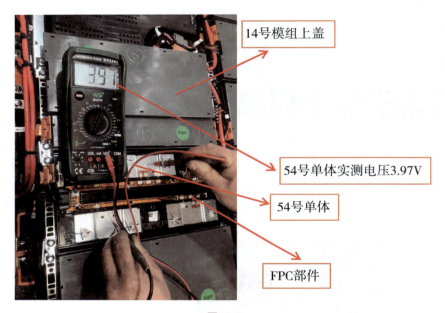

图24-7

实测电压与我们诊断仪的电压有差值，此差值来自我们使用万用表的精度，我们找到此电芯后，就需要对模组进行充电均衡，操作如图24-8所示。

将均衡仪及其线束与模组连接好后，我们将目标电压设置在4060mV，并开始均衡，如图24-9所示。

充电均衡完成后，我们将模组恢复安装，对电池包重新读取压差数据，如图24-10所示。

其值达到均衡电压控制范围，我们将电池包安装上车，反复测试，故障现象不再出现，故障排除。

均衡仪线束

模组均衡仪

图24-8

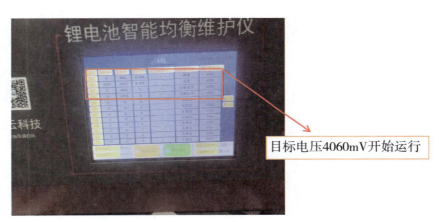

目标电压4060mV开始运行

图24-9

电池包电芯压差：22mV

图24-10